個性を活かす人材マネジメント

近未来型人事革新のシナリオ

谷内篤博

Atsuhiro YACHI

Human Resource Management

勁草書房

はしがき

グローバルなマーケットでのナレッジ競争、人口減少にともなう国内市場の縮小と激烈なシェア争い、M&Aによる事業の多角化、持株会社導入によるグループ経営の本格化など、企業を取り巻く環境の変化は枚挙にいとまがなく、これまでの企業経営のあり方は大きな変革を迫られている。また、働く人びとにも大きな変化が見られ、会社観・組織観が変化し、組織への帰属性が低下するとともに、若年層を中心に個人の自律志向や仕事志向の高まりにともない、これまでとは異なる新たなキャリア形成や人材マネジメントが必要となっている。

本来、企業とはオープンシステムであり、生き物でもある。それゆえこれらの環境変化に迅速かつ的確に対応していかなければ、ゴーイングコンサーン（永続企業）として生き残っていくことができないばかりでなく、企業の社会的責任すら果たすことができない。今、求められているのは、企業の環境適応力を高める企業変革である。当然、企業と同様に、企業の成長を支える内部システムである人事システムやマネジメントシステムも、環境変化に適応させていかなければならない。

これまでの企業経営に関する研究のなかで、優れた企業とは、組織にとって必要な二つの指向性、すなわち顧客や市場に目を向ける market driven（外向き指向性）と内部のマネジメントシステムに目を向ける operational driven（内向き指向性）のバランスがとれている企業であることが明らかになっている。ＲＢＶ（Resource Based View）の考え方と同様に、どんな素晴らしい戦略を構築しても、それを支える組織や人材が不十分であれば、戦略も絵に書いた餅と化してしまう危険性がある。

わが国の企業は、工業化社会を前提に、これまでは集団主義に基づき、全従業員を包摂し、組織の論理や職制によるリーダーシップにより人材をマネジメントしてきた。そこでは、効率性の追求に焦点があてられており、個人の自律性や創造性といったものはあまり必要とされていなかった。

しかし前述のように、企業を取り巻く環境は激変し、国内外での熾烈な企業間競争が展開されており、企業はこれまでの企業戦略を見直すとともに、戦略を支えるインフラともいうべき人材マネジメントや組織マネジメントのあり方も見直していかざるをえない。

本書はこうした認識にたち、激変する環境下における熾烈な企業間競争に打ち勝っていけるような、組織マネジメントや人材マネジメントのあり方を探究するものである。論理展開の方向としては、向こう一〇年間における企業に求められる人事革新の方向を以下のような構成で解説する。

まず序章では、企業を取り巻く環境の変化を概観するとともに、これまでのわが国の人材マネジメントの特徴を踏まえ、その変革の方向を大きく四つに集約し、本書の論理展開に結びつけている。

第一章では、環境の変化を大きく二つに分け、一つは市場や消費者の変化と経営のグローバル化、もう一つは働く人びとの会社観・組織観や仕事観の変化を取り上げ、こうした変化に応えていくために、人事のパラダイムを集団主義から個性尊重主義へと転換していく必要性を論じている。

第二章では、わが国の戦後の人事制度の歴史的変遷を概観し、人事制度の発展段階を四段階に分け、その特徴を明らかにする。わが国の人事制度の発展史に関する研究は少なく、本書の果たす意義はそれなりにあるものと思っている。ここでは、コンピテンシーモデルの人事制度としての妥当性、信頼性についても言及するとともに、第五段階として新たな人事制度を提言している。

第三章は、これまでの組織的管理を中心とする人材マネジメントから、個人の自律的管理を重視した人材マネジメントに転換していくことを強調するとともに、自律的管理の人材マネジメントの大きな枠組みを提示し、次章の具体的な制度内容につなげている。なお、ここでは自律的管理に求められるキャリア・アドバイザーとしてのミドル像についても解説をする。

第四章では、前章の提言に基づき、自律的管理の人材マネジメントを展開するための具体的なインフラ整備として、個人と組織の新たな関係づくりと人事部に求められる新たな役割・機能について解説をするとともに、キャリア・オプションの多様化や個人の自律性を重視した新たなワークシステムについて解説を行なう。

第五章は、次の第六章と同様、本書の人事革新の核心部分で、ここではキャリア自律に基づく具体的なキャリア形成のあり方を、最新の理論や考え方を踏まえ解説をする。同時に、自律した個の組織外への流出を阻止する人事施策（A&R施策）についても先進事例を踏まえ、詳しく解説する。

第六章は前章同様、本書のまさに核心部分で、組織イノベーションの創出に向けた個性尊重主義人事の展開に求められる組織マネジメントとリーダーシップについて解説をする。まず、組織イノベーションを生み出すためにはミドルが戦略ミドルに脱皮するとともに、組織形態もネットワーク型オーケストラ組織に転換することの必要性を述べる。また、戦略ミドルに求められるリーダーシップスタイルも創造的リーダーシップに転換していくべきことを、それぞれの先行研究を精査し、筆者なりの結論として導き出している。さらには、組織イノベーションに向け、拡散しがちな集団のエネルギーを集約し、組織の方向性を示す経営トップの役割についても解説する。

終章では、本書で提唱した人事革新の今後の展望と残された課題について解説を行なう。

本書が、企業の経営者や人事担当者、人材マネジメントに携わる経営コンサルタントや研究者、さらには大学・大学院で経営学や人的資源管理（ＨＲＭ）を学ぶ大学生や大学院生など、幅広い人びとにお読みいただき、議論していただく材料になることを念じてやまない。

最後に本書の出版にあたっては、出版事情が大変厳しい中、今回も企画・進行をお引き受けいただいた勁草書房の取締役編集部長の宮本詳三氏と編集部藤尾やしおさんに衷心より御礼を申し上げたい。本書は勁草書房での三冊目の単著の刊行で、お二人のご尽力の賜と心より感謝申し上げたい。

二〇一六年八月　研究室より遠くかすみ見える横浜のランドマークタワーを眺めながら

谷内　篤博

個性を活かす人材マネジメント——近未来型人事革新のシナリオ／目次

序章　求められる人事革新

日本の人材マネジメントの特徴

国際間競争の激化、ナレッジ社会の本格化、価値観・ニーズの多様化、ダイバーシティ社会への移行など、日本の企業を取り巻く環境は大きく変化している。これまではものづくりに経営の基盤がおかれており、主に品質とコスト、価格競争力に競争優位性を求め、効率性の追求が重視されてきた。したがって、人材に関しても、カンと経験に基づき、仕事を効率的にこなす、いわゆる熟練したスキルワーカーのような人材が求められてきた。

人材マネジメントの面でも、集団主義を核に、従業員を包摂し、年次管理などに象徴されるように、同質的に管理していこうとする一元的管理の色彩の強い人事管理が展開されてきた。そのため、人材育成の方向も管理職やゼネラリストの育成に主眼がおかれ、現場における管理職によるＯＪＴにより、ものづくりに必要な現場力が高められてきた。ＯＪＴによる人材育成は、技や技能をすり込んで教えられるため、修得する技や技能は極めて企業の独自性が強く、非汎用的な技能・スキルになりやすい。そうした人材育成の仕方や技能の特殊性が、組織への帰属性を高め、わが国の伝統的な雇用慣行である終身雇用制をよりいっそう促進させてきた。

わが国の人材マネジメントをめぐっては、もう一つ特筆すべきことがある。それはマネジメント思想に関してである。すでに述べたように、ものづくり立国の日本にとって、欧米経済にキャッチアップしていくには、品質とコスト、さらには効率性を競争優位の源泉とせざるをえず、マニュアルや厳格なルールに依拠した、極めて「コントロール思想」の強いマネジメントが展開されてきた。効率性を追求する定型的な仕事では、個人の意欲や創造性よりも、規則通りの仕事の進め方が求められ、個人の意志とは無関係に定められた作業手順に基づき仕事が与えられ、手順通りに作業が進むよう統制が加えられる。

このように、ものづくりに経営基盤をおき、欧米経済へのキャッチアップを目指した日本においては、組織の論理や集団の論理を重視したコントロール的色彩の強いマネジメントが展開され、プロセスでなにか問題が発生したときに、その都度対応していくという例外による管理（management by exception）が採られてきた。

その結果、「企業は人なり」とのスローガンを掲げながらも、従業員個々人の個性や人間性、ましてや仕事における自律性にはほとんど関心が向けられることはなかった。

世界規模でのナレッジ競争の激化

しかし、現在では世界経済は、激しい国際間競争にさらされており、これまでのような安くて品質の良いモノを供給していくだけでは、日本も国際競争に生き残っていけない。単に製造原価の低減を求め、生産拠点を海外に移転するという国際化では、もはや世界のグローバル企業に太刀打ちできない。これまでとは違い、明らかに競争優位の源泉は品質とコストだけではなくなりつつある。今後は、国境という枠を越え、ヒト・モノ・カネ・情報などの経営資源を各国々の間でスムーズに行き来させて、ナレッジを統合し、新しい付加価値の高い製品やサービスを生み出していかなければならない。

近年のグローバル経営においては、こうした新しい付加価値の高い製品やサービスを生み出すナレッジは、世界規模で流動化・分散傾向にあり、一国の競争優位に依存したイノベーションでは限界が生じている。わが国のグローバル経営は、まだまだ日本の本社が研究開発や意思決定など重要な部分で権限を集中させており、海外子会社は本社の意思決定に従っているのが現状である。このような日本本社を中心とする mother - daughter 型の縦割り的な組織運営では、他社を含めた新たなバリューチェーンの構築や外部とのアライアンス（提携）、国際的なネットワークづくりが困難となる。

しかも、わが国の経済は、ものづくり・輸出（いわゆる加工貿易）をその基盤としているため、すべての産業分野を一定レベルで国内で抱え込むフルセット産業構造をとっており、グローバル経営に求められるネットワーク経済への移行や国際分業の大きな足かせとなっている。

さらに、三現主義（現地／現場／現物）に象徴されるように、現場主義、個人の暗黙知の重視、組織知・形式知の軽視といった日本的経営によく見られる特徴もグローバル・イノベーションには障害となる可能性がある。

今後は、イノベーションの発生源を日本本社に限定せず、国際的なネットワークと外部経済・資本を有効活用し、世界中に散在・分散しているナレッジを融合する形で、付加価値の高い製品開発やサービス・イノベーションを創発していかなければならない。

こうした付加価値の高い製品開発やサービス・イノベーションを創発していくには、求められる人材も変わってくる。これまでのようなスキルワーカーではなく、ナレッジを生み出すのに必要な高度な専門性を有したナレッジワーカーやプロフェッショナル、さらにはグローバル経営を担えるグローバルリーダーが必要となる。

消費者から生活者への変身

一方、国内市場に目を転じても、これまでのものづくりに基盤をおいた経営が行き詰まりを見せ始めている。高度経済成長の時代は、われわれの生き方の中心的価値は to have、すなわちモノをもつことで豊かな生活を営むことが生きがいとなっていた。つまり、物的欲求を充足させ、経済的な豊かさを追い求めていた。マーケティングの視点に立つならば、大衆をターゲットに大量消費・

大量生産を前提に、モノを流通させる普及率のマーケティングが実践されてきた。その結果、家電などの耐久消費財の普及率は高まり、内閣府「消費動向調査」によれば、二〇一五年時点でカラーテレビの普及率は九七・五％、ルームエアコンは九一・二％、乗用車は八〇・一％となっている。

しかし現在では、一億総中流の時代となり、われわれの生活シーンはモノであふれ、物的欲求は充足されることとなった。国の経済発展の度合が高まると、国民の欲求構造も経済的欲求から精神的欲求へとその重点が移行する。わが国においても、まさにこうした現象が起こっており、生き方の中心的価値が to have から to be、すなわちいかに自分らしく生きるか、自分の個性を生かしたいといったふうに、個々人の内面の充実や心の豊かさを追い求めることが生きがいとなりつつある。

もうわれわれは大衆ではなく、賢い消費者、つまり生活者へと変身している。マーケットが細かくセグメントされ、大衆にとって代わり、小衆ないしは分衆なる言葉も出始めている。マーケティングの視点も普及率のマーケティングから選択率のマーケティングへと大きく転換しており、当然、生産体制も多品種少量生産とならざるをえない。

こうした to be に裏打ちされた価値観を信奉している生活者は、自分のライフスタイルや価値観、生き方にあった新たな製品やサービスを望んでおり、消費の高度化、多様化をうながす。これまでのような、安価で良質なものづくりに奔走してきたスキルワーカーや効果的な組織運営を担うゼネラリストとは異なる、新たな人材が求められる。

働き方の個別化

さらに、人びとの会社観・組織観や働き方にも大きな変化が見られる。そうした変化は特に三〇歳前後の若年層において顕著である。若い世代は、五〇歳以上の世代と比較すると、会社観・組織観において大きな違いが見られる。五〇歳以上の中高年層は、「一つの組織に帰属し、そこから人生に必要なものを手に入れていく」という会社観・組織観を有しており、コミットメントの対象が会社に置かれている。このような中高年層は、生涯にわたって会社への忠誠を誓い、会社のためなら自己犠牲をもいとわない典型的な会社人間で、自分と会社を一体化させている。彼らには、「ウチの会社」といった表現に象徴されるように、そのメンバーのひとりであるとの帰属意識が醸成されており、会社との運命共同体思想につながる。こうした帰属意識は、会社への盲目的な追従をうながし、自分の会社を客観化する視点を失わせてしまう。昨今の企業の不祥事や不正事件は、こうした中高年層の帰属意識に裏打ちされた滅私奉公的な会社観・組織観がその原因と考えられる。

帰属意識に裏打ちされた中高年層は、企業意識が強くなり、職業に対する誇りや責任からなる職業意識といったものが芽生えにくい。自分の視線の先にあるものは、組織内での偉さや権力を象徴するポストや職位で、偉さを表す階段（ハシゴ）を登ることに最大のエネルギーを注ぐ。それが中高年層の管理職志向へとつながっている。

こうした中高年層の帰属意識に裏打ちされた会社観・組織観や管理職志向といったものは、管理職育成に向けた単一のキャリアパスからなるこれまでの一元的な人事管理のあり方と適合していた。

それに対して、若年層はコミットメントの対象が会社ではなく、自己の仕事や専門性、市場価値（market value）に置かれているため、会社や組織に対する帰属意識が低い。したがって、中高年層のように、定年までその会社にいて、組織内での昇進競争に奔走する気など毛頭ない。むしろ、自分の能力や専門性を評価してくれて、自己の市場価値を高められる機会があれば、会社を辞めてもいいと思っている。

こうした若年層の会社観・組織観は、「いくつかの組織に所属し、それぞれのところから必要なものを手に入れていく」という所属意識に裏打ちされており、その中心的価値は、会社への忠誠よりも仕事への忠誠、会社への貢献よりも自分の市場価値が高まることを重視する「自己利益」にある。

スペシャリスト・プロフェッショナル志向の高まり

自己利益を重視する所属意識に裏打ちされた若年層は、仕事を媒介にした個人と組織の緩い関係（ルースカップリング）を希求しており、仕事における専門性を高めることや専門分野における自分に対する評価を高めることに強い関心がある。組織内での自己に対する評判よりも、市場や専門分野での評判に関心があり、準拠集団が学会や専門家団体など、組織の外部に存在していることも多い。

したがって、キャリア志向においても、管理職・ゼネラリスト志向の中高年層とは異なり、自ずとスペシャリスト、プロフェッショナル志向が強くなる。このようなキャリア志向を有した若年層は、自分の専門性や市場価値を高める人材育成やキャリア形成を強く望んでおり、従来のようなOJTを中心に、企業固有技能の修得をはかる人材育成のあり方や、管理職・ゼネラリスト育成に向けたジョブローテーションによるキャリア形成では、彼らの期待に十分応えていくことはできない。ましてや、グローバル競争の激化や国内市場の縮小に悩まされている企業にとっては、組織の成長や拡大が極めて難しく、管理職・ゼネラリストになるための上昇型のキャリアを保証することすら難しくなりつつある。

今後は、彼らの専門性や市場価値が高まるとともに、そうした高度な専門的知識や技能が会社に還元されるような人材育成やキャリア形成のあり方が求められる。

と同時に、仕事志向、プロフェッショナル志向の高い若年層のキャリアニーズに応えていくためには、これまでのような管理職育成に向けた単一のキャリアパスからなる人事制度ではその期待に応えられず、組織に引き留めることができない。自分の専門性向上や可能性を求めて転職行動に走りやすい若年層を組織につなぎ留める（リテンション）ためには、個人のキャリア選択を許容し、個々人のキャリア目標が達成できるよう人事制度を改革し、キャリアオプションの多様化をはかっていかなければならない。

変化する人事部の役割

ところで、これまで述べてきたような求められる人材像の変化や働き方の個別化に応えていくためには、人事制度の改革が必要であることを指摘したが、このような人事制度改革には、人事部の役割や位置づけも変わっていかざるをえない。

一般に、人事部といえば、営業や財務・経理、生産など企業に必要な経営職能の主要な部分を担っており、採用、配置・異動、教育など従業員を包摂し、総合的に管理していくというような中央集権的な組織のイメージが強い。

日本の人事部が中央集権的な組織になるのは、人事の権限が事業運営を担当するラインに分散されているアメリカとは異なり、わが国では新卒一括定期採用から計画的なジョブローテーションを統一的に行う必要性から人事部という特定の部門に人事の権限を集中させているからである。また、人事部のスタッフはエリート集団であり、従業員の情報をにぎり、辞令一本で人事異動ができる権力を有しているため、権限を掌握する中央官庁的なイメージが強くなりやすい。

さらに、日本の人事部を論ずるときに思い出されるのは、人事部が担っている業務は採用、配置・異動、教育、報酬管理など、人事部に求められる機能の遂行に焦点があてられており、会社の戦略との連動性に欠けるものとなっていることである。つまり、日本の人事部は機能主義的人事をつかさどる部門といった欠点を帯びてしまう。

こうした中央主権的で、コントロール志向が強く、機能主義を追求する人事部では、企業の環境変化と働き方の個別化の動向を読み、それらを踏まえ時代を先取りした人事革新を断行することは難しい。一部の識者においては人事部不要論まで出てきている。たとえば、八代氏は「自立できないひ弱な労働者の人生を導く守護神としての人事部の役割は終わった。」ことを強調している（八代尚宏『人事部はもういらない』講談社、一九九八年、四八ページ）。しかし、八代氏の主張は、決して人事部が不要であることを強調しているのではなく、むしろ新しい人事部への脱皮・転換を強調していると考えられる。それは氏の「今後は、自分の職業上のキャリアは、その能力に応じて、自分自身で決めることを原則として、それに対して情報提供とアドバイザーとしての役割を果たすことが新しい人事機能といえよう」（同書、四八ページ）といった記述からも明らかである。

冒頭でも述べたように、ビジネスのグローバル化が急速に進展しており、これまでとは異なる新しいタイプの人材が求められる。企業のグローバル戦略と連動し、このような人材を調達したり、あるいは育成・輩出していくことが人事部の新たな役割や機能として必要となっている。つまり、人事部の戦略的人事への脱皮と新たな人材の調達・供給機能が必要である。

また同様に、労働力の供給サイドの働き手においても、仕事志向やプロフェッショナル志向が高まっており、働く上での個人の自律性や選択度を高める人事制度が必要である。中央集権的で、従業員を包摂し一元的に管理していこうとするようなこれまでの人事部は不要で、むしろ解体をし再構築していかざるをえない。人事部再構築の方向としては、大きく二つの方向が考えられる。一つは働き方の個別化に対応していくために、人事部がキャリア・アドバイザーとしての役割を果たすことである。求められる人材像が多様化し、それにともないキャリア・オプションも多様化する。

キャリアの選択は個人に委ねられるが、個人のこれまでのキャリアの総括やスキルズ・インベントリーなどをベースにキャリア・アドバイスをしていくことが人事部に求められる。

もう一つは人事機能のラインへの分散である。人事制度の設計・運用は人事部固有の役割・機能であることには変わりはないが、分権的な人事が展開されているアメリカのように、人事部が有している人事機能をライン（現場）のマネジャーや管理職に移管していくことが望ましい。一部、大企業を中心にグループ経営が本格化しており、グループ全体の効果的な人事を展開するために、人事部に権限を集約する動きも見られるが、欲しい人材の採用や部門内での人事異動、人事評価と評価結果の活用など、ラインの自主性を重視した人事機能の強化をはかっていくことも必要となってくる。今後、人事部はラインマネジャーや現場の管理職が分権化された人事機能を効果的に遂行できるような支援やサポートを提供できる部署へと脱皮をはかっていくことが求められる。

以上見てきたように、企業を取り巻く競争環境の変化から求められる人材像が大きく変化するとともに、働く人びとの意識も変わり、働き方においても個別化が進みつつある。こうした変化に対応していくためには、人事革新を断行するとともに、人事部の役割・機能も大きく刷新していかなければならない。人事革新の方向としては、次のように大きく四つにまとめることができる。

①組織的管理（コントロール）から自律的管理（ディベロップメント）へ
②集団主義から個性尊重主義へ
③会社主導のキャリア形成から個人の自律性を重視したキャリア形成へ

④中央集権的な人事部から戦略的・分権的な人事部へ

第一章以降において、このような人事革新の方向性を確認しつつ、向こう一〇年先の近未来型人事革新のあり方を探求していきたい。

注

（1）ナレッジとは、組織の成果を生むために高度に専門化されたもので、企業の競争優位の源泉となるものである。ドラッカー（Drucker, P. F.）は、著書である『ポスト資本主義社会』（一九九三＝邦訳 二〇〇七）の中で、知識社会においてはナレッジが唯一の基礎的な経済資源で、ナレッジワーカーが社会の中心的役割を果たすことを示唆している。

第一章　変貌する経営環境と人事パラダイムの転換

1　経営環境の質的変化とマーケティング戦略の転換

高度成長から成熟経済への移行、経済のグローバル化によるメガ・コンペティション時代への突入など、企業を取り巻く環境は激変しており、先行き不透明感はよりいっそう増すばかりである。本章では、経営環境の変化を、質的変化、経営のグローバル化、働き方の変化といった三つの視点から見ていくこととする。

（1）　経営環境の質的変化(1)

変化する経営環境の態様

まずは経営環境の質的変化であるが、企業を取り巻く経営環境はこれまで企業が乗り越えてきた環境の変化とは内容的にその趣を異にしているようである。これまでの経営環境は連続的で、大きな質的変化をともなわない、比較的対応が容易なフォロー的な環境であった。しかも、わが国の高い経済成長を背景に、大量消費・大量生産を前提とした事業が展開され、各企業が拡大する国内市場の恩恵を被り、成長を遂げることができた。序章でも指摘したように、われわれは物的豊かさを追い求める大衆といった存在で、われわれ大衆の根底にある to have といった欲求を満たすことに焦点があてられた普及率のマーケティングが採られてきた。したがって、そうした環境下においては市場そのものが拡大しており、事業シフト（転換）も比較的容易であり、どの企業もある程度の成長を達成することができた。つまり、企業の環境適応が容易な時代であった。

それに対し、今後の経営環境は変化が常態化しており、しかもその変化は非連続的で、しかもウェイブ（波）をうった状態といっても過言ではない。普及率のマーケティングによりモノの充足は達成され、もはやわれわれ大衆の関心は、精神的豊かさの追求へと変化している。モノの普及率が高まった状態では、買い換え需要が主となり、なかなか新たな需要や買い増し需要へとは発展しにくく、国内市場は成熟市場となってしまう。しかも、精神的豊かさを追い求めるわれわれ大衆は、自分の価値観や生き方にあったモノやサービスしか購入せず、消費の多様化、高度化が進みつつある。こうした消費の多様化、高度化は、一方でわれわれ消費者を選択眼の鋭い生活者へと変身させるとともに、他方で製品のライフサイクルを短くさせ、企業へ製品開発のプレッシャーを与える。

このような先行き不透明な激変する経営環境下では、どの企業でも事業展開や製品開発がむずか

図表1－1　環境変化と戦略行動

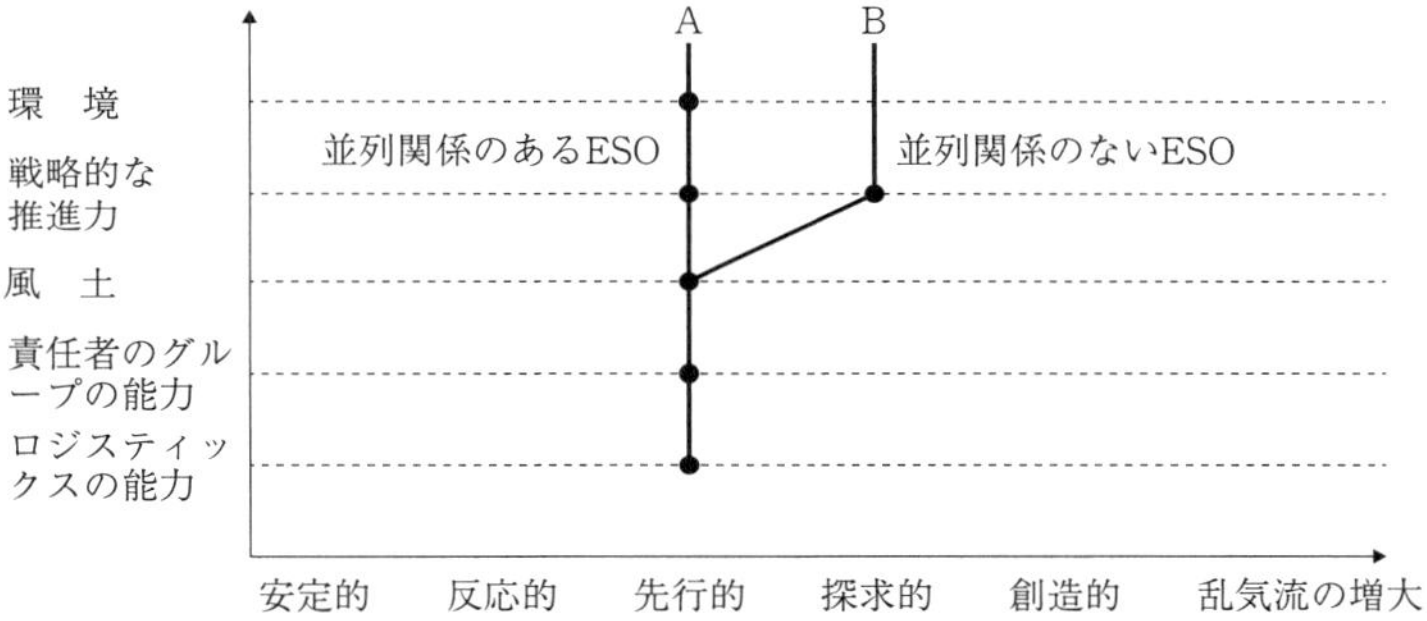

出所：アンゾフ，H. I.（中村元一訳）（1980）『戦略経営論』産業能率大学出版部、239頁

しく、環境変化といった波をうまくとらえて、事業開発や製品開発をいかにジャスト・サーフィング（適合）させるかといったことに全神経を集中させる必要がある。

ましてや、今後はこうした環境の変化がますます複雑になり、かつその変化自体のスピードもいっそう早くなり、これまでの経験や現場積み上げ型の発想では対応が極めて困難と思われる。ドラッカー（Drucker, P. F.）やアンゾフ（Ansoff, H. I.）が指摘したように、まさに本格的な「乱気流時代の幕開け」で、企業の環境適応力が試される時代となった。

アンゾフは、その著書である『戦略経営論』において、「環境貢献企業」（Environment Serving Organization：略記ESO）という概念を提示し、環境における組織生存の条件として、環境―戦略的な推進力―風土―責任者グループの能力―ロジスティックス能力という五つの要素の間に並列関係が存在する必要があると主張している（図表1－1参照）。

つまり、アンゾフによれば、経営者を含めた責任者グループが環境変化に対する認知能力を高め、環境の変化と経営戦略、組織構造とを効果的に適合させていける環境貢献企業（ＥＳＯ）のみがゴーイングコンサーンとして永続していけるという訳である。

（2）マーケティング戦略の転換

マーケティング戦略のパラダイムシフト

さらに、このような質的変化をともなった経営環境に適応していくには、企業経営のあり方やマーケティングの展開の仕方も変わっていかなければならない。図表1－1からも明らかなように、経営環境は探求的、創造的環境へと変貌している。序章でも述べたように、これまでの大衆（消費者）にかわる選択眼の鋭い生活者、すなわち分衆や小衆の誕生を契機に、消費の多様化、高度化がもたらされ、市場の細分化が進んでいる。高度経済成長期は画一的なマス・マーケットを対象に、物的豊かさを追い求める消費者の欲求に応えていくために、ニーズ・プッシュ型の普及率のマーケティングが展開され、それが十分機能した。

しかし、市場にモノやサービスがあふれ、価値観や消費性向が多様化する現代においては、普及率のマーケティングは機能しない。生活者は自分の価値観やライフスタイルにあったものを購入する方向へと進化しており、対象者を限定したカタログやｗｅｂサイトにアクセスし、自分だけ（only one）の商品を購入する品番・品種需要が増加している。こうした限定されたマーケットを対象としたマーケティングを展開していくには、マーケティング・パラダイムを普及率のマーケティングから「選択率」のマーケティングへと転換していく必要がある。選択率のマーケティングとは、マーケットインの発想で、すなわち、商品の企画や生産において消費者や市場のニーズを重視する方法で、細分化された市場の潜在的ニーズを的確にとらえるニーズ・プル型のマーケティングを意味している。

このようなニーズ・プル型のマーケティングを展開するにあたっては、マーケットリサーチをベースにしたデータ分析型アプローチに過度に依存することなく、市場に出て行き、市場に散在するニーズを経営トップや営業、マーケティング担当者が自らの皮膚感覚で感じ取る「現場を歩き回る経営」が極めて重要となってくる。つまり、企業がこれまで培ってきた本能的な「カン」や「直感」を大切にし、意思決定を行うマーケティング戦略を展開しなければならない。まさに、「K（カン）K（経験）D（度胸）」を重視したマーケティング戦略である。『エクセレント・カンパニー』の著者のひとりであるピーターズ（Peter, T. J.）は、その著書である『エクセレント・リーダー』のなかで、MBWA（Managing by Wandering Around）、すなわち〝現場を歩き回る経営〟の実践こそが現代企業の経営者に求められていることを強調している。

環境創造型マーケティングの展開

ところで、こうした選択率のマーケティングといえども市場ニーズに合わせて自己のドメイン（生存領域）を決める環境適応型マーケティングの段階である。今後、企業に求められるのは新たな競争優位の構築に向けて、顧客や市場の潜在的ニーズを掘り下げ、積極的に市場を築いていく「環境創造型」マーケティングの展開・実践である。環境創造型マーケティングは、これまでの固定観念やビジネス展開の仕方に拘泥することなく、むしろ捨て去り（unlearning：学習棄却）、新たな需要を喚起する点に大きな特徴がある。このような環境創造型マーケティングを展開していくには、製品といったもの自体にこだわるのではなく、それに付随する付帯価値、つまり製品のもつ機能や顧客の購入目的にまで視野を拡大し、事業の定義を広く設定していくことで、新たなビジネスチャンスを生むことができる。乱気流時代の経営環境下においては、環境創造型マーケティングは必要不可欠といえよう。

2　経営のグローバル化とグローバル・イノベーション

国際化からグローバル化へ

企業が対処すべき環境変化の二つ目は、経営のグローバル化(2)である。今日の世界経済は、ネットワーク経済への移行にともない、国際的な相互依存が高まっている。原材料を輸入し、それらに加工を施し、良質な製品として仕上げ、海外に輸出することで、欧米にキャッチアップしてきたわが国の企業経営においても、経営のグローバル化は避けて通れない極めて重要な経営課題である。一九八五年のプラザ合意を契機に、わが国の国際化は急速に進み、円高を背景に日本製品に対するバッシングもあり、海外でのノックダウン（ＫＤ・現地生産）生産が本格化した。

　しかし、このようなわが国の国際化は、研究開発や製品開発、財務などの重要な意思決定は日本本社が行っており、海外子会社は生産、販売といった職能を担っているにすぎない。日本の本国中心の国際経営は、ヒーナン（Heenan, B. S.）とパールミュッター（Perlmutter, H.）のＥＰＲＧモデル(3)によればエスノセントリック志向（Ethnocentric：本国志向）ともいうべきもので、これでは経営のグローバル化とは呼べない。なかには、現地スタッフを採用し、オペレーショナルな意思決定を海外子会社に委譲するポリセントリック志向（Polycentric：現地志向）の企業も多く存在するが、財務や研究開発は依然として本社主導のままであるといった実態は変わらない。もちろん、自動車産業や電機産業などのように、海外進出が早く、海外での事業展開を行っている企業群のなかには、地域統括会社を設置したり、世界志向のグローバル・マーケティングを展開し、経営のグローバル化が進んでいるケースも見受けられる。こうした日本の本社主導型の国際経営は、本社と海外子会社の垂直的な関係からなるmother - daughter型組織運営により展開されている。

　わが国のこのような国際化とは裏腹に、ＩＣＴの進展やネットワーク経済への移行にともない、今や競争は国内市場にとどまらず、海外にまで拡大しており、地球規模でのボーダレスな競争へと変化している。ネットワーク経済への移行は、世界的規模での外部経済の依存性を高め、自国の優位性のみをもとにして、世界的規模のグローバル・コンペティションを勝ち抜くことは極めて難しい。日本の企業にとっても、国際的なネットワークを構築し、他社を含めた新たなバリューチェー

図表1－2　多国籍企業の発展段階（マッキンゼーモデル）

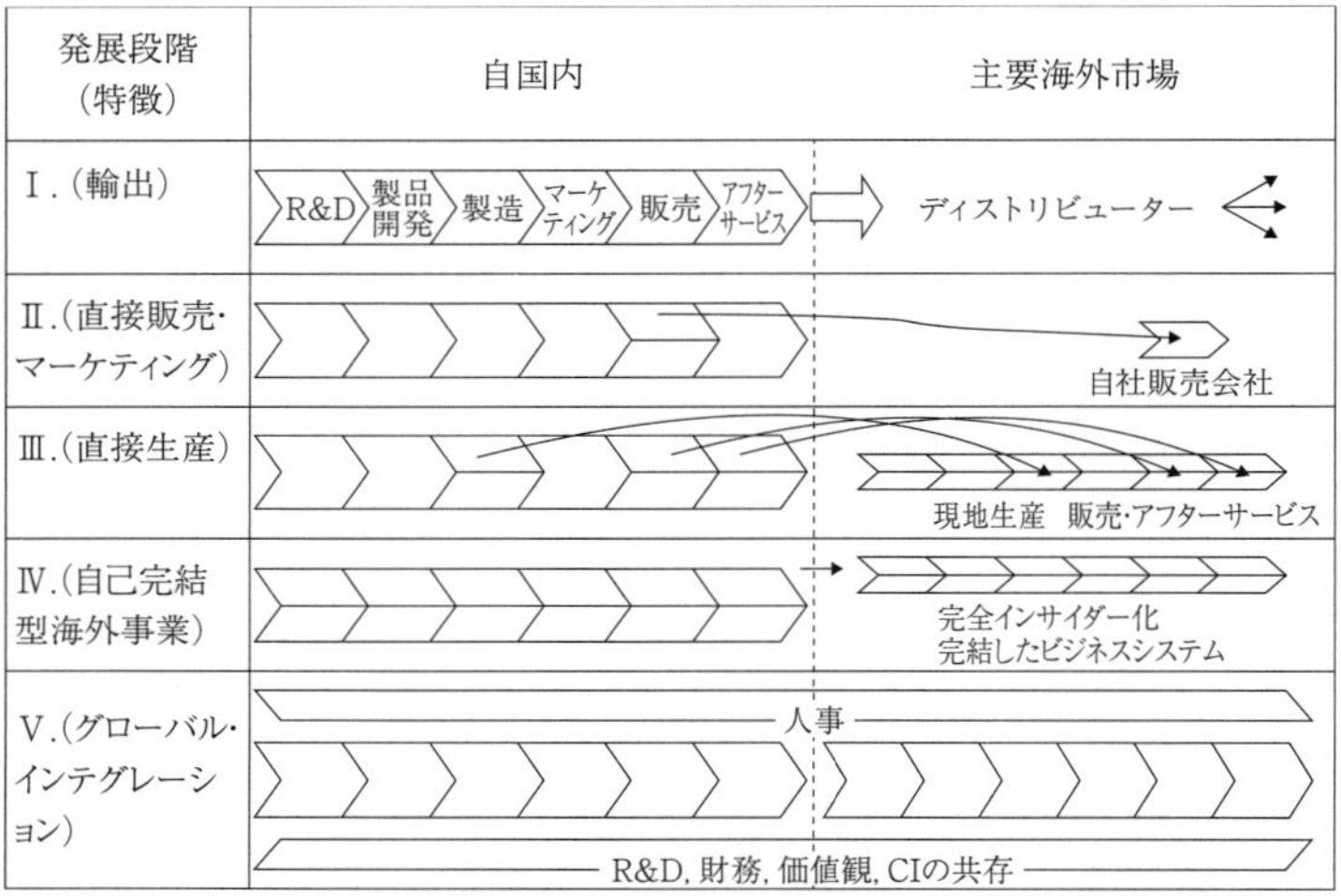

出所：大前研一（1987）『大前研一の日本企業生き残り戦略』プレジデント社、208頁

ンを作り上げることも視野に入れていく必要がある。

グローバル経営の発展段階からみた課題

次に、視点を変えて経営のグローバル化の影響を見ていきたい。一つはグローバル経営にいたる発展段階から見た課題である。経営のグローバル化の発展段階としては、外資系コンサルティング・ファームであるマッキンゼー社のモデルが分かりやすく、説得力がある。図表1－2からも分かるように、マッキンゼーのグローバル化のステージは五段階ある。

第一段階は開発から販売までの一連の機能をもつ企業が、独占的でユニークな製品を商社やディストリビューターを使って「輸出」する段階である。この段階は日本本社の国際業務部門の担当者に現地のバイヤーと条件の交渉や契約書の作成ができる程度の語学力が必要となるが、海外市場や海外ビジネスに関する詳細な知識はそれほど必要ではない。

第二段階は、主要国に直轄の販売会社を設置して流通チャネルやブランドの管理を行う「直接販売・マーケティング」の段階である。この段階では、国際ビジネスに精通した国際要員が必要となり、駐在員として海外子会社に派遣される。駐在員は国際ビジネスにおける商慣習や現地での販売網の構築に精通するとともに、現地のローカルスタッフとのコミュニケーション、さらには日本本社とのパイプ役を果たしていかなければならない。

第三段階は、輸出や販売で築いた市場を確保したり、現地のニーズに応えていくために、生産の現地化が要求される「直接生産（ノックダウン）」の段階である。この段階で貿易摩擦等を回避する観点から現地での雇用が展開され、多くの日本人が海外子会社へ派遣される。この段階がいわゆる国際化段階で、すでに述べたように、多くの日本企業はまだこの段階にとどまっているのが現状である。

第四段階は、現地のニーズを活かし、現地の経営資源を活用する方向で、各市場への個別対応をすすめ、開発からアフターサービスまで一連のビジネス展開を海外子会社で行う「自己完結型海外事業」の段階である。家電メーカーや自動車メーカーなどはこの段階に達しているものと思われる。この段階では、地域の特性を反映した効率的なグローバル経営の展開にむけ、地域統括会社が設置されることも多い。この段階では日本本社の内なる国際化が重要なテーマとなる。

最後の第五段階は、世界市場を一つにとらえ、グローバルな視点から最適な経営資源の調達・配分・運用がはかられる「グローバル・インテグレーション」の段階である。この最終段階は、日本本社と全く同じ機能を有する海外法人が存在しており、それらが企業文化や価値観などを共有化し、有機的な連携をはかっていく点に大きな特徴がある。つまり、日本本社も世界に存在する本社の一つにしかすぎず、欧州やアメリカ、アジア・オセアニアなどにも本社が存在する世界三極体制や四極体制へと進化する。わが国の企業では、家電メーカーや自動車メーカーなどのごく一部の企業がこの段階に達しているが、まだ多くの企業はこのレベルには至っておらず、今後のグローバル経営を展開していく上で、大きな課題となる。この段階では、日本人、外国人といった区分はなく、社内における公用語も英語となる。

メタナショナル経営の幕開け

もう一つの視点は、グローバル経営の類型化から見た課題である。グローバル経営の類型化に関しては、前述したヒーナンとパールミュッターのEPRGモデルがあるが、さらに進化したモデルとしてバートレット（Bartlett, C. A.）とゴシャール（Ghoshal, S.）の「トランスナショナル企業」モデルがある。[4] トランスナショナル企業は、グローバル統合とローカル適応を両立しうる組織で、知識の所在やイノベーションの発生源を本社に限定せず、海外子会社にも資源と能力が配分され、統合されたネットワークを通してナレッジや情報が世界中で共有され、イノベーションにつなげる点に大きな特徴がある。トランスナショナル企業モデルは、グローバル統合とローカル適応を同時に追求する点から、理想的なモデルと思われるが、すべての企業にとってグローバル経営の目指すべきゴールとはいえない。なぜなら、業界特性によってグローバルとローカルのいずれに重点を置くべきかは異なり、また環境要因によってふさしい組織構造が異なるからである。浅川（2003）は、トランスナショナル企業モデルは、モデルとしてはきれいにまとまっているが、こうしたトランスナショナル・モデルの要件を満たす企業は存在しないとしている。

二〇〇〇年代に入り、トランスナショナル企業モデルに変わり、多国籍企業の新たな革新モデルとして「メタナショナル企業」モデルが登場し、注目を浴びるようになる。これはドーズ（Doz, Y.）サントス（Santos, J.）&ウィリアムソン（Willamson, P.）によって提唱されたものであるが、メタナショナル経営の特徴は、自国の優位性に立脚した戦略を超え、グローバル規模での優位性を確保する戦略である点にある。言い換えるならば、メタナショナル経営とは、本国のみでなく世界中で価値創造を行い、競争優位を構築する企業戦略である(5)。

ナレッジ競争が本格化しつつある今日、知識は世界中に分散傾向にあり、ローカルの知識をローカルの製品開発にのみ活用することや、本国の知識や技術に依存していたのでは、持続的な発展に必要な競争優位を獲得することは実質的に困難といわざるをえない。今後、世界中に分散するナレッジや技術、さらには市場に関する知識の融合・活用を通じて、グローバル・イノベーションを起こしていくことが必要不可欠となる。

図表１－３　グローバルネットワークとしての本社－海外子会社関係

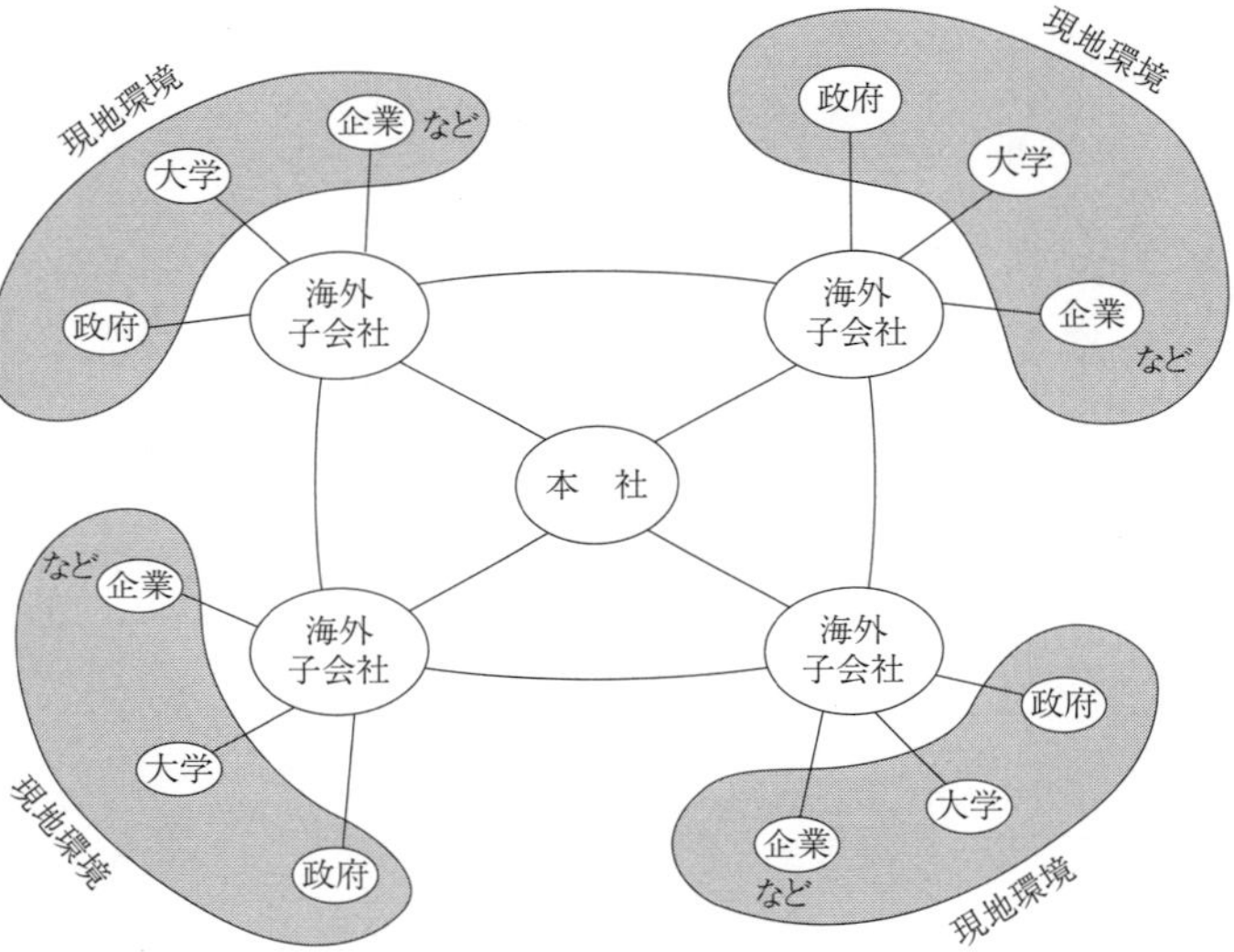

出所：浅川和宏（2003）『グローバル経営入門』日本経済新聞社、105 頁

メタナショナル経営とは、世界に散在するナレッジや技術を統合されたネットワークを通して移転・融合・活用し、グローバル・イノベーションを創出し、新たな競争優位の構築を可能ならしめる企業モデルである。

このようなメタナショナル経営を実践していくためには、二つの課題をクリアしなければならず、日本の企業が真のグローバル企業になっていく上で多くの示唆を与えてくれる。まず一つ目は、ローカルベースの優位性の機会とグローバルベースの優位性の機会を同時に追求する「グローバルネットワーク組織」の構築である。図表１－３からも明らかなように、グローバルネットワーク組織は、本社と海外子会社が一対一（ダイアック）の関係ではなく、階層を作らず柔軟なネットワークを作り、ナレッジや情報の共有化をはかることで、グローバル・イノベーションが生まれやすい環境を整える組織である。海外子会社はいわば現地コミュニティと本社とをつなぐブローカー的立場になる[6]。こうしたグローバルネットワーク組織を通して世界中に散在するナレッジが移転・融合・活用され、グローバル・イノベーションが可能となる。グローバルネットワーク組織とは、いわばグローバル・イノベーションに向けた世界的規模の組織学習の場といえよう。本社主導の mother - daughter 型の組織運営でグローバル経営を展開する日本にとっては、このようなグローバルネットワーク組織のような動態的組織づくりは今後の大きな課題となる。

グローバル人事の展開

もう一つの課題はグローバル人事の展開である。メタナショナル企業におけるグローバルネットワーク組織を効果的に運用していくためには、本社と海外子会社、さらには海外子会社間の連携を深めていくことが必至となり、国際的な人の協働が極めて重要となる。そのためには、人事やマネジメントに対する信頼性と安心感が求められ、これまでのように日本人と海外子会社のスタッフに適用される人事制度が異なるようでは、国際的な人の協働に欠かせない信頼や安心感は得られない。グローバル人事が必要とされるゆえんがここにある。

古沢（2008）は、グローバル・イノベーションに向けた人びとの協働を促進させる要素として

「規範的統合」と「制度的統合」を強調している。規範的統合とは、自社の経営理念を海外子会社の多様な文化的背景を有する人びとに浸透させ、グローバル企業文化として昇華させ、「国境を越えた社会化」(7)をはかっていくことである。具体的には、経営理念と連動した世界統一プログラムによる教育を施したり、経営理念を能力モデルともいうべきコンピテンシーモデルやリーダーシップモデルとして具現化し、それをベースに人事評価を行ったり、さらには国際的なプロジェクトに参画させたり、本社―海外子会社間、あるいは海外子会社間におけるグローバルな人事異動を展開したりすることなどが必要となる。こうした経営理念と連動した教育や評価制度、グローバルなプロジェクト展開や人事異動を通じて、経営理念や企業固有の価値観が共有化され、国境を越えたヒューマンネットワークが形成される。グローバル・イノベーションを起こしていくには、価値観の共有化(shared value)とヒューマンネットワークに基づく、国境を越えたボーダレスな組織学習が必要不可欠である。

一方、制度的統合とは、世界統一基準(グローバルスタンダード)の人事制度によるグローバル人事を展開することである。グローバル人事の内容としては、経営理念と連動した採用基準に基づく採用、世界統一のジョブ・グレードに基づく報酬制度、さらには経営理念と連動したコンピテンシーモデルやリーダーシップモデルをベースにした評価制度と人材育成、グローバルな配置・転換が必要となる。メタナショナル企業に求められるグローバル・イノベーションには、このようなグローバル人事を推進・展開することにより、世界に分散する多様で有能な人材をグローバルな視点から発掘するとともに、こうした人材のスキルや技術、専門性をデータベース化し、必要なポジションに登用していくことが求められる。

このように、メタナショナル企業においては、経営理念や組織固有の価値観の共有化にむけた規範的統合と、グローバル人事を展開することにより国境を越えた人材の有効活用にむけた制度的統合が必要で、かつ両者の効果的な連動が強く求められる。

グローバル・リーダーの育成

さらに、メタナショナル経営の展開には、日本本社と海外子会社とが一体化した経営が求められ、グローバルな視点から事業展開できるグローバル・リーダーが必要となる。残念ながら、わが国の企業においては、家電や自動車メーカーなどの一部の先進的企業を除いて、異文化を理解しグローバルな視野をもって事業展開や企業経営ができるようなグローバル・リーダーは育っていない。このようなグローバル・リーダーを育てるためには、日本人、外国人の区別なく、早期に人材を選抜し、グローバルなキャリア形成プログラムにより人材育成を行っていくことが重要である。また、こうした人材は人事部が主催する階層別研修では育成することが難しく、新たな人材育成の仕組みが必要となる。グローバル化が進んでいる家電や自動車メーカーでは、コーポレート・ユニバーシティ（企業内大学 Corporate University：CU、以下CUと表記）を設けてグローバル・リーダーの育成を試みている。たとえば、トヨタではトヨタインスティチュート、ソニーではソニー・ユニバーシティを設置し、グローバル・リーダーの育成を行っている。

こうしたCUを活用したグローバル・リーダー育成の先進的な事例としてキャノンのケースを取り上げ、グローバル・リーダー育成の実際に迫っていきたい。(8) キャノンでは、二〇〇一年に「CCEDP（Canon Corporate Executive Development Program）」という経営者研修をスタートさせている。これは日本、北米、欧州、アジアの各地域から、地区責任者の推薦を受けた事業部長・部長クラス、海外子会社の社長クラスを対象としており、年一回開催される。対象者の選抜にあたっては、日本人、外国人の区別がないのは当然である。対象者の数は一五～二〇人で、期間は四～一〇月の七ヵ月間で、スイスのローザンヌにあるビジネススクールIMD（International Institute for Manage-ment Development）の協力のもとに実施される。研修プログラムは大きく四つのユニットから構成されており、講義は英語で実施されている。モジュール1は、日本本社にて社長、役員講話があり、その後チームごとに研究するテーマが設定される。モジュール2は、IMD校で開催され、研修内容は講義とケーススタディから構成されており、分野はファイナンスや事業戦略、マーケティングなどが中心となっている。モジュール2の後は、チームごとに三ヵ月におよぶプロジェクト活動と呼ばれるアクション・ラーニングのステージに入り、プロジェクト活動ではweb上でのプロジェクト活動に加えて、チームごとの集まりをアメリカやヨーロッパで行っている。最後はモジュール3で、三ヵ月におよんだプロジェクト活動の成果を本社役員の前でプレゼンテーションを行う。

なお、グローバル・リーダーの育成においては、トヨタの「トヨタウェイ」、ホンダの「ホンダウェイ」に見られるように、グローバルな行動規範が策定され、CUを通じた人材育成のなかで各社のウェイ（価値観）の注入が行われていることを付言しておきたい。

3　仕事志向・プロフェッショナル志向の高まり(9)

会社観・組織観の変化

企業が対処すべき環境の変化の三つ目は、働き方の変化である。なかでも若年層の働き方において大きな変化が見られ、帰属意識の低下、離転職行動や仕事志向の高まりなど、若年層をめぐる人材マネジメント上の課題が増えつつある。また、すでに、序章や本章の前節でも述べてきたように、経営環境の質的変化や経営のグローバル化にともない、企業に求められる人材像もプロフェッショナルやナレッジワーカー、グローバル・リーダーなどへと大きく変化している。こうした企業が求める人材像に成長できる可能性を秘めているのは若年層であり、彼らの働き方の変化にうまく対応していくことが企業が求める人材像に近づくことになるものと思われる。

そこで、若年層に焦点をあて、彼らの働き方を中高年層との比較を通して明らかにしていく。働き方の変化の背景には、会社観・組織観の変化が大きく関わっている。中高年層の会社観・組織観は、「帰属意識」に裏打ちされており、「一つの組織に帰属し、そこから人生に必要なものを手に入れていく」という点に大きな特徴がある。いわば、中高年層は単属型人間で、その中心的価値は会社への忠誠心や会社への貢献といったものを重視する「自己犠牲」にある。したがって、職場の生活（公）と自分の生活（私）の区別がつかず、むしろ職場の生活のなかに自分の生活までが入り込んでしまっている。こうした滅私奉公型の帰属意識に裏打ちされた中高年層の会社観・組織観は、個人と組織の直接統合[10]を希求しており、個人の組織に対する最大限のコミットメントが必要不可欠となる。

このような帰属意識に裏打ちされて、中高年層は所属する組織へのロイヤリティは強いが、専門的技術へのコミットメントは低く、自分の専門性よりも組織との一体化を強く志向している。つまり、資格よりも「場[11]」を重視する。場を重視する中高年層は、外に向かって自分を社会的に位置づける場合、「うちの会社」という表現に象徴されるように、会社を運命共同体化するとともに、強い企業意識が芽生えてしまう。その結果、自分の会社を客観視できなくなり、職業倫理に欠けた企業戦士あるいは会社人間が生み出されてしまう。昨今の企業をめぐる不祥事は、どうやらこのあたりに原因があるものと思われる。

また、組織との一体化を希求する中高年層は、おのずと組織内部における昇進に強い関心を示すと同時に、キャリア志向性も組織との一体化が強く求められる管理職やゼネラリスト志向が強くなってしまう。

若年層の会社観・組織観

それに対し、若年層の会社観・組織観は、帰属意識から自己の利益を重視する「所属意識」へと変化している。所属意識に裏打ちされた若年層は、複属型人間で、「いくつかの組織に所属し、それぞれのところから必要なものを手に入れていく」という点に大きな特徴があり、その中心的価値は会社への忠誠心よりも仕事への忠誠心、会社への貢献よりも自分の業績といったものを重視する「自己利益」にある。したがって、職場や会社は自分の生活の場の一つにしかすぎず、職場の生活（公）と自分の生活（私）をはっきりと区分している。会社は自分の欲しいものを手に入れる手段の一つにしかすぎない。関本、花田（1985, 1986）らの長年にわたる帰属意識の研究においても、自己の権利・考えを押し出す「自己実現型」、功利のみを追求する「功利型」のようなタイプの帰属意識が若年層の主流になっていることが指摘されている。

このような自己利益を重視する所属意識に裏打ちされた若年層の会社観・組織観は、仕事を介して個人と組織の間接統合を希求しており、個人の仕事に対する最大限のコミットメントが必要不可欠となる。つまり、若年層は自分の仕事と一体化し、仕事を通して自分の目的を達成するとともに、会社に貢献しようとしている。したがって、若年層は会社や組織に対する帰属意識は低く、自分の専門性や自己の専門性に対する市場価値（market value）に強い関心がある。キャリア志向も当然、スペシャリストやプロフェッショナル志向が強くなる。最近の若者の転職志向の高まりはこうした会社観・組織観が影響しているものと考えられる。このように、若年層は自分の専門性や仕事に対するコミットメントが高く、仕事を介して社会と関わっている。こうした仕事志向の若年層は、場を重視する中高年層とは異なり、資格を重視する方向に進んでいくものと予想される。

仮に、若年層を中心に資格を重視する傾向が強まれば、わが国においても「職業意識」が醸成され、会社を客観視することが可能となる。職業意識は企業意識とは異なり、企業の枠を越えうる可能性が大きいため、わが国においても本格的な職業倫理や横断的な労働市場が形成される可能性が高い。

職業意識の変化と仕事志向の高まり

こうした若年層の会社観・組織観の変化は、職業意識にも影響を与えている。中高年層の職業意識は、経済的豊かさや安定性を求め、良い会社に入ることが重視される「就社」に重点がおかれているが、仕事志向の若年層の職業意識はどこの会社に入るかではなく、入った会社でどんな仕事ができるかを重視する点に大きな特色がある。近年、ソニー、オリンパス、資生堂などの先進的な大企業を中心に、職種別採用（OES: Order Entry System）の導入が進んでいるのは、このような若年層の職業意識に応えていくためであると考えられる。そうした点から若年層の職業意識は、どこの会社に入るかよりも、会社選択においてどんな仕事ができるかを重視するという意味で、まさに「就職」である。

データもこのような若年層の職業意識の変化を裏付けている。ここでは二つのデータを見ていき

図表1－4　会社選択の主な要因

①会社を選ぶとき、どういう要因を最も重視しましたか

年度	自分の能力・個性が生かせる	給料が高い	仕事がおもしろい	技術が覚えられる	会社の将来性を考えて	一流会社だから	実力主義の会社だから	経営者に魅力を感じた	労働時間が短く，休日が多い	福利厚生施設が充実している	地理的条件がいい	先輩が多い	どこへも行くところがなくやむなく
1990	27	6	8	11	21	4	3	2	2	1	4	1	2
95	26	5	12	10	18	3	6	3	1	1	4		4
2000	28	4	14	13	14	3	7	3		1	2	1	4
05	31	4	21	13	8	4	5	5	1	1	3	1	3
10	35	3	25	9	8	4	2	6		1	3	1	4
13	36	2	22	9	8	5	2	5		2	3	1	4
14	31	3	22	9	7	4	2	6	1	10	3	1	3

出所：労務行政研究所『労政時報』第3871号（2014.7.25）、91頁

図表1－5　働く上で重要と感じること（3つ選択）

●1位は「仕事を通じて自分自身が成長すること」。　(%)

昇進することやリーダーになること	長期間，安心して働けること	仕事内容に見合う報酬が得られること	組織や社会に貢献すること	職場のメンバーから認められること	他メンバーと協力して働けること	仕事を通じて自分自身が成長すること	変化に富んだ仕事内容であること	自分の意思で仕事に取り組めること
13.8	51.9	35.5	2.7	48.1	46.5	68.4	8.9	23.1

出所：労務行政研究所『労政時報』第3871号（2014.7.25）、100頁

たい。いずれも新入社員研修に参加した新人が対象である。一つ目は日本生産性本部と日本経済青年協議会が一九六九年以降行っている「働くことの意識調査」（二〇一四年度）で、会社を選ぶとき重視する要因として、「自分の能力・個性が生かせる」、「仕事がおもしろい」の二つが際だって高い。なかでも「仕事がおもしろい」は一九九〇年のデータから約三倍に増加している（図表1－4）。

もう一つは産業能率大学が行っている「新入社員の会社生活調査」（二〇一四年度）で、就職先を選ぶ際に重視した項目（三つ選択）として「仕事内容」が最も高く六

図表1－6　労働・余暇観の変化

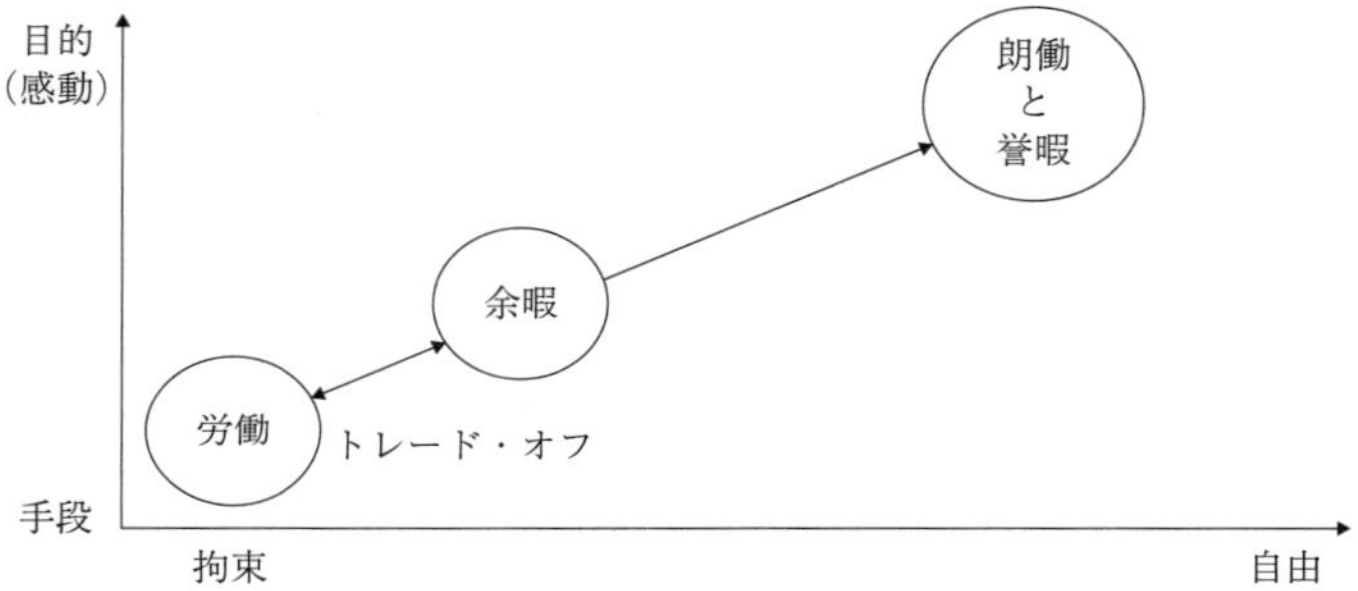

出所：根本孝・プゥート，G. G.（1992）『カンパニー資本主義』中央経済社、212頁を参考に作成

七・四％で以下、「業種」が六四・一％、「企業風土」が四〇・四％と続いている。また、働く上で重要と感じること（三つ選択）においても、「仕事を通じて自分自身が成長すること」が際だって高い（図表1－5）。

「労働と余暇」から「朗働と誉暇」へ

仕事志向が高まりつつある若年層は、そのワーキングカルチャーに対する考え方においても、中高年層と比べて大きな特徴がみられる。会社に対する帰属意識に裏打ちされた中高年層は、モーレツ社員や企業戦士として会社のために寸暇を惜しんで仕事に励み、日本の高度経済成長を支えてきた。長時間労働が日常化した彼らにとっては、酷使した肉体（身体）や精神を休めるために、余暇は必要不可欠であった。つまり、中高年層にとっては、余暇とは酷使した肉体や精神を休め、労働を再生産するためのものと考えられていた。したがって、労働と余暇はトレードオフの関係にあり、対概念（分離すべきもの）として捉えられていた（図表1－6）。

根本（1992）は、このような労働と余暇の分離説に対し、若年層には労働と余暇はそれぞれ独立性を保ちつつ、相互関連的であり重なり合った部分をもっているとする「重合説」が望ましいと主張する。実際、筆者が長年にわたりコンサルティングで関わってきた情報系の出版社や旧労働省の調査で訪問したベンチャー企業、コンテンツ制作などのソフトウエア企業では、社員は仕事自体が楽しく、仮に長時間労働であっても精神的拘束や不自由さをほとんど感じていない。むしろ、仕事と余暇、遊び双方に寛容で、両者を楽しんでいる感すらある。つまり、仕事と余暇を完全に切り分けしているというよりは、遊びが仕事に、仕事が遊びに良い影響をおよぼし合って、両者が相乗効果を発揮している。

若年層のワーキンギカルチャーを考える場合、これまでのように余暇を単に労働再生産のための手段と狭く拘泥することなく、余暇には主体的で活動的な側面があり、人間を成長させる役割があると考え、両者を両立させていくことが求められてこよう。こうした新しいワーキングカルチャーが図表1－6に示されている。これからも分かるように、若年層のワーキングカルチャーは、働くことを手段化し、拘束性のつよいものとする「労働」から、自由度が高く、面白い仕事で自己実現することは感動をもたらす「朗働」へ、労働の再生産としての「余暇」は、より自由でその活動自体が目的であり、自分に対する投資の意味あいもあり、誉れの高い時間とする「誉暇」へと変化していくものと思われる(12)。

プロフェッショナル志向の高まり

こうした若年層の会社観・組織観の変化や仕事志向の高まりが一方で、組織に依存しない生き方を選ぶ「個人の自律」を促すとともに、他方で「プロフェッショナル志向」を高める。ピンク(Pink, D. H.)はその著書である『フリーエージェント社会の到来』(Free Agent Nation)のなかで、組織人間の時代が終わり、今や組織の庇護を受けることなく、自分の専門性で独立している人(フリーエージェント)が二〇〇一年時点のアメリカで四人に一人の割合で存在していることを指摘している。フリーエージェントのタイプは、フリーランス、臨時社員、ミニ起業家に大きく分類されており、フリーエージェントの新しい労働倫理として「自由」「自分らしさ」「責任」「自分なりの成功」の四つがあげられている。[13] ピンクが指摘するフリーエージェントという働き方は、組織に依存しないで、個人の自律を促す究極的な働き方であり、本書でこれまで述べてきた若年層の会社観・組織観の変化や仕事志向の高まりと符合している。このような独立した仕事請負人(indepedent contractor)的な働き方はわが国でも今後ますます増えていくように思われる。

さらに、ピンクはその著書のなかで、「仕事と時間の曖昧な関係」や「生活空間と仕事場が緩やかに融合していく」ことを指摘しており、われわれの近未来の働き方が俯瞰できる。[14] ピンクのこうした指摘は、仕事と遊び・余暇との境界がなく、「朗働と誉暇」という働き方を志向する若年層のワーキングカルチャーとも符合する。

プロフェッショナル志向は、このような個人の自律と表裏一体の関係にあり、プロフェッショナル志向が高まるにつれ、個人の自律はよりいっそう促進される。すでに何度も言及しているように、若年層は仕事志向が強く、会社や組織に対する帰属性は低く、自分の専門性や自己の市場価値（market value）に強い関心があり、自分の専門性や市場価値を高めることができるならば、転職をもいとわない。若年層は仕事を通して組織や会社と緩くつながっており（ルースカップリング）、自律志向が高く、自分の専門性を高めるために、ＩＴやユビキタス・ネットワークを駆使して新しい情報や技術を吸収し続けるとともに、外部の専門家集団（学会や職業団体など）に所属し、定期的に自己の研究成果を発表し、自己研鑽に励む。このような若年層の仕事志向や高い自律志向が、彼らのプロフェッショナル志向を高めている。

プロフェッショナルの概念と要件

ところで、プロフェッショナルという言葉を何度か使ってきたが、その概念や定義はさまざま混在しているため、本書でのプロフェッショナルの定義をしておきたい。本来、プロフェッショナルという言葉は、宗教に入信する人の宣誓を意味する「profess」という言葉から派生したとされている。のちに、それは医者や法律家、聖職者などのように、厳かな公約や誓いをともなうような商売や職業を意味するようになった[15]。しかし、本書は主な読者をビジネス・パーソンや学生を対象としているため、企業社会や産業社会で働くプロフェッショナル、すなわちビジネス・プロフェッショナルに焦点をあて、その概念を整理してみたい。ホール（Hall, R. H., 1968）をはじめとする先駆

図表1－7　プロフェッショナルの要件

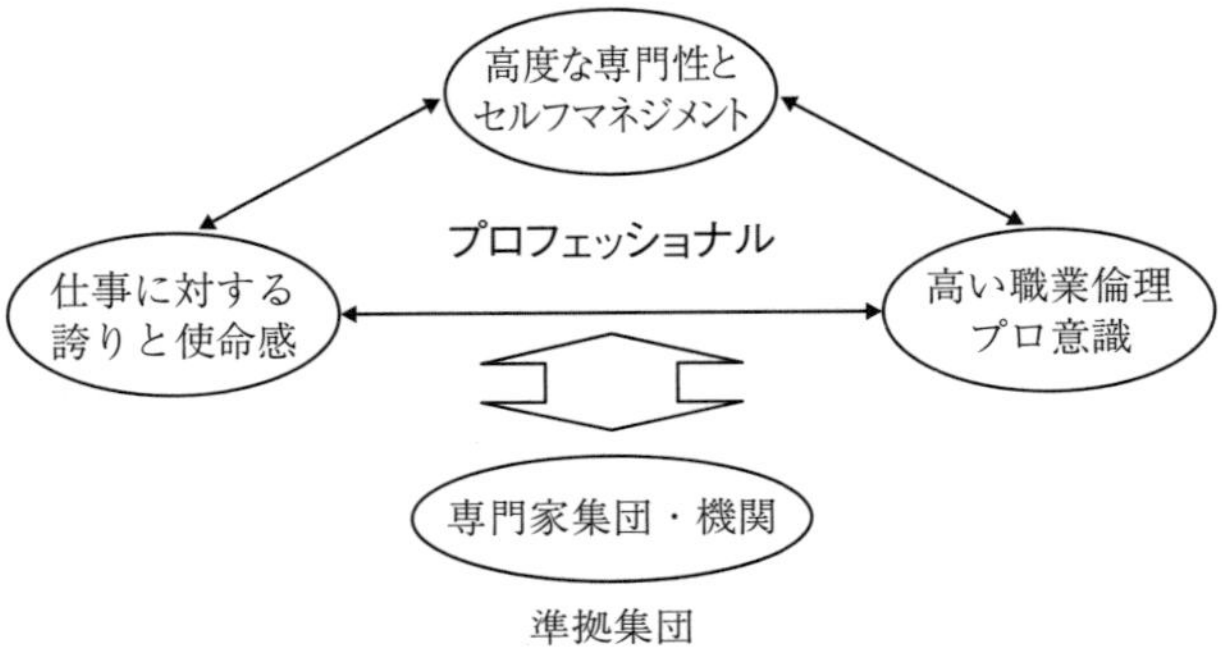

的研究者の先行研究をレビューし、プロフェッショナルを以下のような五つの要件から構成されるものと定義したい(16)。

①プロフェッショナルは、特定の専門分野において高度な専門教育を受け、あるいは長年にわたる熟練に基づき、専門的知識や技術を有する。

②プロフェッショナルは、特定の専門分野における集団や機関（学会や団体など）に属するとともに、そこにおける集団規範やルール（職業倫理）を遵守する。

③プロフェッショナルは、特定の専門分野や専門家集団における自己の評価や評判に大きな関心をもつ。

④プロフェッショナルは、仕事に対する誇りと職業的な使命感が強く、金銭的な報酬よりも仕事の内容や出来映えに強い関心がある。

⑤プロフェッショナルは、セルフマネジメントの原則に基づき、仕事をデザインし、自ら自主的に最適な意思決定をする。

図表1-8　プロフェッショナルの人数・規模

	製造業	建設業	電気ガス水道	卸・小売飲食店	金融・保険不動産	運輸通信	サービス業
雇用者数*2	1,063	428	33	1,088	200	370	1,717
プロフェッショナル人数	140	70	7	73	26	37	216
プロフェッショナル率	13.1%	16.3%	21.6%	6.7%	12.8%	10.1%	12.6%

＊1　農林水産業、鉱業は「ワーキングパーソン調査2004」のサンプル数が少ないため、プロフェッショナル人材の推計から除いている。
＊2　役員を除く。
出所：リクルートワークス研究所（2005）『プロフェッショナル時代の到来』14頁

こうしたプロフェッショナルの要件を図で示すと図表1-7のようになる。

プロフェッショナルの実態

ここで、大変興味深いデータを示そう。それはわが国におけるプロフェッショナル人材の人数に関するデータである。リクルートワークス研究所は、「ワーキングパーソン調査（2004）」で行ったプロフェッショナルに関する各種調査データを活用して、日本のプロフェッショナル人材の数を算出した。ワーキングパーソン調査におけるプロフェッショナル人材の定義と前述した本書のプロフェッショナルの定義とは若干異なる点はあるが、わが国のプロフェッショナルの現状を把握するのには大いに参考になる。

本調査によれば、二〇〇四年度のプロフェッショナル人材は合計で五六八万人で、雇用者全

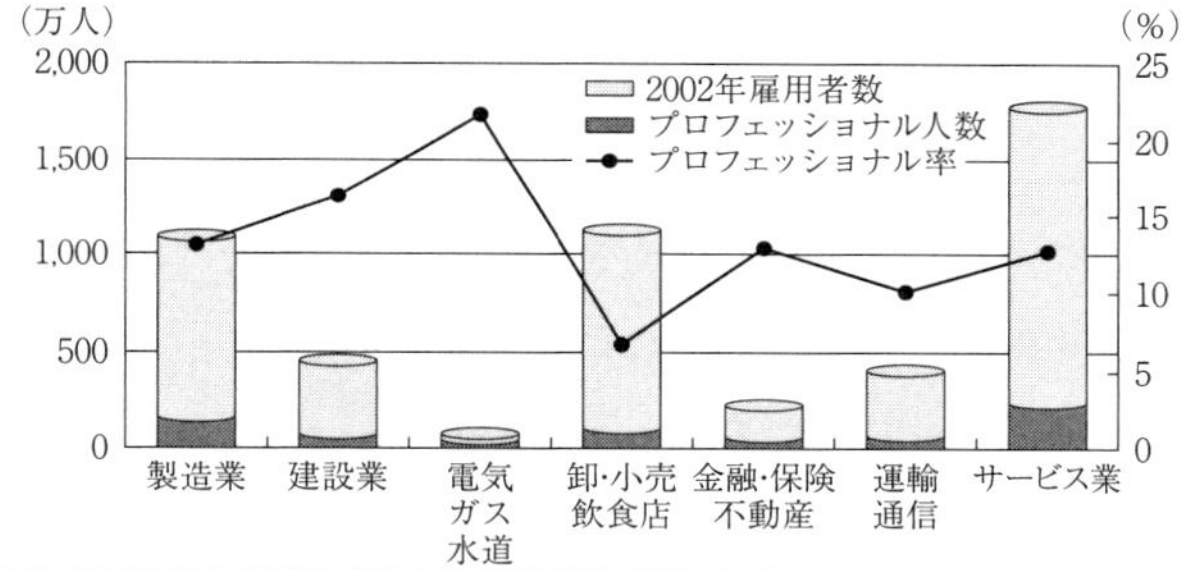

体の一一・六％を占める。プロフェッショナルの数を産業別に見た場合、サービス業が二一六万人と最も多く、全体の約四割を占める。プロフェッショナル率を産業別で見てみると、電気・ガス・水道が二一・六％と最も高く、以下建設業一六・三％、製造業一三・一％、金融・保険／不動産一二・八％と続いており、最も少ないのが卸・小売／飲食店で六・七％となっている（図表1－8）。

プロフェッショナルの領域をビジネス・プロフェッショナルとそれ以外の二つに区分した分析では、ビジネス・プロフェッショナルが三八〇万人で、プロフェッショナル人材の約三分の二を占める。専門領域では、営業、管理職、事務系専門職、研究開発、専門技術職などが多くなっている。なお、リクルートワークス研究所は、同調査において二〇一五年のプロフェッショナルの数を六一二万人、雇用者に占める割合を一二・六％と予想している。

以上見てきたように、若年層に見られる帰属意識から所属意識への変化や仕事志向の高まりが、個人の自律志向やプロフェッショナル志向を促進させている。個人の自律志向やプロフェッショナル志向の高まりは、若年層の転職行動へとつながる危険性があり、今後彼らを組織につなぎとめる人材マネジメントやその諸施策が必要となる。

4　個性尊重マネジメントのニーズの高まり

高まる「個」の存在

図表1－9　マネジメントコントロールの方向性

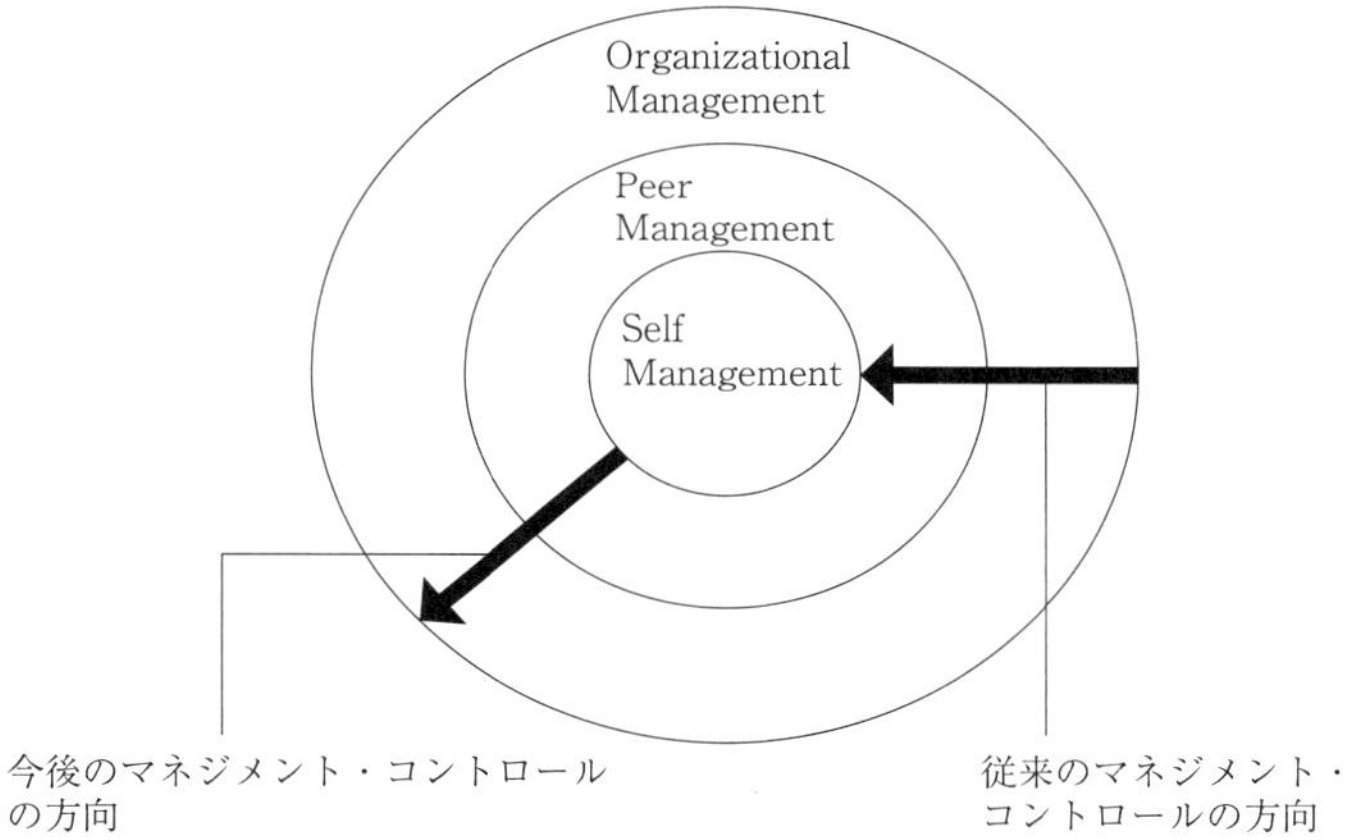

出所：関本昌秀・花田光世（1986）「11社4539名の調査分析にもとづく企業帰属意識の研究（下）」『ダイヤモンド・ハーバード・ビジネス』1月号、57頁

すでに序章で述べたように、これまでのわが国の人材マネジメントは、集団主義に基づき、従業員を包摂し、同質的に管理していこうとする一元的管理の色彩が強い人事管理が展開されてきた。一元的管理の色彩が強い人材マネジメントは、会社と従業員が一体となって、全員で仕事を行うことが大前提となっている。したがって、そうした人材マネジメントでは、常に組織の論理が優先し、公式組織や組織の取り決め、ルールといったもので従業員を管理・統制し、それを補うものとして集団による管理、つまり、職制を通じたリーダーシップやQCサークル、ファミリートレーニングなどを中心としたピア・マネジメントが展開されてきた（図表1－9）。そして最後に、限定的な自主裁量の範囲内で、本人の自主性やセルフコントロールによるセル

フ・マネジメントが展開された。[18]言い換えるならば、一元的管理の色彩が強い人材マネジメントにおいては、マネジメントの方向性は組織的統制が中心で、個人は組織のルールに依拠し、中間管理職により管理されるいわば受動的な存在でしかなかった。ある意味で、コントロール色の強い組織・集団的マネジメントが展開されていたと考えられ、本書ではそれを「求心力による人材マネジメント」と呼んでおこう。図表1－9において、こうしたコントロール色の強い求心力による人材マネジメントが従来のマネジメント・コントロールの方向として描かれている。

しかし、これまで見てきたように、若年層において会社観・組織観が変化し、個人の自律志向や仕事志向、さらにはプロフェッショナル志向が高まりつつある。また、企業を取り巻く経営環境においても、これまでとは内容が異なり、その対応の困難性が指摘される激しい競争環境の時代に突入しており、顧客や市場の潜在的ニーズを掘り下げ、積極的に市場を築いていく環境創造型マーケティングが必要な時代となっている。まさに、従業員個々人の創造性が求められる時代と変わりつつある。さらに、競争環境はグローバル・コンペティションの時代へと移行しており、ボーダレスな地球規模での競争を視野にいれたメタナショナル経営が本格化している。世界に散在するナレッジや技術を、統合されたネットワークを通して移転・融合・活用し、グローバル・イノベーションを創出できるグローバル・リーダーやナレッジワーカー、プロフェッショナルの育成・輩出が多くの企業の喫緊の経営課題となっている。

このように、労働力の供給サイドにおける個々人の働き方の変化、労働力の需要サイドにおける求める人材像の変化からも分かるように、従業員個々人の役割や人的資源としての重要性が高まっている。従業員はもはや、組織の論理に従い、管理される受動的な存在ではない。彼らは、自律志向に裏打ちされ、セルフ・コントロールの原則に基づき、自らの専門性を武器に主体性や創造性を発揮できる能動的存在である。こういった人材を育成・輩出・調達できるかどうかがグローバル・コンペティションやナレッジ競争を勝ち抜く重要な鍵となる。若林（1995）も「創造的組織人」が企業の表舞台に登場し、その活躍が始まる幕開けの時代が到来したことを指摘している。創造的組織人とは、組織目標を深く理解し、慣習や規定の方向にとらわれず独自の問題設定とアイデアで、組織目標の達成に向け人々をリードしていく人材を意味している。若林は彼らは管理の対象とはなりえず、「脱労務管理」を強調している[19]。本書では、太田にならって、こうした人材を「創造的仕事人」と呼んでいく[20]。さらに、若林は創造的「仕事人」には、「自己管理能力」が必要であるとし、次のような要件をあげている[21]。

①まず、仕事の上で「自己目標」を持ち、
②その目標達成のため外的報酬に依存することなく、自ら仕事のモチベーションや仕事努力を持続することができる「自己動機」を備えていること、
③自分の行動の結果を、自分で定めた基準と規範から厳しく評価できる「自己評価」能力を有し、
④その評価に基づき自分に自信を与えたり、逆に罰として自分に課題を与えることができる「自

己強化」ができ、

⑤次の目標として、自分に対しより高い夢やビジョンを期待する「自己期待」ができる。

個性尊重マネジメントのニーズの高まり

こうした自律的に仕事を遂行できる創造的仕事人をマネジメントしていくには、これまでのような組織的統制の強い、コントロール思想の人材マネジメントでは、個の主体性や創造性、さらには自律性までもが損なわれてしまう。自己の利益や仕事志向を重視する若年層や創造的仕事人に対しては、その人の個性や主体性を尊重する「個性尊重マネジメント」が必要である。こうした個性尊重マネジメントは、従来の求心力によるマネジメントに対し、「遠心力によるマネジメント」ともいうべきもので、図表1－9において今後のマネジメント・コントロールの方向として描かれている。遠心力によるマネジメントは、セルフマネジメントを優先し、個々人の個性や主体性、創造性が発揮できるよう、ディベロップメント思想に基づくマネジメントが展開される点に大きな特徴がある。したがって、遠心力によるマネジメントにおいては、組織のルールや規則は必要最低限なものにとどめられ、セルフコントロールに基づき仕事が展開できるよう、大幅な権限委譲がなされることが強く求められる。創造的仕事人のところでも述べたように、従業員個々人は自己管理能力を有しており、目標を達成すべく、自らを奮い立たせることができる存在へと変化している。これまでのような上意下達で狭い範囲の仕事を割り振るような仕事のやり方は通用しない。

と同時に、個性尊重マネジメントを展開していくためには、職場や集団のあり方についても考え方を変えていかなければならない。これまでの集団は集団主義が前提となっており、同質的なメンバーで集団は構成されている。このような集団では、職制の長であるマネジャーのリーダーシップにより一致団結して組織目標の達成にあたっていた。個々人の仕事の範囲（ジョブ・テリトリー）は一応定められているものの、それにこだわらず、全員で組織目標の達成に向かうことが求められる。

それに対し、個性尊重マネジメントでは、個々人はそれぞれが専門性を有しており、自律志向が高く、組織や集団に依存しない働き方を求めている。つまり、個性尊重マネジメントではメンバーの異質性が前提になっている。異質性が前提となった組織や集団では、個々人が自己の専門性や知識・技術に基づき仕事を展開するため、組織とのベクトルを合わせることが難しくなる。最近、経営学や組織論の領域で、オーケストラ組織やオーケストラ・モデルに関心が高まりつつある。オーケストラ組織とは、一人ひとりが極めて高い専門性をもった演奏家が優れた指揮者により個人の限界をはるかに超えた音楽を作り出す組織で、ひと言で表現するならば、プロの演奏家集団が指揮者のもとで高度にマネジメントされた組織といえよう。今後は個性尊重マネジメントにおいても、このような組織モデルの知見を援用して、組織メンバーの個性や専門性を生かしつつ、組織とのベクトルが合い、全体としてのシナジー効果が発揮されるような新しい協働スタイルや組織運営モデルが求められてくる。併せて、マネジャーのリーダーシップスタイルにも新たな視点が求められる。

もちろん、部下の成熟度（rediness）に応じて発揮すべきリーダーシップスタイルが異なるとするＳＬ（Situatinal Leadership）理論もあるが、これまでのリーダーシップは部下やフォロアーが自律した存在とは扱われていない。創造的仕事人や仕事志向、プロフェッショナル志向の高い部下やフォロアーは、自律した存在であり、マネジャーとの関係は古典的なリーダーシップ論に見られるような支配―従属関係ではない。今後は個の自律性を尊重しつつ、組織全体の調和（ハーモニー）が醸し出されるような新たなリーダーシップが求められる。

注

（1）経営環境の質的変化については、斎藤毅憲編（1995）『革新する経営学』（同文舘出版）第二章谷内篤博「環境志向型企業の創造」に基づき記述している。

（2）グローバル化（globalization）は世界規模での経済経営活動の相互依存が進んだ状態を意味しており、国内から海外へと進出をすることを意味する国際化（internationalization）とは発展段階が異なる（詳しくは浅川和宏（2003）『グローバル経営入門』日本経済新聞社、五頁参照）。

（3）ＥＰＲＧとは、Ethnocentric（本国志向）、Polycentric（現地志向）、Regiocentric（地域志向）、Geocentric（世界志向）で、多国籍化の基準を表している。

（4）トランスナショナル企業とは、世界規模の効率、柔軟な各国対応、世界規模の学習といった三つの異なった要求を同時に満たすことを目指すもので、グローバル統合とローカル適応を両立させる企業モデルである（詳しくは浅川、前掲書、一四八～一四九頁参照）。

（5）浅川、前掲書、一六二頁。

(6) 浅川、前掲書、一〇六頁。
(7) 古沢昌之(2010)『グローバル人的資源管理論』白桃書房、九三頁。
(8) キヤノンの事例に関しては、小林信一「グローバルな視点でリーダーシップを発揮できる人材を育成」『企業と人材』産業総合研究所、第40号、二〇〇七年二月、一七〜二二頁を参考に作成。
(9) 本節の記述に関しては、拙著(2007)『働く意味とキャリア形成』勁草書房、第一章第二節「職業観の変化」を参考にしている。
(10) 太田は個人と組織の関わり方に関して、直接統合と間接統合という二つの概念を援用し説明している。直接統合とは、仕事よりも組織に対するコミットメントが高く、組織との一体化を強く志向しており、組織人モデルと位置づけられている。
一方、間接統合は仕事へのコミットメントが高く、仕事を通して組織と間接的に関わっていくことを志向しており、仕事人モデルと位置づけられている(詳しくは太田肇(1997)『仕事人の時代』新潮社を参照)。
(11) 中根は、日本と欧米の社会における人間関係を、「場」と「資格」といった概念を用いて、日本社会における人間関係は職種(つまり、資格)よりも会社、すなわち場を強調する点に大きな特徴があるとしている(詳しくは中根千枝(1967)『タテ社会の人間関係』講談社を参照)。
(12) 根本孝、G・C・プゥート(1992)『カンパニー資本主義』中央経済社、二二一—二二三頁。
(13) ピンクは、フリーエージェントはプロテスタントの堅苦しい労働倫理を一変させ、新しい労働倫理を生み出したことを指摘しており、そうした労働倫理を構成する要素として、自由、自分らしさ、責任、自分なりの成功の四つをあげている(詳しくはダニエル・ピンク(池村千秋訳)『フリーエージェント社会の到来』ダイヤモンド社、二〇一四年、第四章「これが新しい労働倫理だ」を参照)。

(14) 詳しくはピンク、同上書、第六章「仕事と時間の曖昧な関係」および第一六章「生活空間と仕事場は緩やかに融合していく」を参照。

(15) ジョアン・キウーラ（中島愛訳）『仕事の裏切り』翔泳社、二〇〇三年、一三五頁。

(16) ホールは、態度的指標として、①専門職業団体への信頼、②公共奉仕への信念、③自己規制の信念、④職業的な使命感、⑤自律性の五つをあげている（詳しくは宮下清（二〇〇一）『組織内プロフェッショナル』同友館、六三頁参照）。

(17) 同調査におけるプロフェッショナルとは、「自分の専門領域を自分で決めている」かつ他人からの評価が「自分で、自分なりのやり方で高く評価されている」または「広く社会に自分の仕事が自分の名前で認められる」と回答した人である（詳しくはリクルートワークス研究所『プロフェッショナル時代の到来』二〇〇五・三参照）。

(18) 関本昌秀、花田光世（1986）「一一社四五三九名の調査分析にもとづく企業帰属意識の研究（下）」『ダイヤモンド・ハーバード・ビジネス』一月号、五六―五七頁。

(19) 若林満（1995）『創造的組織人』ストアーズ社、三七―四一頁。

(20) 太田は、仕事へのコミットメントが高く、仕事を通して組織と間接的に関わっていく志向の高い人を「仕事人」と定義している（詳しくは太田、前掲書を参照）。

(21) 若林、前掲書、四三頁。

第二章　人事制度の歴史的変遷と新たな段階への移行

1　人事制度の発展段階とその特徴

（1）第一段階：戦後復興期（一九四五～一九五九年）の人事制度

人事制度の役割や機能は、企業の経営戦略や事業戦略の影響を受けることは当然であるが、時代の移り変わりとともに変化してきた。そこで、わが国における人事制度の役割や機能、特徴といったものがどのように変化してきたのかを、その根底にある思想を含め、時系列に見ていきたい。本書では、わが国の人事制度の歴史的変遷を大きく四段階に分け見ていくこととする。

戦後復興期の人事制度の特徴

一九四五年に第二次世界大戦が終結し、わが国はＧＨＱの指令により財閥解体、農地解放、労働運動の民主化などが進められ、経済の復興に向け、徐々に動き始めた。なかでも特に戦後復興期は、労働運動の民主化の影響を受け、労働争議が多発し、企業の人事部はその対応に追われた。労働組合はＧＨＱの労働組合育成政策によって戦前の弾圧から解放され、加速度的に組織化された。当時の経済状況に起因して発生した失業者の増大、インフレの進展などを背景に、賃金の大幅引き上げを要求し、会社の経営陣との間に過激な労働争議が繰り返されていた。

こうした労働組合の賃上げ闘争は、この時代の人事制度としての大きな特徴ともいうべき「電産型賃金体系」の導入をもたらした。電産型賃金は、日本発送電と全国配電九社の労働者で組織する「全国電気産業労働組合協議会」、いわゆる電産が一九四六年に要求したもので、生活保障賃金としての色彩が極めて強い。電産型賃金の特徴は、賃金の決定要素を勤続年数や家族数などの客観的な指標におき、賃金総額の約八〇％が生活保障給で構成されている点にある。その根底には、企業の生産性に左右されない最低生活を保障するという生活給思想があり、これにより生活費を基本とする最低賃金制度が確立され、賃金が年齢や勤続年数とともに増えていくというわが国特有の年功賃金のヒナ型となった(1)。

ところで、このような年功賃金の理論的根拠とは一体何であろうか。電産型賃金に象徴されるように、年功賃金は生活保障としての色彩が強いため、一見すると「生活保障仮説」がその理論的基盤に見えるが、残念ながら説得力には欠ける。年功賃金の根底にあるのは、勤続年数が能力や技能の伸長度を表している、つまり勤続年数が能力・技能の指標となっているという考え方である。こうした「熟練仮説」の考え方は、ＩＴや技術革新がまだ本格化していない戦後復興期前期においては、経験年数が能力習熟度の深まりを意味しており、かなり説得力をもっている。年功賃金は、勤続年数とともに従業員の熟練度が深まっていき、それにともない賃金も上昇するという極めて経済的合理性の高い賃金体系であったといえよう。

同様に、勤続年数が能力のバロメーターであるため、昇進においても勤続年数に基づく昇進管理、つまり年功昇進が行われてきた。年功昇進は、ある勤続年数に達するまで誰にでも昇進の可能性を提示しているため、ねずみの競争（いわゆる rat race）に見られるように、従業員の競争心をあおり、切磋琢磨させる効果があった。そうした点から、年功昇進はある意味において、「意図せざる能力主義」といっても決して過言ではない。

生産体制の再構築に向けた教育

戦後復興期のもう一つの特徴は、戦争で壊滅状態になった生産体制を再構築し、生産を軌道にのせることが最重要課題となっていたことである。そこで、当時はアメリカの教育訓練の概念やメソッドを導入し、生産性向上に向けたスキルを修得させることに多くのエネルギーと時間が注がれた。具体的には、ＴＷＩやＭＴＰ、ＱＣなどの手法を学び、生産現場にその学習効果を適用させていった。ここでは最も基本的な形態として重要視されていたＴＷＩとＭＴＰを取り上げ詳しく見ていく。

ＴＷＩとは、Traning Within Industry for Supervisors の略語で、現場監督者訓練と呼ばれてお

り、一九五〇年頃から多くの企業で導入された。一九四九年五月に職業安定法第三〇条にTWIに対する政府の責任が盛り込まれ、その普及に拍車をかけた。TWIは、その主な対象を工場現場の職長、班長、組長、作業長、係長などとし、①第一線の監督者の監督能力を高める、②能率的な作業方法を教えて生産力を高める、③効果的な人の扱い方を教えて志気を高める、ことを目指した定型的訓練方式である。その訓練プログラムは次のような三つの内容から構成されている。(2)

【TWIの訓練プログラム】

①仕事の教え方（JI: Job Instruction）：習う準備をさせる／作業を説明する／やらせてみる／教えたあとを見るなど

②改善の仕方（JM: Job Method）：作業を分解する／細目ごとに自問する／新方法に展開する／新方法を実施するなど

③人の扱い方（JR: Job Relation）：監督者は部下を通して成果をあげる／人との関係を良くする基本的心得／部下は個人として扱う／部下の話し方と気持ちのつかみ方など

このような内容から構成されるTWIは、現場第一線の監督者の管理能力を高め、職場の合理化・民主化を促進させると同時に、労使関係を安定化させるというねらいもあり、大企業を中心に導入が進み、大きな成果をあげた。しかし、その一方で定型的な訓練であるため、各企業の固有の教育ニーズに応えることができない、極めてアメリカ的で人の感情の機微を大切にするわが国の経営風土と合わない、などの欠点も見えはじめ、限界が指摘されるようになった。

もう一つはMTPで、Management Training Program の略語で、ミドル・マネジャーを対象にした教育訓練プログラムである。MTPは現場における組織の長として必要な管理の基礎を習得させる管理者養成プログラムで、ファヨール（Fayol, H.）の提唱した管理の五機能（計画化、組織化、命令、調整、統制）に、先述のTWIの三項目（仕事の教え方、改善の仕方、人の扱い方）を加えたものを二〇会合、四〇時間で修了するプログラムである。カリキュラムは次のような六部編成から成り立っている。

【MTPのカリキュラム】

①管理の基礎：管理の基本的考え方／管理と人間行動／組織の運営など
②仕事の改善：職務の割当の改善／仕事の方法の改善／仕事の遂行基準など
③仕事の管理：計画／指令／統制／調整／会議の指導など
④部下の訓練：育成の考え方／部下の育成／管理能力の育成など
⑤人間関係：よい態度の啓発／人事問題の処理／職場士気など
⑥管理の展開：管理の展開／リーダーシップなど

ＭＴＰは現場の長のマネジメント能力を高めることが主なねらいになっており、これまでに一〇〇万人を超える人が受講し、現在でも日本産業訓練協会がその普及に努めている。そういった意味では、ＭＴＰは企業内教育においてきわめて重要な位置を占めてきたといえる。

このように、アメリカから導入されたＴＷＩやＭＴＰ、ＱＣなどは、現場の監督者や管理者のマネジメント能力を高め、もの作りの現場における生産性を大きく飛躍させ、戦後の日本経済の復興、発展に大きく貢献してきた。

以上見てきたように、戦後復興期前期の人事制度は、生活給思想に基づく電産型賃金体系の導入を契機に、年功賃金・年功昇進へと傾斜していくとともに、アメリカから教育メソッドとしてＴＷＩやＭＴＰを導入し、現場のマネジメント能力を高め、壊滅状態であった生産体制を再構築し、戦後の日本経済の復興、発展に大きく貢献した点に大きな特徴がある。そうした点から、戦後復興期前期の人事制度は「年功主義人事」と特徴づけることができよう。

(2) 第二段階：高度経済成長期（一九六〇～一九六九年）の人事制度の特徴

年功賃金からの脱却

それに対し、一九六〇年代以降の高度経済成長期は、戦後復興期とは人事制度のあり方が大きく様変わりをする。一九六〇年代はこれまでの復興期を経て、わが国が高度経済成長へと歩み始める時期である。この時期は、技術革新が進展し、生産部門における加工・組立技術が高度化し、生産性が飛躍的に伸びた。なかでも重化学工業や自動車、電機といった産業の成長が著しく、自動車、電機の両産業にいたっては、製品の品質の良さから海外市場での評価も高く、輸出のリーディング産業に成長している。こうした経済成長を背景に、若年労働者不足が発生し、初任給相場が上昇し、企業経営を圧迫し始めた。また、技術革新の進展にともない、それに呼応できる新たな技能者の確保・定着が人事上の課題として浮上してきた。こうした新たな技術者に求められる能力や技能は、これまでの勤続年数を重ねることにより熟練を深めていくものとは内容を異にしており、年功賃金に代わる新たな賃金制度が必要となってきた。

職務給の特徴と普及しない要因

こうした時代的背景のなかで登場したのが職務給である。職務給は、職務に必要な情報を職務分析（job analysis）により抽出し、職務の困難性や重要性等の指標を用いた職務評価（job evaluation）により職務の序列づけをし、それに基づき賃金を決定する仕組みである。職務給を英語で表記するならば、pay based on job evaluation となり、まさに職務評価によりランキングされる賃金である。これまでの年功賃金や人事管理制度が学歴や勤続年数などの年功を重視していた、つまり人中心の考え方をとっていたのに対し、職務給は仕事重視の考え方に立っている。職務給の導入は、日本の人事制度・賃金制度が「人」中心から「職務」中心へとそのパラダイムを大きく転換させていったことを物語っている。職務給の特徴は、同一職務同一賃金を実現する賃金で、企業経営・人事管理制度の近代化・合理化をはかる点にある(3)。

このような職務給は一九六〇年代初頭に、新日本製鐵の前身である八幡製鉄や富士製鉄、王子製紙や十條製紙などの一部の先進的企業において導入され、その後何度か盛り上がりをみせるも、日本の経営風土には根づかず、あとで述べる職能給にとって代わられた。職務給がポスト年功賃金として普及しなかった理由としては次のようなものがあげられる。

①技術革新や環境変化が激しく、職務の標準化ができない

高度経済成長期は目まぐるしく企業を取り巻く環境は変化しており、組織や職務が新たに生まれ続け、職務分析の前提条件ともいうべき職務の標準化が困難であった。つまり、職務給導入の前提条件は整っていなかった。

②最低職級の賃金で生活が保障されるまで賃金水準があがっていない

一九六〇年に国民所得倍増計画が発表されたものの、職務給導入時のわが国の賃金水準は高くなく、職務等級の最低レベルで生活ができる水準には至らず、労働組合の賛成は得られなかった。特に、導入当初の職務給は賃金のレンジ（範囲）幅が狭く、上限にはりついた場合、賃金の上昇が期待できない。

③職種・熟練度に応じた横断的な労働市場が形成されていない

本来、職務給が導入されるためには、職業教育や技能者教育が社会的熟練の基礎になって、さ

らにそれらをベースに職種・熟練度別に横断的な労働市場が形成されていることが必要であるが、当時はそうした環境にはなかった。

④賃金が労働の対価であることを労使とも生活感覚として身につけていない

わが国における賃金の決定には、労働対価の原則と生活保障の原則の二つの原則があり、労働の対価のみからなる職務給には労働組合や従業員の納得が得られなかった。

⑤ジョブローテーションにより人材育成を行う日本的雇用慣行に合わない

わが国では、ゼネラリスト、多能工の育成を目指してジョブローテーションが実施されているが、職務給は配置・転換のたびに賃金が変動し、生活が不安定となるため、従業員の納得性は得られなかった。

さらに、藻利（1980）は、同一労働同一賃金の原則をつらぬくためには、仕事の質に対する支払（職務給）に加えて、仕事の量に対する支払（能率給）を考慮する必要があることや、労働力の所有者たる労働者個人に対する配慮、たとえば能力給、年齢給などの個人給を考慮する必要があることを指摘している。

こうした問題点を踏まえ、職務給のレンジ幅を広く設定するなどの日本的修正が加えられたが、職務給は賃金制度として思ったほど普及せず、制度としては短命に終わってしまった。日経連も職務給がこれほど普及しないとは想定していなかった。

以上の点から、一九六〇〜一九六九年までの高度経済成長期の人事制度の特徴は、職務給導入による「職務主義人事」とまとめることができよう。

(3) 第三段階：経済変動期（一九七〇〜一九九〇年）の人事制度

減量経営下における二つの施策

一九七〇〜八〇年にかけては、重化学工業の進展や自動車、電機などの輸出型産業の成長により、高度経済成長を果たしてきた日本の経済も、公害の発生や七三年と七八年の二度のオイルショックなどを契機に、景気が大きく減退し、経営の舵取りを減量経営へと転換せざるをえなかった。減量経営下でとられた人事施策としては大きく二つがあげられる。一つは雇用調整で、企業内における労働の需給バランスをはかるべく、雇用調整が断行された。具体的には、最高裁の判例により解雇権が制限されているため、新規学卒者採用や中途採用を手控え、正社員の数を増やさず、パートタイマーや臨時工などの非正規を代替要員として雇用し、人件費の変動費化が模索された。さらには、こうした対応で雇用調整ができない場合は、内部での事業展開に合わせた配置転換、グループ企業や子会社などを活用した出向、希望退職者の募集などが実施・展開された。

もう一つは能力主義管理の展開である。日経連は一九六五年総会で採択した能力主義を具体化するため、翌年に研究会を設置し、一九六九年に『能力主義管理――その理論と実践』を公表した。それ以降、わが国の人事制度は本格的な能力主義へと切りかわっていった。日経連が提唱した能力主義管理とは、労働力不足や技術革新、賃金の上昇など企業経営を取り巻く厳しい環境変化に積極的に対応して、従業員の能力（いわゆる職務遂行能力）を有効活用することにより労働能率を向上させる少数精鋭主義を追求する人事労務管理諸施策の総称である。したがって、ここでいう能力とは、企業目的達成のために貢献する職務遂行能力であり、業績として具現化されなければならない能力となる(4)。

能力主義管理の理念は、経済合理性と人間尊重の調和にある。人間尊重とは、従業員の能力を開発し、それを発揮する機会と場を与え、それに応じて報酬を提供することを意味しており、マグレガー（McGregor, D.）の人間を性善説の立場から見るY理論的人間観がベースとなっている。一見すると、この両者は相矛盾するように見えるが、経済合理性追求のなかに人間尊重の理念が含まれており、なんら矛盾はせずむしろ両者は統合されている。つまり、経済合理性の達成には、人間尊重が前提となっており、人間尊重のないところでは経済合理性の達成もありえないこととなる。

こうした能力主義管理を具体的に人事制度として制度化したものが職能資格制度で、わが国の代表的な人事制度といっても決して過言ではない。一九七〇年を境に、大企業を中心に普及し始め、ポスト職務給としての新たな人事制度として幅広く認知されるようになった。少し古いデータであるが、一九九〇年の雇用情報センターの調べによると、株式上場企業ならびに非上場大企業の八五・八％の企業で職能資格制度が導入されている。

職能資格制度の特徴と普及した要因

それでは職務給がそれほど普及せず、なぜ職能資格制度はこれほどまでに普及することとなったのか。その要因は果たしてどこにあるのであろうか。そこでまず、職能資格制度の概要と特徴を詳しく見ていきたい。職能資格制度は、職務給が人事制度の編成基準を仕事基準に求めるのに対し、人間基準に求ている。人間を人事制度の編成基準におくということは、人間の能力、つまり職務遂行能力（job ability）にもとづき序列づけ（ランキング）をし、賃金を決定するということであり、そうやって決定される賃金が職能給（pay for job ability）である。

このような職能資格制度には、いくつかの特徴があり、それらが大企業中心に普及した大きな要因となっている。まず特徴の一つ目は、職務給と異なり、制度構築に必要な作業が容易である点である。職務を遂行するうえで必要な能力（職務遂行能力）は、職務調査を通じて抽出されるが、その際に組織横断的な大きな括り、すなわち知識・技能、理解・判断力、企画・立案力、表現・折衝力、指導・育成力といった共通の能力項目で抽出するため、作業が容易で、しかも特定の職務や組織間のちがいによる能力のレベル調整もほとんど必要がない。つまり、仕事の内容の異なる従業員を共通の能力項目で評価することが可能となり、従業員間の公平性を担保することができる。こうした作業の容易さ、簡便性が制度普及の大きな促進要因と思われる。

特徴の二つ目は、職位と資格の分離である。日本の人事制度は二重のランキングシステムをとっている。(5) 一つは組織上の偉さ、たとえば部長—課長などの役職ランキングを指しており、もう一つは能力のランキングを指す。職能資格制においてもこの考え方は導入されており、職位があがる昇進と資格があがる昇格は分離されており、職能資格制度においては昇格が重視されている。昇格を重視することにより、昇給といった果実を従業員に与え、さらなる能力向上に向かわせるインセンティブ機能を追求することができるとともに、その一方でこれまで重視されてきた職位の重さを相対的に減ずる効果さえも得られる。それにより、オイルショック後のポスト不足や役職昇進速度の鈍化にも対応ができ、資格で賃金をコントロールすることにより、減速経済下における組織のスクラップアンドビルドにも対応できる。つまり、環境変化に応じて組織の柔軟性を追求することが可能となる。減速経済に移行する一九七〇年前後に職能資格制度が普及し始めるのは、まさに職能資格制度のこのようなメリットを享受するためと思われる。

三つ目の特徴は、人事制度としてのトータル性を追求している点である。わが国の能力主義的人事制度は、人事制度の根幹に職能資格制度を据え、人事評価制度、能力開発、能力活用（配置・異動）、さらには賃金制度（職能給）の四つのサブシステムが効果的に連動するような形で設計されている。とかく人事制度といえば、賃金制度と評価制度からなる狭義の人事制度をイメージしやすいが、職能資格制度を核にした能力主義的人事制度は四つのサブシステムが効果的に連動するようシステムとしてのトータル性が追求されている。

四つ目の特徴は、インセンティブに富んだシステムである点にある。職能資格制度においては、従業員に期待される能力要件や昇格基準が明らかにされており、自分の能力の到達度合や社内における位置づけ、さらには育成すべき能力の方向性などがわかるようになっている。また、職能資格制度では、能力が向上し、昇格すれば賃金が上昇する仕組みになっている。育成べき能力の方向性の明示や能力向上により賃金上昇がもたらされる仕組みは、従業員の人事制度に対する納得性を高めるとともに、勤労意欲やモチベーションも高め、人事制度としての価値を高いものにしている。そうした意味において、職能資格制度はインセンティブに富んだシステムといえよう。

職能資格制度の特徴の最後は、組織との一体感を醸成できる点である。職能資格制度では、仕事の内容の異なる従業員を共通の能力項目で評価することが可能となり、従業員間の公平性を担保することができるようになっており、わが国の人事制度おいて重視されてきた平等主義の考え方が注入されている。その結果、おのずと従業員の間に協働意識や仲間意識が醸成され、組織との一体感が生まれる。そうした点から職能資格制度は、わが国が人事管理において大切にしてきた集団主義や平等主義との親和性が高いものと考えられる。

職能資格制度の欠点

しかし、その一方で職能資格制度にはいくつかの欠点もある。欠点の一つ目は、潜在的能力を基準としているため、年功的運用に陥りやすい点である。職能資格制度の能力は、職能資格等級基準をクリアしたかどうかで評価され絶対能力であるため、図表2－1からも分かるように、能力としては仕事で発揮された顕在的能力というよりはむしろ潜在的能力としての色彩が強い。それは能力

図表 2－1　能力マップ

顕在的（発揮能力）

組織的	core competence	competency	個人的
	capability	ability	

潜在的（保有能力）

出所：根本孝（1998）『ラーニング・シフト』同文舘出版、78 頁に加筆修正

をしめす記述内容にも表れており、職能資格制度の能力は「……できる」と表現される。こうした記述内容の能力は、行動や成果と結びついていないため、時間とともに、また経験とともに習熟が可能となる。その結果、能力主義的人事制度としての職能資格制度も年功的な運用に陥りやすくなる。ここに、職能資格制度の制度としての弱点がある。次節で解説するコンピテンシーは、職能資格制度のこのような欠点を克服すべく、登場したものと思われる。すなわち、コンピテンシーは、潜在的能力から行動・成果に結びついた顕在的能力への転換を目的に一部の企業で普及しているものと考えられる。

欠点の二つ目は、賃金と能力、生産性とのギャップが拡大している点である。職能資格制度の当初の設計においては、能力向上→資格上昇→賃金上昇といった連鎖が組み込まれており、従業員の能力向上へのインセンティブとなっていた。しかし最近では、一つ目の欠点で述べたような年功的な運用や急速な技術革新の影響などから、こうした連鎖がうまく機能せず、賃金と能力や生産性との均衡が崩れつつあることが指摘されている[6]。つまり、職能

図表2-2　多様化する人材像

帰属意識（終身雇用）

準拠集団＝会社			準拠集団＝仕事/専門性
	ゼネラリスト（会社人間）	スペシャリスト（専門職）	
	テンポラリーワーカー（派遣/パート/アルバイト）	プロフェッショナル（職業人）	

所属意識（短期雇用）

資格制度においては、賃金∨能力、生産性といった状況に陥っており、経済的合理性が失われている。最近、先進的企業で役割給の導入が進んでいるが、その背景には職能資格制度のこうした欠点を克服し、経済的合理性を確保することがそのねらいにあるものと思われる。

欠点の最後は、従業員の多様なキャリア志向や求められる人材像の変化に対応できない点である。職能資格制度は下位職能から上位職能への内部昇進制を土台としているため、全員を管理職・ゼネラリスト育成に向けて包摂した、極めて質的連続性が強いものとなっている。したがって、こうした特徴を有した職能資格制度は、画一性や同質性を強め、単一管理的な人事制度に陥りやすくなる。ところが、最近では従業員の価値観やキャリア志向が多様化するとともに、産業社会構造の変化により求められる人材像も大きく変わりつつある（図表2-2）。

職能資格制度がこのようなキャリア志向の多様化や求められる人材像の変化に応えていくためには、単一的管理から脱却し、人事管理の複線化、つまり複線型人事制度の導入を図っていかなければならない。複線型人事制度とは、従業員個々人の意思と適性に応じて人材を育成・活用していくために、キャリア・オプションの多様化をはかるものである。男女雇用機会均等法の施行を受けて、その導入が大企業を中心に進んだ。一般的に、業務を基幹的業務と補助的業務に分け、基幹的業務を担当する総合職、補助的業務を担当する一般職に区分するものが最も多いが、最近では、若年層の仕事志向やプロフェッショナル志向の高まりに呼応すべく、職種別採用と連動させて将来専門職を目指すためのキャリアコースとして専担（能）職を設ける企業も出始めている。また、管理職層を対象に、複線型人事制度として専門職制度の導入が進んでいる。管理職になれない人たちの受け皿としての専門職制度ではなく、市場性の高い高度な専門性を有した人材を育成・活用する生きた真の専門職制度にしていくことが極めて重要である。こうした複線型人事制度や専門職制度を導入することで、従業員のキャリア志向の多様化や求められる人材の変化に応えていくことが可能となる。

経営の国際化の進展

ところで、これまでは一九七〇年代を中心に、能力主義管理やその象徴としての職能資格制度について言及してきたが、この時代において人事管理面でもう一つ特筆すべきことがある。それは一九八五年のプラザ合意を契機に、国際化が急速に進み始めたことである。国際化は人事管理に二つのインパクトをもたらした。一つは国際人の養成と国際化教育である。自動車、電機産業を中心に、国際人養成教育、海外派遣教育、海外法人現地幹部教育、海外のビジネススクールへの派遣、さらには異文化理解教育などが積極的に展開された。もう一つは日本の人事制度の仕組みを海外の日系企業に移転できるかどうか、つまり移転可能性（transferability）の問題である。多くの先行研究や調査結果から、日本の雇用システムは文化的・社会的コンテクストの影響を強く受けた特殊性の部分（たとえば、集団主義、平等主義、弾力的な仕事の進め方、年功序列など）は移転困難性がともない、現地標準に修正するなどの是正措置が必要となることが指摘されている(7)。

以上、一九七〇〜一九九〇年までの人事制度の特徴について見てきたが、この時代の特徴は能力主義管理とその象徴である職能資格制度につきるといっても過言ではない。そこで、この時代の人事制度の特徴を「能力主義人事」ないしは「制度主義人事」と総括したい。

（4） 第四段階：バブル経済崩壊後（一九九一〜二〇一〇年）の人事制度

バブル経済の崩壊と成果主義の実態

一九八九年のソニーによるコロンビアピクチャーズの買収、三菱地所によるロックフェラービルの買収などグローバリゼーションの潮流にのり、企業規模を拡大してきた日本企業であったが、一九九〇年の株価暴落、九一年の証券・金融不祥事などに端を発したバブル経済の崩壊により、これまでとってきた戦略を見直さざるをえなくなった。さらに、その影響で景気が低迷し、内需拡大が望めないなか、円は急騰し、自動車、電機、工作機械などの輸出関連企業が生産工場の海外移転を進め、産業空洞化の問題が日本経済に暗い影を落とし始めた。

そうしたなか、日本の企業は不採算事業からの撤退、事業構造の再構築などのリストラクチャリングを積極的に進めるとともに、人事制度として成果主義を導入し、経営の合理化をはかった。成果主義には、集団の成果志向を高める広義の成果主義と個人や集団の業績を賃金に反映し、格差をつける狭義の成果主義があるが、ここでは狭義の成果主義、言い方を変えるならば報酬主義に焦点をあてて見ていく。

そこでまず、二つのデータから成果主義の実態を見ていきたい。まず一つ目は厚生労働省の「就労条件総合調査」で、日本標準産業分類に基づく一五大産業の常用雇用者三〇人以上の企業を対象としており、データの数が多く、成果主義の実態を見るには適している。二〇〇四（平成一六）年の就労条件総合調査によれば、個人業績を賃金に反映する企業の割合は、管理職で四八・二％、管理職以外で五〇・五％となっており、約過半数におよんでいる。大企業ほど成果主義を導入する割合が高く、一〇〇〇人以上の大企業では管理職、管理職以外のいずれも約八〇％にもおよんでいる。

一方、年俸制の導入率は、二〇〇六（平成一八）年の就労条件総合調査によれば一七・三％で、前回の二〇〇二（平成一四）年調査の一一・七％よりは増加している。これも個人業績を賃金に反映する企業の割合と同様に、企業規模が大きいほど年俸制の導入割合が高く、一〇〇〇人以上の大企業では四割近くになっている。

もう一つの調査は、日本生産性本部が行っている「日本的雇用・人事の変容に関する調査」（旧・

日本的人事制度の変容に関する調査）で、この調査は一九九七年より毎年実施されており、時系列の分析ができる点に特徴がある。同調査によれば、役割・職務給の導入割合は、二〇一三年において管理職では七六・三％で、一〇年前の五三・四％よりは二〇％近くも増えている。同様に、非管理職層においても二〇一三年は五八％で、一〇年前よりも二〇％以上増えている。

このように、成果主義的賃金の導入は年々増加傾向にあり、それも企業間競争が激しい大企業ほど顕著にその導入が進んでいる。しかし、その一方で新聞報道によれば富士通が成果主義を修正、三井物産が成果主義撤回（二〇〇八年日経新聞五月二六日朝刊）、資生堂が営業にノルマ撤廃（二〇〇八年日経新聞六月六日朝刊）など、成果主義を修正したり、撤廃する企業の情報が喧伝されている。そこには、成果主義をめぐる混乱や成果主義に対する評価の違いや考え方の違いなどが錯綜している。

ここで、三井物産のケースを取り上げ、同社における成果主義をめぐる混乱を概観していきたい。新聞記事によれば、三井物産では、一九九九年に徹底した成果主義型の人事制度が導入され、年功制は完全に廃止された。基本給は年齢や役職に関係なく、入社四年目以降は横一線となり、売上高対前年比、新規事業件数などの成果指標に基づき、賞与に大きな格差をつける賃金体系となった。部長級では成果により年収で三〇〇万円程度の格差がつく、徹底した成果主義が導入されていた。その結果、同社では、業務知識や人脈を他人に教えないなど、職場の雰囲気がギスギスしだし、「人の三井」の強みが急速に失われていった。そうして、二〇〇六年の二つの不祥事（国後島の発電施設をめぐる不正入札とディーゼル車の排ガス装置のデータ改ざん）を契機に、成果主義から企画立案、実行推進、人材育成・指導などの数字に表しにくい要素を重視した定性評価に切り替えた。成果主義には運用如何によっては従業員のモチベーションを高め、企業業績の向上につながる良い側面もあれば、三井物産の事例からも分かるように、負の部分もある。

成果主義の功罪

そこで次に、成果主義に対する制度的評価や混乱を多面的な視点から分析し、望ましい成果主義の運用のあり方について考察していきたい。まずは成果主義のメリットから見ていく。モチベーション理論における期待理論（expectancy theory）によれば、行為主体のパフォーマンスに対し魅力ある報酬を提供すればモチベーションが発揮・維持されることが明らかとなっている。つまり、個人の業績や貢献に応じて適正な成果主義的賃金を提供していけば、従業員のモチベーションは喚起されることとなるため、成果主義にはインセンティブ機能がある。大切なのは、従業員の誘意性（valence）を高める報酬をいかに提供していくかである。

さらに、成果主義には企業業績と人件費の効果的連動がはかれる、経営意識の高揚、従業員の意識改革、行動変容につながる、業績に応じた処遇の実現、などの効果がある。

しかしその一方で、先述したように負の側面、つまりデメリットもある。その主なものをあげると、短期業績に関心を強め、視野狭窄に陥りやすい（結果として製品開発や改善活動がおろそかになる）、個人主義を助長し、チームワークを阻害する、ノウハウや技能の伝承が難しい、などがある。

さらに、成果主義のデメリットで留意しなければならないのは、管理職の部下育成の軽視と組織全体がリスクテーキングを恐れる点である。成果主義の浸透とともに、管理職のプレイングマネジャー化が促進され、ＯＪＴが形骸し、部下指導が軽視されやすくなる。成果主義の一番の近道は部下が育つことであるにもかかわらず、多くの管理職はそれを忘れてしまっている。と同時に、成果主義は短期業績に目を向けるため、かっての加点主義人事に見られるようなリスクテーキングをしなくなり、個人を含め組織全体が低い目標設定に終始してしまう。その結果、組織全体の活力までもが失われてしまう。最後に、成果主義のデメリットとして特筆すべき点は、部門間で不公平感が高まる危険性がある点である。複数事業部がある企業などの場合、事業のライフサイクルにより各事業部の収益構造が大きく異なる。現在の配属を前提に成果主義を導入すると、収益性の高い事業部と低い事業部とでは賃金に大きな格差が生じ、不公平感が高まる危険性がある。ひいては成果主義に対する納得性を低めるとともに、組織の一体感までもが損なわれてしまう。大切なのは、成果主義導入の前に、従業員の希望と適性に基づき、配置転換を試みるなどの工夫が必要となってこよう。

成果主義をめぐる混乱

次に、成果主義をめぐる混乱について見ていく。先述した日本生産性本部の調査において、成果主義に対する納得性は低く、その主な原因は成果主義の運用の要である評価制度に対する不満があ

図表２－３　目標の分類

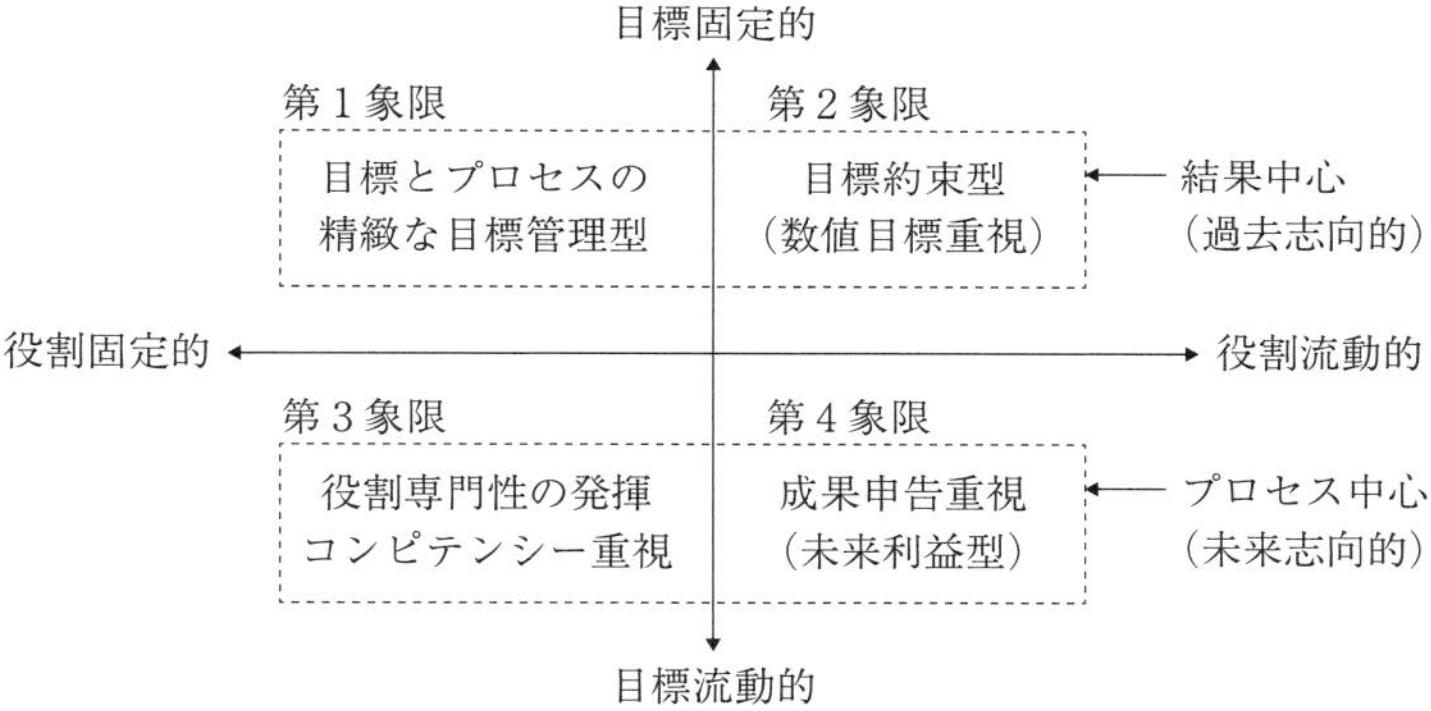

出所：高橋俊介（2001）『組織改革』東洋経済新報社、101頁に加筆修正

ることが報告されている。評価制度には評価における客観性を担保する観点から、そのサブシステムとして目標管理制度（ＭＢＯ）が導入されている。評価制度に対する不満や納得性の低さは、もちろん評価者自身の評価スキルの低さにもその原因があると思われるが、それよりも誤った目標管理制度の運用にこそ、その原因があるように思われる。一般に、図表２－３に見られるように、企業には時間軸や期待される役割、成果が異なる仕事が混在しており、単に上司が与えた目標の結果のみで成果を測定することは、目標の質やレベル、妥当性が十分考慮されておらず、評価制度としての適正を欠く危険性がある。図表２－３における第一象限と第二象限の仕事（目標）は、役割が固定的であるか自由度があるかの違いはあるものの、目標そのものは明確で、設定された目標の結果で評価されてなんら問題はない。

それに対し、第三象限の仕事（目標）はＲ＆Ｄ部門に見られるように、個人や部門のミッションや役割は明確であるが、ある一定の成果をだすまでには多くの時間を要し、年度ベースの目標管理制度にはなじみにくい。そのため、評価は成果よりも専門性や行動力（コンピテンシー）を評価した方が目標の質に合う。第四象限の仕事（目標）は、新規事業の立ち上げやプロジェクト参画に見られるように、個々人の役割も目標も流動的で、目標達成の時期（時間軸）も長く設定されるケースが多い。本来、成果とは単年度の結果のみでなく、将来的な収益をもたらす先行指標まで含めて考えるべきである。したがって、評価も期末における本人からの成果申告やプロセスを重視したものとならざるをえない。

このように、成果主義の運用の要である評価制度、さらにはそのサブシステムの目標管理制度を効果的に運用し、成果主義に対する納得性を高めるためには、一律的な目標設定に拘泥することなく、目標について結果を重視するものとプロセスや仕事に取り組んでいる姿勢や行動を重視するものとに仕分けし、それぞれに適した評価を行なっていくことが必要である。

成果主義をめぐる混乱の二点目は狭義の成果主義、すなわち報酬主義に固執している点である。先述したように、成果主義には広義の成果主義と狭義の成果主義とがある。成果主義を導入するには、①まず事業部制の評価などの組織全体の成果を測定できる仕組みを策定、②役員や部長などの上級管理職を対象に成果主義を導入、③その上で一般従業員を対象に成果主義を拡大させる、といったステップ（段階）が必要である。つまり、まずは事業部制評価などにより組織全体の成果志向を高める広義の成果主義を導入し、次いで個人の業績を賃金に反映する狭義の成果主義を段階的に導入していくことが望ましい。

成果主義の逆効果性（負の効果）

また、狭義の成果主義、つまり報酬主義にはその逆効果性が指摘されており、その問題が明らかになりつつある。アメリカ心理学会で学会賞を受賞したコーン（Kohn, A.）は、その著書である『報酬主義をこえて』（田中英史訳、法政大学出版局、2001）のなかで、次のような五つの報酬の逆効果性（負の効果）を指摘している。

①報酬は罰になる（rewards punish）
②報酬は人間関係を破壊する
③報酬は理由を無視する
④報酬は冒険に水をさす
⑤報酬は興味を損なわせる

さらに、金井（2006）はこうしたコーンの主張に、次のようなデシ（Deci, E. L.）の主張を二つ追加している。(8)

⑥報酬は使い出したら簡単にひけない
⑦報酬はそれを得るための手抜き（最短ルート）を選ばせる

このように、報酬制度としての成果主義や報酬そのものには、従業員の内発的動機づけを損なわせる逆効果性が認められたり、あるいは個人の業績や成果に応じて賃金格差を大きくする報酬が適用しにくい、さらには報酬にはそれを獲得するための合わせ行動を助長する、などの負の効果が見られる。

コーンは、こうした報酬のもつ逆効果性を最小限にするために、次のような施策を提言している。(9)

①報酬をめざすことを競争にしない
②報酬をもらう方の選択の余地をできるだけ残す
③報酬が動機づけを殺す効果に対して各人に免疫をもたせる
④真の動機づけへの条件づくりをする

コーンはさらに、真の動機づけを行っていくためには、三つの「C」が必要であることを強調している。(10) 一つ目は従業員の協力の推進を促す「collaboration」、二つ目は仕事の内容を表す「content」、最後は従業員の選択の幅を広げる「choice」である。

これまでの考察から分かることは、狭義の成果主義、すなわち報酬主義の負の効果を減らすためには、個人主義を助長させないで、職場（チーム）内での協働を促進させるとともに、自らの意思で仕事やプロジェクト参加が可能となるような主体的なワークシステムを導入して、新しい技術や技能の修得が可能となるようなチャレンジグな仕事を与えていくことが重要となる。

成果主義をめぐる混乱の三点目は、報酬が賃金・賞与などの外的報酬中心に設計されている点である。コーンの主張にも見られるように、報酬、つまり外的報酬の逆効果性（負の効果）を減少させるためには、仕事の内容や新しい技術や技能の修得の機会を提供することが重要であることが明らかになっている。こうした仕事内容や能力開発の機会といったものは、内的報酬として位置づけられている。今後、成果主義の負の効果を克服し、望ましい運用に近づけていくためには、賃金や賞与といった短期的インセンティブの色彩の強い外的報酬を中心とする「賃金」管理から、内的報酬を包含する「報酬」管理へと成果主義賃金の考え方を大きく転換していかなければならない。

以上、一九九一〜二〇一〇年までのバブル経済崩壊後の人事制度の特徴について見てきたが、経営の合理化をはかる観点からリストラクチャリングの展開と成果主義の導入に大きな特徴が見られた。こうした点からこの時代の人事制度の特徴を「成果主義人事」と総括したい。

2　ポスト職能資格制度としてのコンピテンシーモデルの評価(11)

コンピテンシー導入の背景

わが国の人事制度が、年功主義人事→職務主義人事→能力主義（制度主義）人事→成果主義人事と移り変わってきたことを見てきたが、人事制度の特徴を考える上でもう一つ注目すべき点がある。それはコンピテンシーモデルの導入で、成果主義の導入と並行して、一九九〇年代半ば以降、一部の企業においてその導入が進んだ。コンピテンシーとは、一九七〇年代にアメリカにおける人事革新の施策として登場したものであるが、その生みの親はハーバード大学の心理学部教授のマクレランド（McClelland, D. C.）である。マクレランドは、国務省の委託研究のなかで、業績には学歴、知能はあまり関係なく、達成動機の高い人が高業績をあげることを見いだし、高業績者の行動特性をコンピテンシーと命名した。当時のアメリカはニクソンショックを克服するため、コアコンピタンス経営を断行するとともに、人的資源の重要性に着目し、科学的管理法の誕生以来の職務中心主義からの脱却、すなわち脱ジョブ化（dejobing）を模索していた。こうした背景から生まれたコンピテンシーは、一九九〇年代に入り、人的資源管理（ＨＲＭ）に適用され始め、いわば実用化のレベルの浅い人事システムである。

コンピテンシーの定義

ところで、このようなコンピテンシーはどのように定義できるのであろうか。日本の能力主義との違いはどこにあるのであろうか。コンピテンシーに関してはヘイ・コンサルティングやウィリアム・マーサー、タワーズ・ペリンなどの外資系コンサルティング・ファームの定義[12]などさまざまな定義が存在するが、本書ではコンピテンシーを「継続的にその職務に求められる達成すべき最終成果責任（accountability）を生み出すために効果的な行動を選択し、実際に行動に結びつけるという行動にフォーカスした能力」（保田 1997）で、しかも高業績者（high-performer）に共通に見られる、顕在的で他者から観察しうる行動レベルでの発揮能力と定義する。もっと端的に表現するならば、成果と結びついた行動レベルで示された能力と表現できる。

日本の能力主義である職能要件との違いは、図表２－１からも明らかなように、コンピテンシーは行動レベルに現れた顕在的能力（発揮能力）であるのに対し、職能資格制度における能力（ability）は潜在的能力で、行動レベルに表出しない保有能力としての色彩が強い。

日本におけるコンピテンシー導入の背景

このような特徴を有するコンピテンシーは、わが国における成果主義の導入の動きと符合するかの如く、ポスト職能資格制度として一部の企業で導入されるようになった。その主な要因としては大きく四つあげられる。一つ目の要因は「機能主義人事から戦略人事へのパラダイムシフト」である。わが国の人事制度は、人事管理に求められる機能（たとえば採用・教育・賃金など）のみを重視し、戦略との連動性に欠ける場当たり的な形で設計・運用されることが多かった。しかし、最近では企業理念や戦略と従業員が遵守すべき行動規範とを結びつけた人事・評価制度が先進的企業で見られるようになった。会社によって呼び方がさまざまであるが、value 評価や行動（コンピテンシー）評価と呼ばれている。こうした戦略人事への志向の高まりが、コンピテンシーモデルの導入を促進させたと考えられる。

二つ目の要因は、「職能資格制度の年功的運用」である。すでに述べたように、職能資格制度の能力は標準者として保有すべき能力で、潜在的能力としての性格が強い。しかも、職能資格制度の能力は、下位職能から上位職能への内部昇進制を土台としているため、質的連続性が強く、勤続年数や経験とともに能力が向上していきやすい。その結果、人事評価における能力評価が甘くなり、おのずと昇格運用も年功的なものとなりやすい。このように、職能資格制度は能力主義的人事制度であるにもかかわらず、年功的運用に陥り、賃金と生産性、能力との乖離現象が発生しており、制度としての経済的合理性を失っている。業績・成果と連動した顕在的能力としてのコンピテンシーが導入される背景には、こうした職能資格制度が内包する制度的、運用的欠点が大きく影響しているものと思われる。

三つ目の要因は、「人事システムのグローバルスタンダード化」があげられる。会計システムと同様、企業経営のグローバル化が進むにつれ、人事システムもグローバルスタンダードに合わせた制度設計と運用が求められつつある。人材の国境を越えた移動や国籍の異なる多様な人材を雇用するのにともない、世界基準を視野に入れた人事システムの構築が必要となっている。こうした経営のグローバル化にともなう人事システムのグローバルスタンダード化の必要性が、アメリカを中心に普及しているコンピテンシーモデルのわが国における盲目的な導入を促進させていったものと思われる。

最後の要因としては「成果主義の導入・普及」があげられる。すでに、人事制度の歴史的変遷で見てきたように、一九九〇年代初頭バブル経済崩壊後は多くの企業で成果主義が導入されてきた。コンピテンシーモデルは成果主義の導入と相まってその導入が進んでいった。その大きな要因は、成果主義の導入・進展に合わせて、年功的運用に陥っている職能資格制度から脱却し、成果や業績と連動するコンピテンシーへと人事制度を大きく転換させていきたいという企業の思惑が背景にある。このように、成果主義の導入がトリガー（引き金）となって、わが国の人事制度は職能資格制度からコンピテンシーモデルへと移行し始めた。コンピテンシーモデルが、新たな能力主義を目指したポスト職能資格制度としての人事制度と呼ばれる所以である。

コンピテンシーモデルの特質と課題

ところで、ポスト職能資格制度としてのコンピテンシーモデルは、わが国の新たな人事制度として広く普及していくのであろうか。あるいは人事制度としての完成度は高いのであろうか。こんな疑問を人事関係の専門誌や研究者の声などから見聞きする。そこで次に、コンピテンシーモデルに対する制度的特質や人事制度としての妥当性、信頼性について考察していく。

先述したように、コンピテンシーモデルは人的資源管理（ＨＲＭ）に適用されるようになっての歴史も浅く、システムとしては開発途上にあるといっても決して過言ではなく、多くの課題を抱えている。課題の一つ目は、「職務から組織への分析焦点の移行の問題」である。[13] 高業績者の行動特性の分析を精査すればするほど、個別の職務に接近したものとなり、職務給に見られるように、コンピテンシーも硬直性を帯び、結果として柔軟性を失ってしまう。環境変化への柔軟な対応、従業員の行動と戦略との連動などを考えていくためには、狭い職務（narrowly defined job）に限定することなく、組織全体に焦点をあてコンピテンシーを抽出していくことが求められる。

課題の二つ目は「分析中心から活用中心への移行の問題」である。これは課題の一つ目とも関連するが、コンピテンシーの抽出を個別の職務に接近すればするほどその分析は細かくなり、分析に多くの労力と時間を要する。コンピテンシーモデルに大切なのは、抽出したコンピテンシーをＨＲＭにおいていかに活用していくかということであり、分析にその重点があるわけではない。

課題の三つ目は「コンピテンシー抽出における帰納法的アプローチと演繹法的アプローチの統合」である。コンピテンシーの抽出は、高業績者の行動特性をヒアリングやアンケート調査などを通じて行うのが一般的で、こうしたやり方はいわゆる帰納法的アプローチによるものである。そのため、抽出されたコンピテンシーは、どうしても現在ないしは過去志向的なものになりやすい。し

図表2－4　過去―未来を統合したコンピテンシー

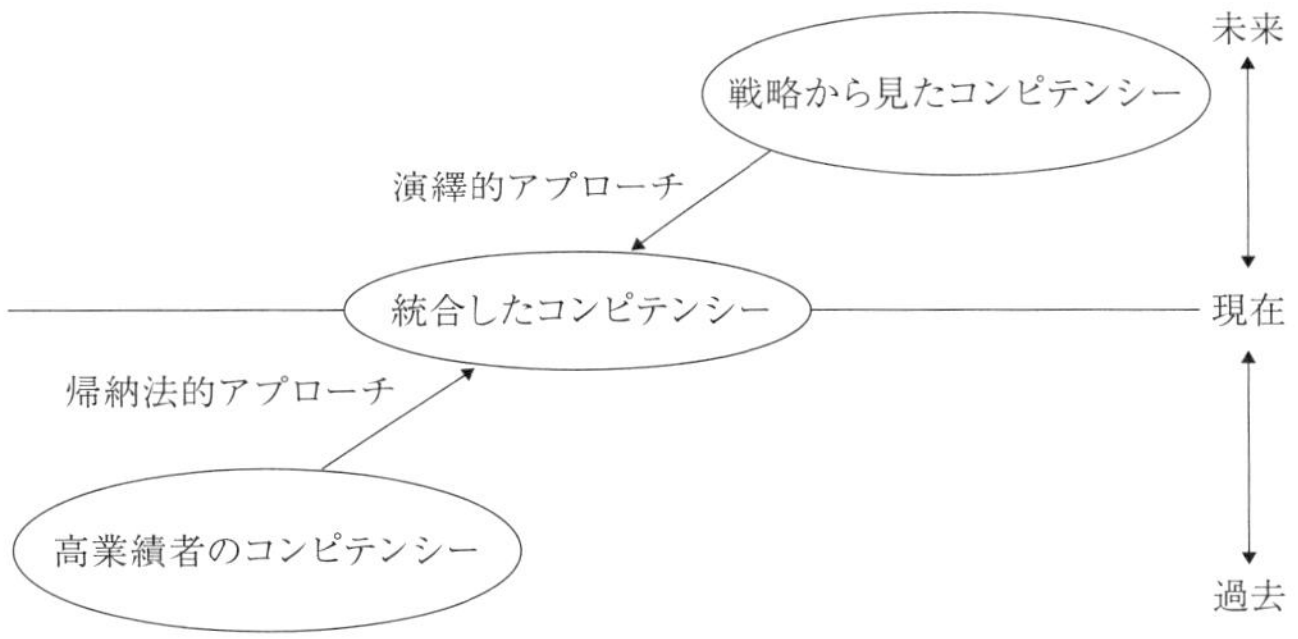

かし、コンピテンシーモデルは決して過去にのみ目を向けるものではなく、むしろ未来に目を向け、戦略との連動をはかっていくべきものと考えられる。したがって、コンピテンシーは、過去志向的な帰納法的アプローチにより抽出されたものと、戦略を達成するためにかくあるべしといった演繹法的アプローチにより抽出されたものとを統合していくことが求められる（図表2－4参照）。

課題の四つ目は「コンピテンシーの寿命の短さ」である。すでに何度も述べたように、コンピテンシーは高業績者の行動特性を抽出したものであり、能力の特性としては、現在ないしは過去志向的である。最近の技術革新やICTの進展は、これまでの能力や技術を一瞬にして無用なものと追いやってしまう可能性すらある。こうした動きを考慮に入れると、これまでの高業績者のコンピテンシーが必ずしも未来永劫に有効とはいえない。最近の技術革新の動きを見ていると、むしろ、抽出されたコンピテンシーの有効性が徐々に持続できなくなっている。ここに、コンピテンシーモデルの寿命の短さが見て取れると同時に、システムとしての弱点が露呈している。こうしたコンピテンシーモデルの寿命の短さが賃金（コンピテンシー給）との連動を困難なものとさせていると考えられる。

課題の最後は「コンピテンシーの適用範囲の狭さ」である。ハーシーとブランチャード（Hersey, P. & Blanchard, K. H., 1993）は、達成動機の強い人は成功報酬よりも個人的な達成感に関心を示すとともに、難しい問題に取り組んだり、解決すること自体に関心を示すことを明らかにしている。さらに、彼らは達成動機の強い人は自分たちの成果に対して具体的なフィードバックを求めることを指摘しており、そうした人びとはセールス職や自営業者、自分の仕事を自己管理できる人びとに多く見られるとしている。[14]

同様に、ミルコビッチとニューマン（Milkovich, G. T. & Newman, J. M., 1984）は、コンピテンシー給（competency based pay）は担当している仕事と関連のあるコンピテンシーの深さと幅（広がり）に基づいて支払われるものであることを明らかにした上で、コンピテンシー給は成果の定義が容易でない管理職や専門職、さらには技術職などに適用しやすいことを指摘している。

こうした点から、コンピテンシーモデルの適用範囲は限定的であり、階層的にはあるレベル以上、たとえばセルフコントロールで仕事を進められる管理職や専門職、職務・職種的には個人の職務領域が明確なセールス職や技術職などのホワイトカラー職が望ましいと考えられる。したがって、生産職や協働的作業を要する職種などではコンピテンシーモデルはなじみにくいと思われる。

コンピテンシーモデルの人事制度としての妥当性と信頼性

そこで次に、このようなコンピテンシーモデルの特質と課題を踏まえ、新しい人事制度としての妥当性と信頼性について一定の結論を下してみたい。すでに述べたように、コンピテンシーは主に、自主裁量で仕事ができる管理職や専門職、職種的には営業職、技術職などを対象に導入すべきもので、全社員、全職種を対象に導入すべきものではない。つまり、コンピテンシーモデルの適用範囲は限定されるため、全社員対象の人事制度としては適格性を欠くものと思われる。

また、ポスト職能資格制度としての新たな能力主義的賃金のコンピテンシー給の導入、すなわちコンピテンシーと賃金との連動であるが、これもすでに述べてきたように、コンピテンシーの寿命が短いため、賃金との連動は難しいと思われる。賃金とはある意味で組織のなかにおける自らの位置づけ（ポジショニング）を表すもので、ある種のステータスをも意味する。仮に、個人にとって重要な意味をもつ賃金が、コンピテンシーの寿命の短さで不安定な運用になると、個人のモチベーションを下げるばかりでなく、賃金制度、ひいては会社の賃金政策に対する信頼を損なわせてしまう危険性がある。もう一つコンピテンシー給の導入を困難にさせている要因は、等級ブレークの難しさである。コンピテンシーは寿命が短く、仮に等級ブレークしたとしても、環境変化や高業績者の定義変更などで余儀なく再設計せざるをえない。アメリカにおいても、コンピテンシー給を導入する場合は、ブロードバンディングの枠組みは残しながらこうした問題に対処している。米国報酬協会（American Compensation Association：ACA）はコンピテンシー給に関して、次のようなメッセージを出している。"Competency is not directly tied to pay" つまり、賃金とコンピテンシーの直接的連動はあまり望ましくないことを警告している。

以上見てきたように、コンピテンシーモデルは全社員、全職種を対象に導入することは実質的に困難であるとともに、賃金とコンピテンシーを連動させたコンピテンシー給の導入も難しいと思われる。コンピテンシーモデルは、職能資格制に代わる新しい人事制度としては不完全で、システムとしての妥当性や信頼性に応えうるものには至っていないのである。コンピテンシーはこうした問題を抱えているためか、一九九〇年代半ば以降導入され、コンピテンシーバブルといわれるほどその導入が進んだが、現在では人事制度の表舞台に登場することはない。リクルートワークス研究所がその発行する専門誌『Works』五七号（2003）にて、「コンピテンシーとは、何だったのか」といった特集を組んでいるが、まさにわが国におけるコンピテンシー導入をダイジェストに総括しており、注目に値する。

コンピテンシーモデルの活用領域

コンピテンシーは、こうした欠点を有しているが、高業績者、つまり仕事ができる人たちの行動特性を抽出しており、賃金と直接連動できなくとも、その有効活用はさまざまな範囲に広がっている。図表2－5に見られるように、採用、能力開発、人事評価、昇進・昇格、配置・異動などに活用されている。タワーズ・ペリンを中心とするアメリカの人事コンサルティング会社と、先述した

図表２－５　コンピテンシーの活用領域

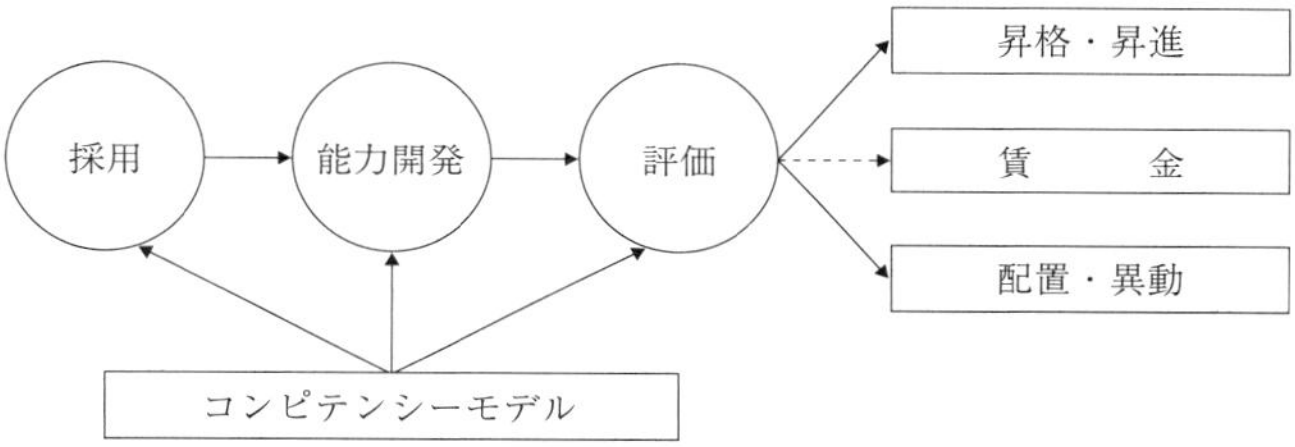

ＡＣＡが一九九六年に行った調査によれば、コンピテンシーの活用分野別の導入率は、賃金が二五％、人事評価三四％、能力開発二八％、人員計画二八％となっている[15]。

同様に、リクルートワークス研究所の調査においても、一部外資系と国内企業とに違いは見られるものの、コンピテンシーが利用されている領域は、採用、人事評価、人材育成の割合が高い。このように、コンピテンシーは賃金との連動が最も低いが、採用、人事評価、能力開発などのコンピテンシーを活用した人材アセスメントとして有効活用されているケースが多い。

３　新たな人事制度の展開にむけて

Ｎ字軌跡を描くわが国の人事制度

これまで見てきたように、戦後のわが国の人事制度の発展段階は、時代的背景と制度的特質の観点から、年功主義人事→職務主義人事→能力（制度）主義人事→成果主義人事と大きく四段階に区分することができる。こうした人事制度の発展段階を図示すると図表２－６のよ

図表2－6　N字軌跡を描くわが国の人事制度

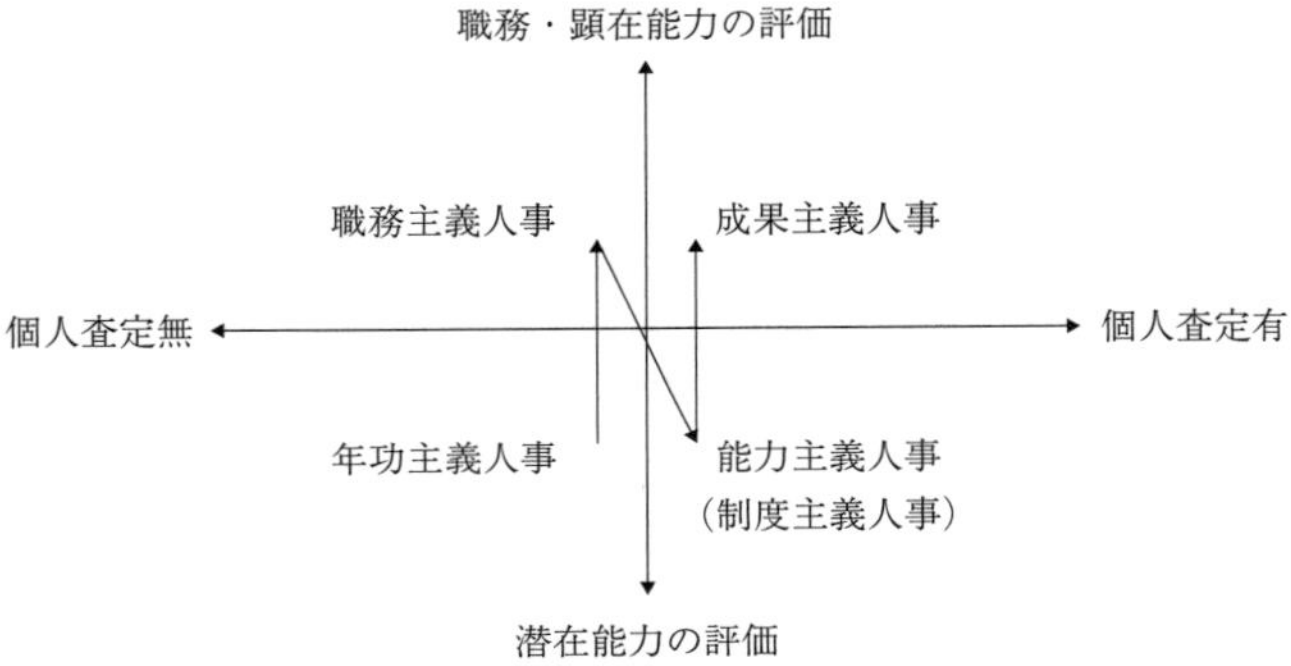

出所：熊沢誠（1997）『能力主義と企業社会』岩波新書、12頁を参考に作成

うになる。横軸は個人に対する査定（評価）の有無を、縦軸は能力の特徴を表しており、能力が潜在的か顕在的かの違いを表す。図表2－6からも分かるように、これまでのわが国の人事制度はN字軌跡を描くと言えよう。

個性尊重主義人事の必要性

このように、N字軌跡を描くわが国の人事制度であるが、四段階目の成果主義人事はおおよそ二〇一〇年までの人事制度を意味しており、それ以降の人事制度を考えていく必要がある。すでに序章や前章の第四節で述べてきたように、メタナショナル時代において、厳しさを増すグローバル競争を勝ち抜いていくためには、グローバル・イノベーションを創発するグローバル・リーダーやプロフェッショナル、ナレッジワーカーが必要不可欠となる。前章では、こうしたこれからの企業経営に必要な人材を若林の言葉をかりて「創造的仕事人」と呼んできたが、彼らはコミットメントの対象が会社や組織にはなく、自己の仕事内容や専門性、市場価値（market value）にある。組織から管理されることや厳しいルールで縛られることを忌み嫌う。むしろ、彼らは組織と一定の距離を保ちつつ、自律性をもって働くことにより自己の能力や専門性を発揮し、自己実現したいと考えている。このように、仕事において自己の専門性や能力を発揮する自律的な個人が、企業に創造性や革新性をもたらし、競争優位の源泉であるグローバル・イノベーションを生み出すことを可能にする。

このような人材をマネジメントしていくためには、人に対する考え方や人事制度に対する取り組み方を変えていかなければならない。これまでは従業員は組織に帰属する存在で、集団に対する盲目的追随や上司への服従に対しても違和感を感じていなかった。日本的経営の特徴でもある集団主義に慣れ親しんでおり、出る杭は打たれないよう自己を組織に埋没させることになんら戸惑いも感じないでいられる。人材育成に関しても、組織の視点を中心に事業展開に必要な人材を育成・開発してきており、「人を育てる」ことに主眼がおかれ、組織本位の考え方が強く、個人の視点が欠落している。つまり、企業が能力開発の責任を担っており、会社にいればベルトコンベアーシステムの上を商品が流れるがごとく、必要な業務知識やマネジメント知識が次から次へと提供されていく。このような人材育成システムや個人が集団に帰属している状態では、グローバル競争に必要なグローバル・イノベーションを生み出す従業員の自律性や主体性、個性は芽ばえてこない。

このように、従業員が組織に帰属する存在としてみなされ、従業員個々人のなかに主体性や自律性が醸成されないなか、一九九〇年代初頭、バブル経済の崩壊とともに成果主義人事が導入された。

今までは同質的集団のメンバーの一人として組織と関われればよく、賃金やその他の労働条件は集団的労使関係のなかで労働組合が守ってくれた。しかし、成果主義はこうした集団対会社の関係を否定し、個人と会社との直接的関係を求めている。つまり、個人と会社、すなわち上司とが一対一の関係のなかで業務を遂行し、賃金もそうした閉じた関係のなかで決定・収束する。ある意味で成果主義は集団主義に慣れ親しんだ従業員に個人主義を助長し、個人の自律性や主体性をなかば強要している。その結果、従業員の間に不安や戸惑いが発生し、これまでの個人と会社のあり方をリセットせざるをえなくなる。

一方、これもすでに述べてきたことであるが、若年層においても会社観・組織観が大きく変化し、組織に対するコミットメントが低下し、組織とのルースカップリング（緩い関係）を希求している。彼（彼女）らはコミットメントの対象が仕事内容や自己の専門性にあり、プロフェッショナル志向が高い。当然、働き方においても自律的な仕事の進め方を強く望んでおり、自分の専門性や市場価値があがるならば、転職をもいとわない。これまでの全従業員を包摂した一元的な人事管理や、同質的な集団を対象にした人事制度、さらには全体的な底上げを目指す階層別教育では、若年層を組織につなぎとめておけないばかりでなく、若年層の組織外への流出により組織のなかに創造や革新を起こす機会までも失ってしまう。

激化しつつあるグローバル競争に打ち勝っていくためには、個人の自律性を促進させ、仕事において自己の能力や専門性を発揮させて、組織のなかに創造性と革新性をもたらす新たな人事制度が求められる。と同時に、人材育成に関しても「人を育てる」という考え方から、能力開発の責任は個人にあり、個人が主体的にキャリア設計、キャリア選択していけるような「人が育つ」という仕組みに転換していかなければならない。前章第四節で提示した「個性尊重マネジメント」の議論を踏まえて、こうした人が育ち個人の主体性や自律性を重視し、組織に創造性や革新性をもたらすような新たな人事制度を、本書では「個性尊重主義人事」と呼びたい。個性尊重主義人事制度の導入が、プロフェッショナルやナレッジワーカーが育つ環境をつくると同時に、仕事志向やプロフェッショナル志向の高い若年層を組織につなぎとめることを可能ならしめるものと思われる。

最後に、本章で述べてきたわが国の人事制度の歴史的変遷を総括すると、図表２－７のようになる。

ところで、個性尊重主義人事を導入・展開するにあたって留意すべきことが二点ある。まず一点目は、個性尊重主義人事は、仕事において個人の自律性や個性、主体性を尊重するものであるが、決してチームワークや組織における協働関係を否定するものではないという点である。むしろ、個人の自律性や個性といったものは、本来、組織やチームのなかで発揮されるべきものである。なぜならば、野中や伊丹の研究によって、イノベーションやナレッジといったものは、協働関係の「場」をうまく活用して、個人のなかにある暗黙知が組織で共有された形式知（組織知）に転換されたときに始めて生まれるものであることが明らかとなっているからである。(16) 場とは、そういった意味では、組織に埋没しない自律的な個人がお互いにシナジー効果を発揮させながら協働しあえる集団と

図表2－7　人事制度の発達段階とその特徴

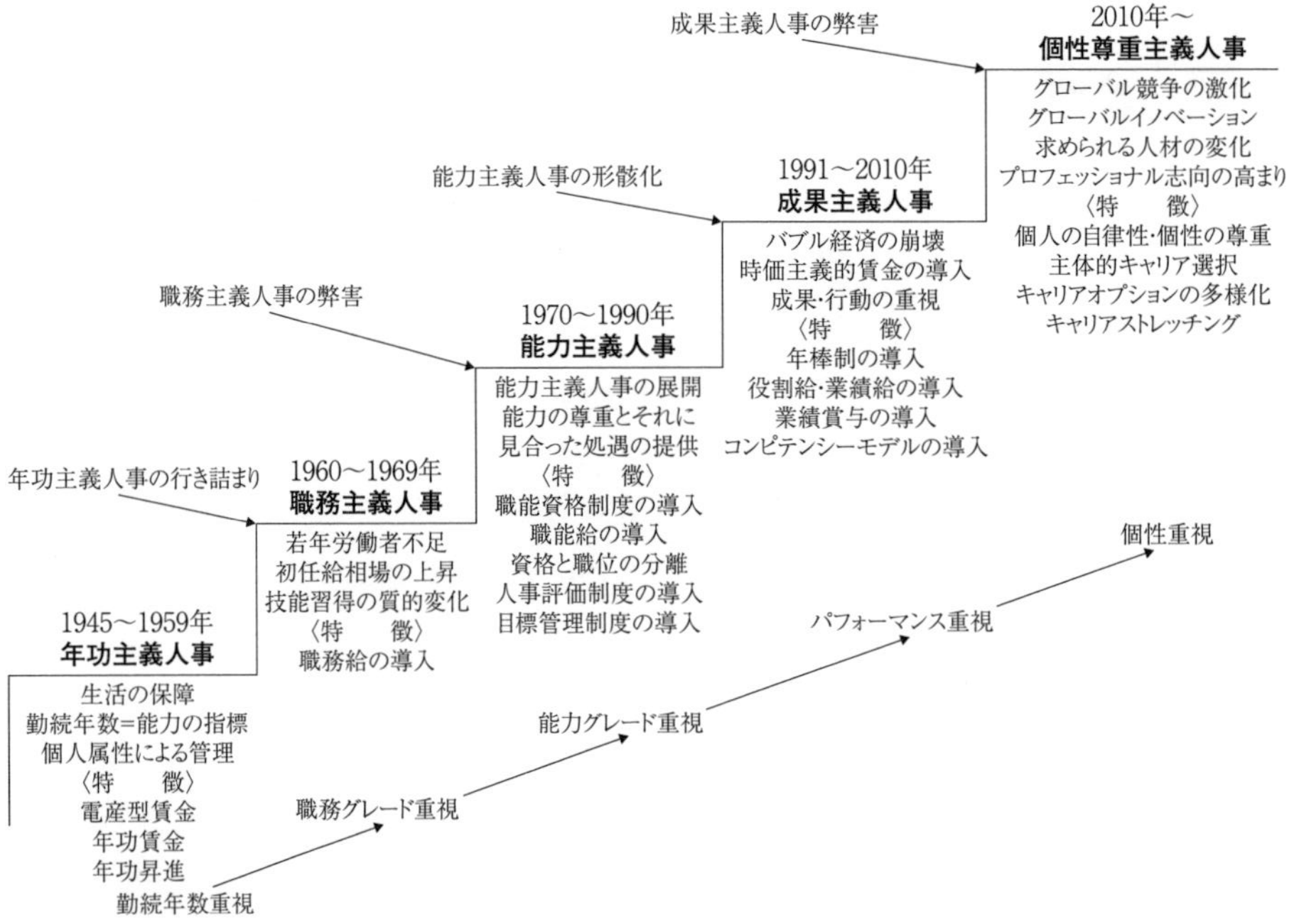

谷内篤博（2016）

いえる。個性尊重主義人事における個人の個性や自律性を尊重するということは、決して自己中心的な個人主義を助長するものではないことを改めて強調しておきたい。

個性尊重主義人事の留意点

留意すべきもう一つの点は、組織に働くエネルギーの遠心力と求心力のバランスをとっていくことである。個人の自律性や個性を尊重するということは、第一章の図表1-9（本書四一頁）に見られるように、どうしても組織のエネルギーとしては遠心力が強く働きすぎ、集団力学的には組織としてのエネルギーが拡散してしまい、組織としてのシナジー効果が発揮されにくい。アメーバー型組織に見られるように、それぞれの集団が核分裂をしながら組織学習を通じてシナジー効果を発揮する環境（組織）でないとイノベーションやナレッジは生まれにくい。そこで重要となるのが、組織のトップのリーダーシップである。経営トップが経営ビジョンや戦略マップなどにより、組織の目指すべき方向ともいうべきグランドマップを提示することにより、自律的な個人や集団の行動に一定の規則性が生まれ、個人や集団の活動の軌道修正が行いやすくなる。こうした経営トップのリーダーシップは図表1-9において求心力として描かれている。

大切なのは、こうした経営トップの求心力と個人の自律性、個性を尊重する遠心力のバランスをとることである。そこで、そのバランスをとる鍵を握るのがミドルである。従来のような上意下達方式の統率的なリーダーシップでは、集団における部下一人ひとりの個性や自律性が阻害されるだけでなく、経営トップのビジョンが組織のメンバーにうまく伝搬されない。野中が主張するように、ミドル・アップ・ダウンの実践が必要となる。つまり、ミドルが経営トップのビジョンや経営理念の翻訳をし（ミドルアップ）、自分なりのビジョンや価値観を踏まえ、それを組織メンバーに伝搬する（ミドルダウン）ことが求められる。個性尊重主義人事においては、ミドルはもはや、単なる組織の中間管理職としてのミドルではなく、遠心力と求心力を調和させる「戦略ミドル」へと進化しなければならないのである。

注

（1）小山田英一、服部治、梶原豊（1997）『経営人材形成史』中央経済社、八頁。
（2）小山田英一、服部治、梶原豊、同上書、一八頁。
（3）石田は、職務給を導入する理由として、同一労働同一賃金の実現と企業経営・人事管理制度全体の近代化・合理化の実現の二つをあげている（詳しくは石田光男（1991）『賃金の社会科学——日本とイギリス』中央経済社、三一—三三頁を参照）。
（4）詳しくは、日経連能力主義管理研究会編（2001）『能力主義管理——その理論と実践（復刻版）』日経連出版部、一八—一九頁の「能力の定義」参照。
（5）詳しくは、今野浩一郎（1996）『人事管理入門』日本経済新聞社、四〇—四一頁。
（6）今野浩一郎（1998）『勝ちぬく賃金改革』日本経済新聞社、八七—八九頁。
（7）石田、市村らの先行研究から、集団主義やフレキシブルな職務編成、集団責任体制、年功賃金、年功昇進などは、わが国の文化的・社会的コンテクストの影響を受け、特殊性を帯びているため、海外の日系企業への移転困難性が指摘されている（詳しくは石田英夫編（1984）『ケースブック国際経営の人間問題』慶應通信および市村真一編（1988）『アジアに根づく日本的経営』東洋経済新報社を参照）。

（8）金井壽宏（2006）『働くみんなのモティベーション論』NTT出版、一五八―一六〇頁。

（9）Kohn, A.（1993）*Punished by Rewards, The Trouble with Gold Stars, Incentive Plans, A's, Praise and Other Bribes*, CH4, CH5: Houghton Mifflin and Company;（田中英史訳（2001）『報酬主義をこえて』法政大学出版局、一三七―一四〇頁）。

（10）田田 同上書、二七八―二八〇頁。

（11）本節の記述は、谷内篤博（2008a）『日本的雇用システムの特質と変容』第六章「職能資格制度の今日的意義とコンピテンシーモデル」に大きく依拠している。

（12）コンピテンシーをヘイ・コンサルティング・グループのMcBer社は「高い成果を生み出すために、行動として安定的に発揮される能力」と、ウィリアム・マーサー社は「組織内の特定の職務にあって優れた業績をあげる現職者のもつ特性」と、タワーズ・ペリン社は「人が与えられた役割や職責を果たすため、会社・組織が発揮を期待し、高業績者が類似的に発揮している、行動レベルで示されている能力」と定義している。

（13）根本孝（1998）『ラーニング・シフト』同文舘出版、八六―八七頁。

（14）Hersey, P. and Blanchard, K. H.,（1993）, *Managemet of Organizational Behavior*, 6th, ed., PrenticeHall, pp. 46-47.

（15）本寺大志（2000）『コンピテンシー・マネジメント』日経連、三八頁。

（16）詳しくは野中郁次郎（1990）『知識創造の経営』日本経済新聞社および伊丹敬之（1999）『場のマネジメント』NTT出版を参照のこと。

第三章　組織的管理から自律的管理の人材マネジメントへ

1　組織的管理を中心とする人材マネジメント

三つの視点からみた組織と個人の関係(1)

日本におけるわれわれ個人は、すでに見てきたように、特定の集団や組織を介して社会と関わりをもっている。欧米のように、仕事や職務を通して契約に基づき社会と関わることはない。したがって、組織に対する帰属意識が強く、たとえ個々人の役割や仕事のイメージが明確でなくとも、組織との感情的融和によって強く結びつけられている。こうした組織に対する帰属意識は、組織と個人とを一体化させ、組織に対する全面的参加を促し、組織に対する盲目的追随へとつながっていく。その結果、個人と組織の関係はおのずと永続的になり、わが国の伝統的雇用慣行である終身雇用へとつながっていった。

資格と場の視点から見た組織と個人の関係

こうした組織と個人の関係を別の三つの視点から見ていき、これまでの人材マネジメントの特徴を明らかにしていきたい。まず一つ目は「資格と場」の視点である。中根（1967）は、集団分析のカギとして「資格」と「場」の概念を用いて個人と社会の関わり方を分析している。「資格」とは、俗に言うライセンスというものよりは幅広い概念を指しており、社会的個人の一定の属性、たとえば生まれながらにして個人にそなわっている氏・素性、生後獲得した学歴・地位・職業、さらには資本家・労働者など経済的・社会的階層などが含まれる。分かりやすい事例を取り上げるならば、ヨーロッパに見られるギルドやマイスターに代表されるような特定の職業集団や、インドに見られるカースト集団などがある。

欧米では、横断的労働市場が形成されており、人の移動が頻繁に行われる。したがって、労働組合も産業別組合（industrial uion）や職種別組合（craft union）が中心となる。こうした横断的労働市場や産業別、職種別組合は、産業レベルや職種レベルでの社会的階層の形成や「資格」による集団の構成を促進させる。このようにして出来上がった社会的階層や資格による集団は、その内部で自己の仕事や職業に対する誇りやアイデンティティを萌芽させ、職業意識が醸成されていく。集団の組織メンバーは、自分が属する組織よりも、専門的技術や自己の専門性へのコミットメントが強く、準拠集団が組織の外部に存在する。つまり、自分が所属する組織よりも自分の専門や職業と一体化している。これはグルドナー（Gouldner, 1957）が提唱するコスモポリタン（cosmopolitans）や太田（1994）が提唱するプロフェッショナル・モデルの概念と類似している。太田によれば、プロフェッショナル・モデルでは、個人は組織に対しては必要な範囲での貢献にとどめるが、仕事に対しては最大限の貢献を果たし、自己の高次の欲求充足をはかることが指摘されており[2]、仕事と個人が一体化する姿が読みとれる。わが国では、若年層を中心に仕事志向やプロフェッショナル志向が高まりつつあるが、それが横断的な職業別労働市場や社会における職業コミュニティを形成するまでには至っておらず、われわれ個々人のなかで資格が強く認識されることはない。それは〝あなたの職業は何ですか〟といった問いに対し、自らの職業ではなく、自分の所属する会社名を名乗ってしまう点に特徴的に表れている。

一方、「場」とは、会社や所属集団のように、資格の相違に関係なく、個人が一定の枠によって集団を構成している場合を指す[3]。日本人は所属集団に対する帰属意識が強く、感情的融和による集団との一体化を強く望んでおり、資格よりも「場」を重視する傾向が強い。先述したように、職業を尋ねられているのに、ついつい自分の所属する会社名や企業名を名乗ってしまう点に場を重視する日本人の特徴が顕著に表れている。

日本人が場を重視する理由としてはいろいろ考えられるが、ここでは二つのことを取り上げ、その背景にせまってみたい。一つ目は「技能形成のあり方」である。わが国の技能形成は、上司や先輩が経験を通して習熟した技や技能を未熟練者にＯＪＴを通して修得させていく方式がとられている。こうした現場における手取り足取り方式のＯＪＴを中心とする技能形成は、一方で修得技能の特殊性を高めるとともに、他方で労働者の個別企業への隷属性を高める。その結果、修得した技能は他社で活用できない非汎用的技能、すなわち企業特殊技能（firm specific skill）としての色彩が極めて強くなる。と同時に、修得技能の特殊性は労働者の労働移動の困難性を高め、わが国の労働市場を閉鎖的な内部労働市場へと導いていく。こうした技能の特殊性や内部労働市場の存在が、わが国の雇用システムの特質ともいうべき終身雇用、年功賃金、企業別組合の成立を可能ならしめた。日本人が職業を尋ねられて企業名を名乗る理由、すなわち場を重視する理由は、どうもこうした技能形成のあり方や閉鎖的な内部労働市場が影響しているものと考えられる。

「場」を重視するもう一つの理由は「生活共同体としての疑似的家の存在」である。日本人は、戦後の民主改革により家制度が解体されたにもかかわらず、自分の会社を「ウチ」の会社と呼び、会社を自分の家にたとえて表現することが多い。つまり、われわれ日本人は、会社を集団に対する意識の象徴としての「イエ（家）」としてとらえ、明確な社会集団の単位となっている。別の表現をするならば、会社が自分の家のように一種の「生活共同体」となっている。津田（1977）は、生活共同体を「個人がみずからの人生を送るにあたって消極的ないしは積極的に加入する集団[4]」と定義しており、人間が社会生活を営むうえで不可欠な存在である。つまり日本人の生活は企業を中心とする生活が最優先され、娯楽やスポーツ、レジャーまでもが自分が勤める企業の関係者と共有することが多い。まさに企業が生活共同体の場と化している。社宅や社員旅行、結婚・出産その他の慶弔金支給などは、企業の共同生活体化を促進させるのに直接・間接的に大きな影響をおよぼしている。

企業の共同生活体化や家族ぐるみの雇用関係は、一方で所属集団に対するコミットメントを高め、〝ウチ〟と〝ソト〟の区別を明確にするとともに、他方で資格よりも場を重視するようになり、会社を運命共同体としてみる企業意識を醸成させる。まさに、テンニェス（Tonnies, F）の提唱するゲマインシャフト（Gemeinschaft）の概念に近いものとなる。[5] 間（1996）も現代の日本企業、特に大企業は、従業員にとってゲマインシャフトの性格が強く、村落共同体のように、地域性と共同性を要件としていることを指摘している。

このような場の論理を優先する企業意識は、仕事や職業に対する誇りやアイデンティティともいうべき職業意識や職業倫理の醸成を阻害すると同時に、会社との一体化を促進させ、自分の会社を客観視できなくさせてしまう。昨今の企業の不正事件は、こうした場を重視する企業意識により企業戦士化ないしは会社人間化した人びとにより発生させられたものと思われる。

他律と自律から見た組織と個人の関係

組織と個人の関係を見ていく二つ目の視点は、「他律と自律」である。荒木（1973）によれば、日本人の行動様式を西欧のそれと比較する鍵概念として集団と個、あるいは他律と自律が極めて有効であるとしている。図表３－１からも分かるように、西欧社会は広大な草原を牧草を求めながら移動していく牧畜的移動社会がその中心となっていた。したがって、牧畜的移動社会は遊牧民に対

図表3－1　日本と西欧の社会的特徴の比較

【西欧の社会】	【日本の社会】
牧畜民的基礎文化	農耕民的基礎文化
↓	↓
牧畜的・移動的個人社会	農耕的・定住的共同社会（ムラ）
↓	↓
自律的個性（個の論理）	他律的個性（集団論理）
↓	↓
男性原理	幼児原理・女性原理

出所：荒木博之（1973）『日本人の行動様式』講談社現代新書、23頁

するイメージのごとく、個人社会が前提となっているとともに、そこではおのずと集団の論理よりも「個の論理」や「自律」が優先される。個は集団に依存することなく、自らの意思決定にもとづき行動する。つまり、個人は自律的な存在で、自らの専門性や知識を武器に生きていく術を身につけている。こうした自律性が個人の中に職業意識や職業倫理を萌芽させ、横断的な職業社会やコミュニティの形成へとつながっている。欧米の労働組合が産業別組合や職種別組合になるのはこうした理由からと考えられる。

それに対し、日本社会は水稲栽培を中心とする農耕的・定住的な共同社会、いわゆる「ムラ」であるため、村八分に象徴されるような集団の論理が絶対的価値となり、個人の自律性は許されない。つまり、日本の社会では、集団の論理が最優先され、集団の論理が組織メンバーの行動規範となり、個々人の行動を規制している。その結果、個人は集団に帰属し、集団の論理や集団で意思決定したことに従って行動することとなり、われわれは集団に依存する「他律的」な存在とならざるをえない。かつて、日本の農村で多く見られたユイ、寄分、講その他さまざまな名称で呼ばれた隣保制度は、こうした日本の農耕的・定住的共同社会の特徴を端的に物語っている。

と同時に、農耕的・定住的共同社会においては、原始母神、母なる大地につながるものとして農耕文化のなかに女性原理を見ることができる。[6] 女性原理は集団の論理に従う他律的行動を促すとともに、個人のなかにおける幼児性をも認める。まさに、土井健郎が提唱する「甘えの構造」に相通ずるものがある。日本人が職業を尋ねられた時に、企業名を名乗ってしまうのは、日本社会が集団の論理が支配する社会で、個人は集団に帰属し、集団の論理に従った「他律的」行動を起こしやすいことが作用していると考えられる。つまり、日本社会では集団に帰属し、集団の論理に従う「他律的」存在でいいという甘えが許され、「自律」する個が強く求められていないといえよう。

心理的契約の概念を通してみる組織と個人の関係

組織と個人の関係を見ていく三つ目の視点は「心理的契約」である。心理的契約（psychological contract）とは、Rousseau（1989）によれば、「当該個人と他者との間の互恵的な交換について合意された項目や状態に関する個人の信念」である。つまり、分かりやすく言うならば、組織と個人との間における相互の期待で、それに対して両者の間に合意形成がなされていると個人が感じているあるいは認めていることを指している。したがって、法律による契約と違って契約内容が細かく決められているのではなく、個人が抱いている感情や信念が極めて重要な役割を果たす。そういった

図表3－2　心理的契約の形態：取引的契約と関係的契約

心理的契約の形態	取引的契約	関係的契約
契約の焦点	経済的な側面	社会・心理的側面
契約の期間	定められている	定められていない
	短期的	長期的
契約の範囲	局部的・具体的	全面的・包括的
契約の安定性	静的	動的
契約の曖昧さ	明確で観察可能	曖昧で観察不可能
資源の特殊性	一般的な知識・スキル	企業特殊的な知識・スキル

出所：蔡芒錫（2002）「心理的契約の違反と人的資源管理システムの変革戦略」『組織科学』Vol. 35 No. 3、74頁

意味において、心理的契約は一種の暗黙の契約（implicit contract）といっても過言ではない。蔡（2002）は、Rousseauらの先行研究を踏まえ、個人と組織が結ぶ心理的契約を図表3－2のように、取引的契約と関係的契約の二つに概念分類している。図表からも分かるように、取引的契約は契約の焦点が経済的側面に重点が置かれており、契約期間も短く、技能も汎用性のある一般的な知識・技能が中心となっている。これは、横断的な労働市場をベースに、汎用性のある知識・技能に基づき有利な労働条件を求めて労働市場を自由に移動しようとする契約である。

それに対して、関係的契約は契約の焦点が社会・心理的な側面に置かれており、契約期間も定められておらず、長期の雇用関係が維持される。その主な要因は習得する技能が非汎用的な企業特殊技能（firm specific skill）であるため、労働移動が難しく、取引が長期におよぶ。しかも、契約の焦点が社会・心理的な側面に置かれ、契約期間が長期にわたるため、個人と組織との間には相互の信頼関係が生まれやすい。

図表3－3　心理的契約から見た組織と個人

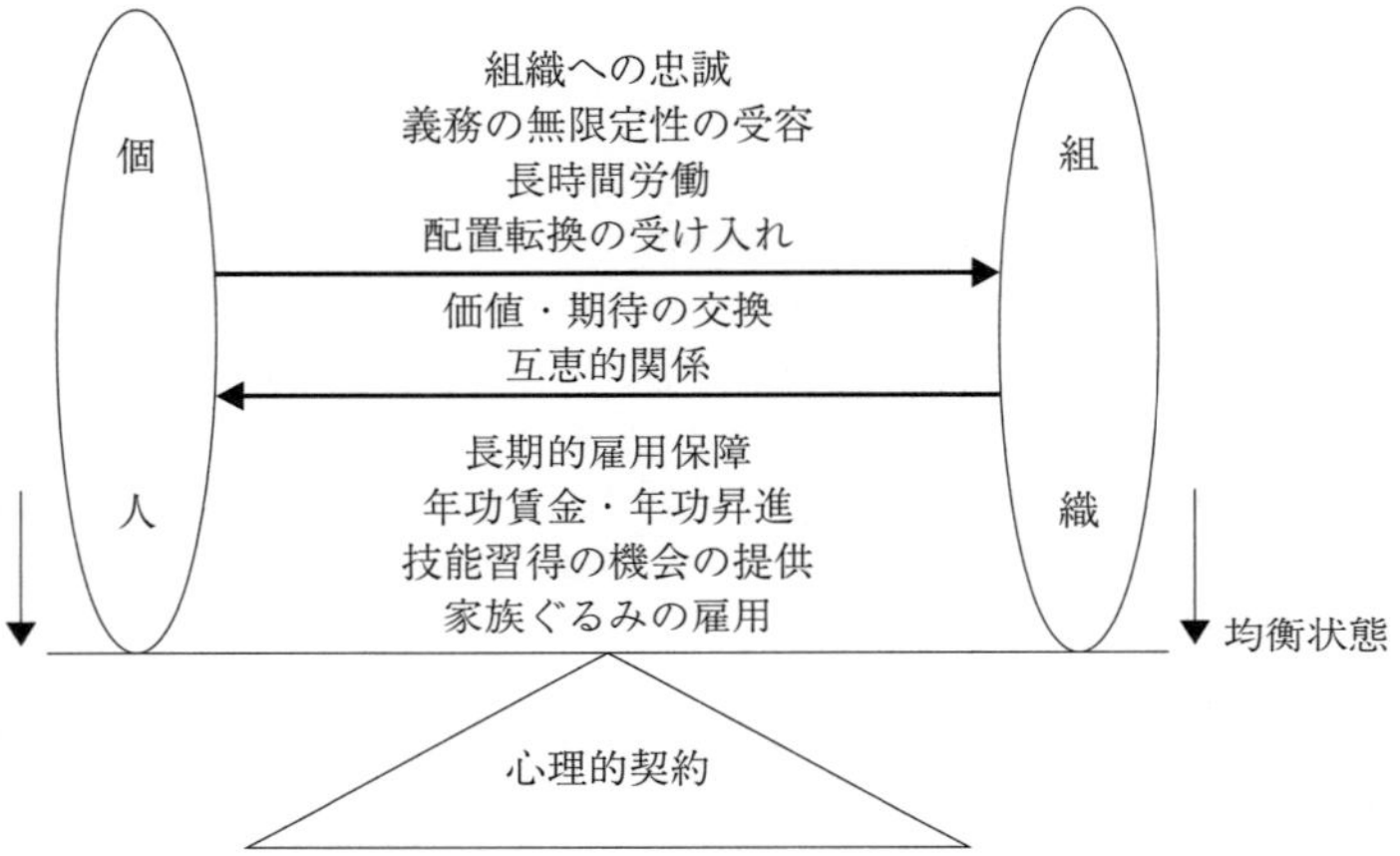

わが国における組織と個人の関係は、このような心理的契約、なかでも特に関係的契約を適用してみるとかなりの説得力をもって説明が可能となる。図表3－3はわが国における組織と個人の関係を心理的契約に基づき表したものである。図表3－3からも分かるように、個人は組織に対し忠誠を誓うとともに、自ら職務の範囲を拡大させ（義務の無限定性の受容）、長時間労働や配置転換をも受け入れている。いわばこれらは個人の組織への貢献ともいうべきものであり、当然その見返りとして組織が提供する誘因（incentive）が必要となる。組織が個人に提供する誘因としては、図表3－3にあるように、定年までの長期的雇用保障、勤続年数に基づく年功賃金・年功昇進の提供、OJTによる技能習得の機会の提供、社宅の提供や家族手当の支給などに象徴される家族ぐるみの雇用などがあげられる。個人が組織への忠誠や組

織との一体感を高めるのは、個人の貢献と組織の提供する誘因、すなわち相互の期待が一致ないしは均衡していると個人が認知することが前提である。図表3－3は個人の期待（貢献）と組織の誘因（期待）が均衡している状態を表している。

組織と個人の間の心理的契約は、こうした個人、組織相互の期待が均衡している（あるいは均衡していると認知している）ことが前提で成立し、維持される。したがって、均衡が崩れるような場合、つまり組織の提供する誘因が個人の期待にそぐわない場合は、契約不履行となり、個人の行動に大きな影響を及ぼすこととなる。ロビンソン（Robinson, S. L., 1996）や他の研究者による先行研究から、組織の契約不履行は個人の業績、組織市民行動(7)、組織への残留意思へマイナスの影響を及ぼすことが明らかとなっている(8)。組織の契約不履行が原因で心理的契約が成り立たなくなれば、当然その結果として、個人の組織への忠誠や一体感は失われ、個人の離転職行動へとつながる危険性がある。

以上、わが国における組織と個人の関係を「資格と場」、「他律と自律」、「心理的契約」という三つの視点から見てきたが、どうも日本人は組織と暗黙のうちに心理的契約を交わし、組織と感情的融和で結びつき、組織との一体感を醸成しているため、資格よりも場を重視し、組織を運命共同体としてとらえる傾向が強い。その結果、個人は個人の論理よりも組織や集団の論理を重視し、組織に従属した他律的存在としての色彩が強くなる。

こうした個人が他律的存在として組織と一体化しているような関係においては、人材マネジメントも全従業員を包摂した同質的・単一的管理が展開されてきた。第一章の図表1－9からも明らか

図表３－４　組織的管理を中心とした人材マネジメントのフレームワーク

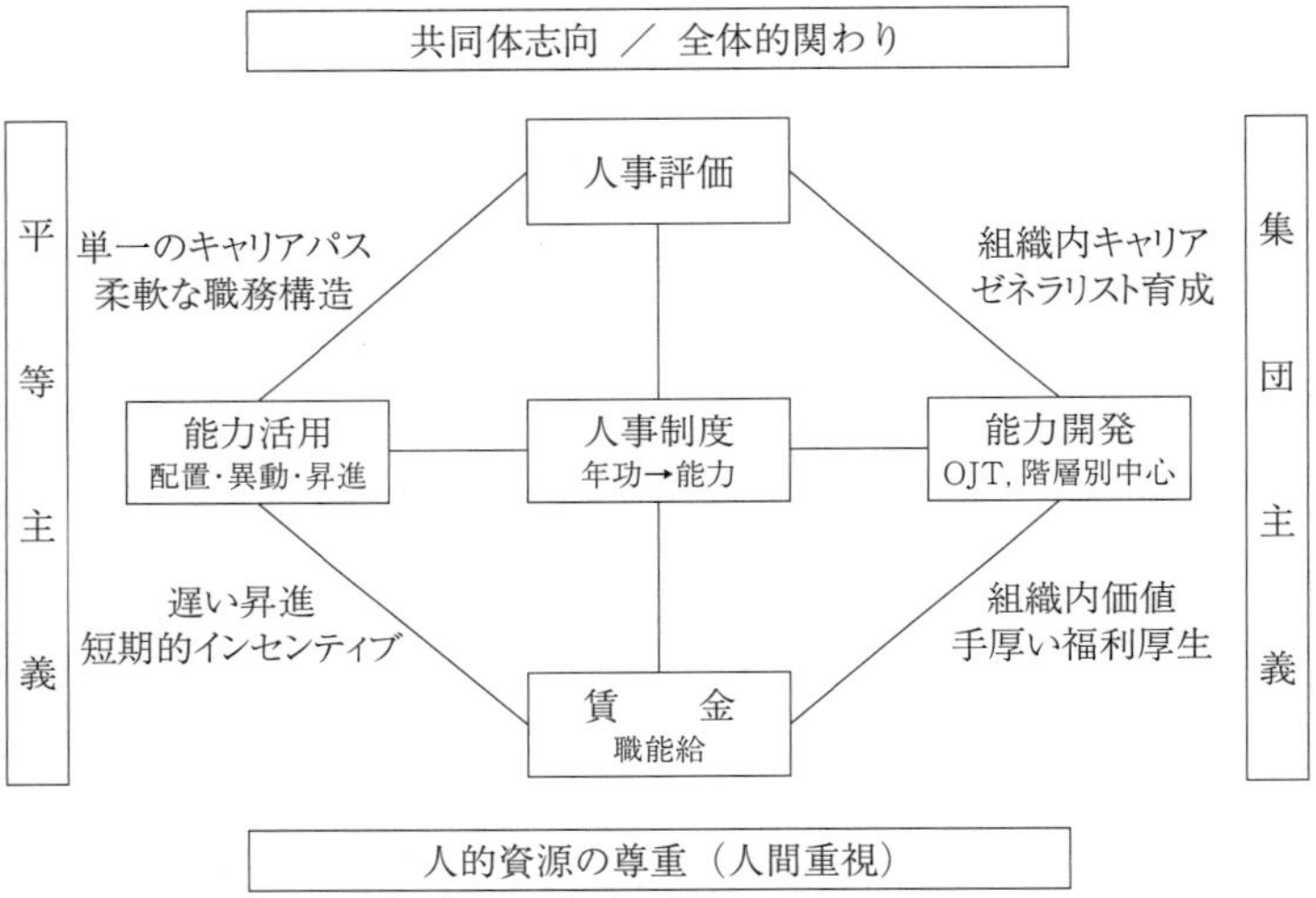

なように、人材マネジメントにおいては、組織の論理が最優先され、それでカバー仕切れないものを職制の長である管理職のリーダーシップで補ってきた。個人の自律性や主体性といったものは、ほとんど重視されず、あまり関心すら向けられなかった。

組織的管理を中心とする伝統的人材マネジメントのフレームワーク

このような場や集団の論理を重視し、心理的契約により個人を組織につなぎとめている組織的管理を中心とする人材マネジメントのフレームワークを示すと図表３－４のようになる。人材マネジメントの方向性としては、図表１－９の従来のマネジメント・コントロールの方向性に見られるように、組織の論理を中心に従業員をコントロールする求心力のエネルギーが強く働くとともに、人材マネジメントの基本的思想ともいうべき理念も、人的資源の重視、共同体志向、平等主義、集団主義におかれており、従業員間に不要な格差が生まれないよう同質的・単一的な運営管理が探求されている。制度的特徴としては、年功から職能に移行した人事制度を核に、人事評価、賃金、能力開発、能力活用（配置・異動、昇進）の四つのサブシステムが連動するよう設計されている。能力開発や能力活用の面では、人材の採用は新卒採用を中心に、入社後は柔軟な職務構造やジョブローテーションによりゼネラリスト、多能工の育成をはかっており、そこで習得する技能や能力も組織内キャリアを中心としている。もっと詳細に解説するならば、人材育成においては、ＯＪＴを中心に企業特殊技能がすり込まれ、階層別研修を通じて全体的な底上げ教育が実施されてきた。キャリア・パスも管理職になるための単一のキャリア・パスが存在しており、勤続年数（年功）を重視した遅い昇進管理が展開されてきた。

賃金に関しては、当初は年功賃金がとられていたが、職能資格制度の導入を契機に、能力主義的賃金へと移行した。そこでの賃金は人事評価の結果が反映された組織内での価値を基準に設定された賃金で、内部公平性（internal equity）は担保されているものの、外部競争性[9]（external competitiveness）に乏しいものとなっている。さらに、賃金を補完するものとして、社宅や独身寮などに象徴されるように、手厚い福利厚生が施されてきた。

こうした組織的管理に重点を置いた人材マネジメントが、個人の貢献に見合った誘因を提供しており、貢献と誘因の均衡が保たれ、心理的契約に必要な互恵的な交換が担保されている。互恵的交換に不協和音が発生した場合、すなわち組織の契約不履行が発生した場合は、心理的契約は無効となり、これまでの組織的管理を中心とする人材マネジメントは機能しなくなる。

2 契約不履行がもたらす人材マネジメントへの影響

個人サイドから見た契約不履行

近年、これまで機能してきた心理的契約が成り立たず、組織的管理に重点を置いた人材マネジメントが機能しなくなりつつある。そこで、次に心理的契約における契約不履行が起きていることを個人と組織の両面から見ていきたい。まず、個人サイドから見ていく。すでに第一章第三節で述べたように、若年層を中心に、仕事志向やプロフェッショナル志向が高まっている。仕事志向やプロフェッショナル志向の高い若年層は、コミットメントの対象が組織ではなく、自己の仕事や専門性、市場価値に置かれており、自己の専門性や市場価値が上がるならば、いともたやすく組織や会社を辞める。彼（彼女）らは、仕事を介して組織との緩い関係（ルースカップリング）を保っており、組織への忠誠や組織との一体化は望んでいない。若年層においては、中高年層のように、定年まで一つの会社にとどまり、職業人生を全うするような一社主義を志向するような人たちは少ない。とりあえず今勤めている会社にいるが、状況次第で、つまり自分の市場価値が高まるあるいは自己の専門性を評価してもらえるならば転職をも厭わない若年層が増加している。

一般的に、若年層の離転職行動は七・五・三現象と称される。これは中卒の七割、高卒の五割、大卒の三割が三年以内に退職することを指しており、フリーターの発生要因との関連で論じられることが多い。しかし、七・五・三現象に象徴される若年層の離転職行動は、ジョブとのミスマッチングや職業観の未確立などがその主な要因であり、本書における仕事志向やプロフェッショナル志向の高まりに起因する転職行動とは内容が大きく異なると思われる。

総務省「就業構造基本調査」（二〇一三年）によれば、年齢区分は分からないものの、大学・大学院の高学歴者の転職希望者数は、一九八八年からの五年間の一三万四二〇〇人から二〇〇八年からの五年間の四八万一二〇〇人へとこの二〇年間で三五万人以上増加している。特に、二〇〇三年以降の増加が著しい。もちろん大学への進学率が上昇しており、高学歴者の転職希望者が増えるのは当然のことであるが、転職希望者の大幅な増加傾向には、こうした若年層における仕事志向やプロフェッショナル志向の高まりが大きく影響しているものと思われる。これにより、心理的契約を支えていた基盤ともいうべき個人の組織への忠誠が堅持できなくなる。

また、帰属意識に関する先行研究からも心理的契約を支える基盤が崩れていることが見て取れる。関本・花田（1985）は、日本を代表する企業の従業員を対象に、帰属意識に関する調査を行い、帰属意識の因子として①組織の目標・規範・価値観の受け入れ、②組織のために積極的に働きたいという積極的意欲、③組織にとどまりたいとする残留意欲、④組織から得るものがある限り組織に帰属する功利的帰属意識の四つを抽出し、功利的帰属意識は若年層において強く、残りの三つの帰属意識は年齢が高くなるにつれ強くなることを明らかにした。彼らはさらに、クラスター分析を通じて帰属意識を五つに類型化しており、若年層には自己実現型、功利型が多く見受けられることを指摘している。(10)

こうした自己実現型、功利型の帰属意識に裏打ちされた若年層は、組織への忠誠よりも仕事への忠誠、組織への貢献よりも自己の業績、上司への貢献よりも自己の損得を重視する傾向が強く、図表3‐3における心理的契約の成立要因である義務の無限定性や自己の専門性が損なわれるような会社の人事権による配置転換は到底受け入れることができない。

さらに、若年層は仕事志向は高いものの、働き方においては仕事生活と非仕事生活との調和や両立志向が強い。一九六九年以来、日本生産性本部と日本経済青年協議会が行っている新入社員「働くことの意識」調査においても、仕事と私生活の両立を志向する者の割合が八割を超えており、若年層の仕事とプライベートの両立志向の強さが見て取れる。また、同調査において「人並み以上に働きたいか」との問いに対し、「人並みで十分」の割合がここ数年人並み以上に働きたいを上回っており、モーレツタイプの若者が減少している。

このような仕事と私生活との両立志向や人並みで十分という働き方を志向する若年層は、仕事志向が高いものの、中高年層のような企業戦士として長時間にわたって仕事に打ち込むような長時間労働は受け入れることが難しい。

以上見てきたように、個人サイドの仕事志向の高まりや組織に対する意識の変化により、図表

3－3に見られるような心理的契約の成立要件である従業員の組織に対する貢献を引き出すことができず、組織の期待に応えることができないため、契約不履行状態に陥ることとなる。

組織サイドから見た契約不履行

一方、組織サイドにおいてもさまざまな契約不履行が起こりつつある。まず取り上げなければならないのは、成果主義の浸透である。すでに第二章で述べてきたように、バブル経済崩壊後の一九九〇年代初頭あたりから大企業を中心に成果主義が導入された。成果主義は年俸制や役割・職務給の導入に見られるように、当初は管理職を対象に導入されたが、今では非管理職層においてもその導入が進んでいる。

成果主義が導入される以前は、年功賃金が導入されており、熟練の深まりを表す勤続年数とともに賃金が上昇し、個人の安定した生活基盤づくりに大きく貢献をしており、従業員の期待に応えていた。職能給の導入が進んだ一九七五年以降は、職務遂行能力の伸長度によって昇給の額（幅）は異なるものの、賃金の上昇は見られた。これにより一九五五年以降続いている毎年賃金が上がるという定昇制を有した賃金制度が堅持できていた。

しかし成果主義が導入されて以降、毎年賃金が上がるというロジックは否定され、個人の組織に対する期待が損なわれることとなる。成果主義とは、いわば時価主義的な賃金としての色彩が強いため、能力や成果といった価値が低下すればおのずと賃金もそれに応じてスライドする。こうした

図表3－5　雇用ポートフォリオ

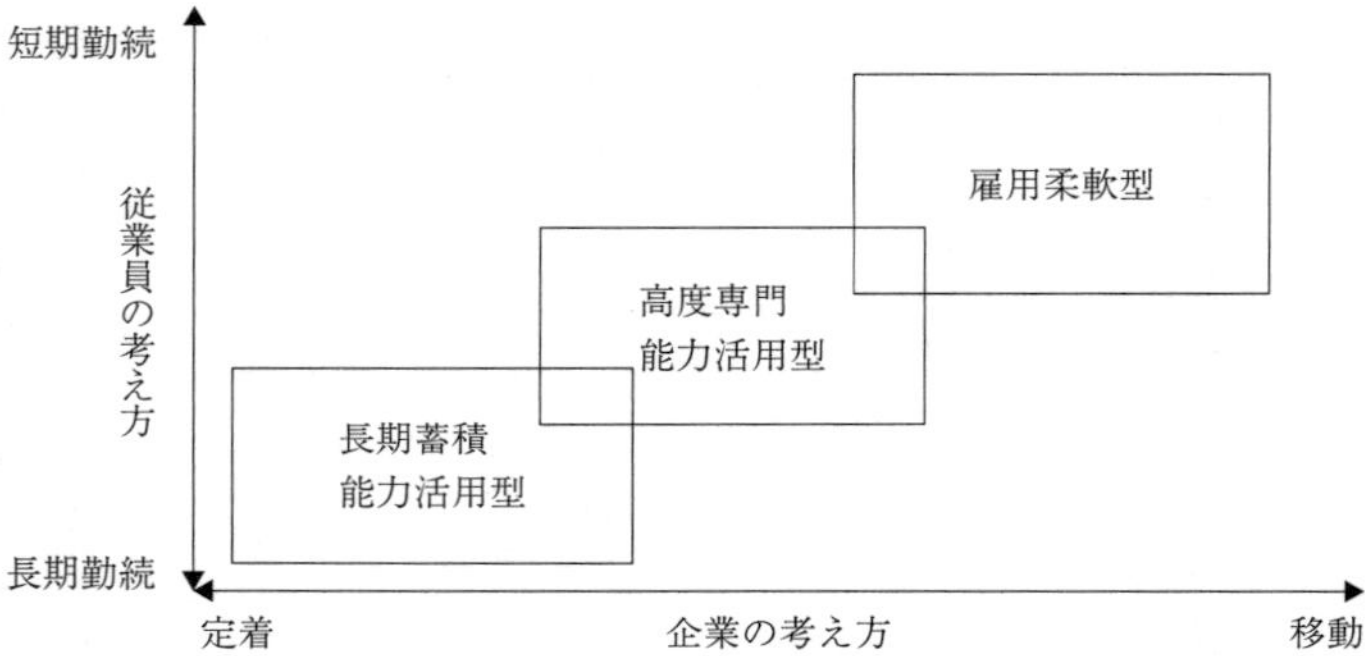

出所：日本経営者団体連盟（1995）『新時代の「日本的経営」』32頁

賃金が変動する可変的要素を含んだ成果主義は、心理的契約を支える年功賃金の提供やこれまでのような定昇制を有した賃金と異なり、従業員の安定した生活基盤づくりに寄与することができず、個人サイドから見れば契約不履行となる。

組織サイドの契約不履行をもたらす二点目は、雇用ポートフォリオの導入である。日経連（現・日本経団連）は、一九九五年に発表した『新時代の「日本的経営」』のなかで、図表3－5のような雇用ポートフォリオを発表した。長期蓄積能力活用型人材とは、終身雇用が適用され、企業固有の技能やコア・コンピタンスを習得させていく人材群で、これまでの正規雇用者が該当する。日経連の推測では、長期蓄積能力活用型人材は徐々に減少し、対象者は限定されていくとしている。当然、この人材群には職能給や年俸制などの賃金が適用され、なんらかの昇給制度が保証される。

それに対し、高度な専門性で雇用契約を交わす高度専門能力活用型人材群や人件費の変動費化の視点から導入される雇用柔軟型人材群は、日経連の推測によればかなり増加することが予想されている。こうした人材群は、いわば需要に応じて採用状況が変動する、いわばオン・ディマンド型人材で、契約形態も有期雇用契約となり、賃金も年俸制や成果給、時間給が適用される。

雇用ポートフォリオの導入は、これまで正規雇用者を中心としてきた要員構造を正規雇用者の数を減少させる一方で、需要に応じて調達する非正規雇用者を増加させていくもので、ストック型人材（正規雇用者）とフロー型人材（非正規雇用者）のベストミックスを目指している点に大きな特徴がある。実際、パート、アルバイトなどの雇用柔軟型の非正規雇用者は男女ともに増加しており、なかでも女性の非正規雇用者は女性労働者の約六割におよぼうとしている。高度専門能力活用型人材についてはデータが存在しておらず、その実態は把握できないが、昨今の雇用の流動化や若年層における仕事志向、プロフェッショナル志向の高まりなどから増加していると予想される。

このように、雇用ポートフォリオを導入し、正規雇用者の数を抑制しつつ、非正規雇用者の数を増加させていくということは、従業員に対して心理的契約に必要な長期雇用保障や技能習得の機会の提供が困難となり、組織と個人の間で期待の交換ができなくなる。つまり、組織サイドの契約不履行となる。

組織サイドの契約不履行をもたらす三点目は、福利厚生の見直しである。わが国においては、これまで長く経営家族主義が標榜されており、社宅や独身寮の提供、家族手当の支給などに見られるように、家族ぐるみの雇用が展開されてきた。このような家族ぐるみの雇用は、個人に対して施恩効果をもたらし、その返礼としての報恩につながり、組織への忠誠心やコミットメントを醸成する。まさに、組織と個人の間の心理的契約につながり、生涯雇用ともいうべき終身雇用を支えていた。

しかし、景気後退期に入っている現在では、家族ぐるみの雇用を可能ならしめてきた福利厚生を見直す企業が出てくるようになった。従業員の高齢化、それにともなう成人病の増加による医療費の高騰、厚生年金や健康保険の保険料の引き上げなどにより、福利厚生費が増加し、企業経営を圧迫することが懸念されている。そうしたなか、日本経済団体連合会の調査において、企業の任意で行う法定外福利を見直し、抑制する傾向が続いている。昨今の社宅、独身寮の売却や保養所の売却ないしは外部委託、さまざまな諸手当の統廃合など、福利厚生のあり方を見直す動きが活発化しつつある。企業によっては、リクルート社のように、福利厚生を廃し、その原資を従業員に対する成果配分やインセンティブの視点から、賞与原資へと移し換える企業すら出始めている。

こうした福利厚生の見直しの動きは、これまでの経営家族主義の象徴ともいうべき家族ぐるみの雇用維持を困難にさせてしまい、個人サイドから見た場合、企業が提供してきた期待（ベネフィット）を得ることができず、契約不履行となる。

以上の点から、これまでの組織的管理を中心とする人材マネジメントは、それを支えてきた個人と組織の心理的契約が個人、組織の両サイドにおいて契約不履行な状態に陥っており、お互いの期待を充足できず、機能しなくなりつつある。今後は若年層を中心に広がりつつある仕事志向やプロフェッショナル志向の高まりに呼応するとともに、個人と組織の新たな関係のあり方を模索しつつ、個人の自律性を尊重する人材マネジメントに転換していかなければならない。

3　個人の自律的管理を重視した人材マネジメント

全人格的関わりから部分的関わりへ

組織的管理を中心とする人材マネジメントは、個人の組織へのコミットメントをベースに個人と組織が一体化した共同体志向のもとで展開されてきた。したがって、人材マネジメントは個人の組織に対する「全人格的な関わり」が前提となっており、個の論理よりも組織の論理が優先され、従業員全員を包摂し、同質的集団としてみなす一元的管理が実施・展開されてきた。個人の自律性や主体性といったものには、ほとんど関心が向けられることはなかった。

しかし、これまで何度も言及してきたように、若年層はその価値観や勤労観が多様化し、組織に対するコミットメントが低下し、仕事を介して組織とのルースカップリング（緩い関係）を希求している。彼（彼女）らのコミットメントの対象は仕事内容や自己の専門性にあり、当然志向性においても仕事志向やプロフェッショナル志向が高い。働き方においても、セルフコントロールを原則に自律的な仕事の進め方を強く望んでいる。これまでの人材マネジメントが個人と組織の全人格的な関わり方を前提としていたのに対し、彼（彼女）らは組織との「部分的な関わり」を希求する。

部分的な関わりを望むということは、これまでのような自己の仕事範囲を自発的に拡大するという義務の無限定性を快く受け入れることには抵抗を示し、むしろ自己の職務範囲（ジョブテリトリー）や責任範囲を特定することを望む。つまり、これまでのような暗黙の心理的契約ではなく、自己の仕事や責任範囲を明確にした契約を交わすことを望む。したがって、自己の専門性が深まったり、あるいはプロフェッショナルとしてのキャリア形成が可能となるような異動は受け入れても、これまでのようなゼネラリストや多能工の育成に向けたジョブローテーションや人事異動なども困難とならざるをえない。

二重コミットメント

さらに、こうした組織との部分的関わりを望み、仕事志向、プロフェッショナル志向の高い若年層やホワイトカラーには、組織コミットメントとプロフェッショナル・コミットメントのいわゆる二重コミットメントが大きな問題となる。このような二重コミットメントは、自分が所属する組織以外に、自分の専門性や市場価値を高めるために、外部の専門家集団や団体、学会などにも所属するといった形で具現化する。また、彼（彼女）らは、単に外部の専門家集団に所属するだけでなく、そこにおける自らの評価や評判といったものに対し高い関心をもっている。

太田（1993）は、プロフェッショナルは組織に対しては必要な範囲でコミットをし、専門分野あるいは専門家社会には最大限のコミットをすると指摘している。(11) つまり、太田によれば所属組織からの要請と自分の専門分野への貢献が対立した場合、専門分野への最大限の努力はするものの、組織に対しては限定的にコミットすることとなり、組織成果の極大化は望めなくなる。所属する組織より得るものがなくなれば、組織に対する限定的なコミットメントすら放棄し、他の組織へ転職してしまうことが危惧される。

それに対し、申（2002）の研究によれば、二重コミットメントに対しては組織志向とプロフェッショナル志向の双方が影響を及ぼすものと考えられていたが、研究結果よりプロフェッショナル志向よりも圧倒的に組織志向の影響の方が強いことが明らかとなっている。つまり、個人がキャリアの上で重視しているのは、〝社内で認められたい〟、〝社内で高い地位に就きたい〟といったことで、自分のキャリアを所属している組織とは切り離して考えてはいないということである。

太田と申の主張は、一見相反するようであるが、太田自身もプロフェッショナルの一定の水準を超える貢献を引き出すために、組織によるプロフェッショナルの取り込みが必要であることを指摘しており、プロフェッショナルの組織内での活用にも言及している[12]。言い換えるならば、太田はプロフェッショナルも組織内でのキャリア形成が必要であると主張しており、両者の主張には大きな違いは見られない。ただし、太田は、プロフェッショナルの過度の組織への取り込みは、プロフェッショナルとしての貢献度が低下し、組織効率が低くなることに警鐘を鳴らしている点に留意する必要がある。

このように、今後の人材マネジメントにおいては、二重コミットメントにも十分配慮し、プロフ

図表3－6　自律的管理を中心とする人材マネジメントのフレームワーク

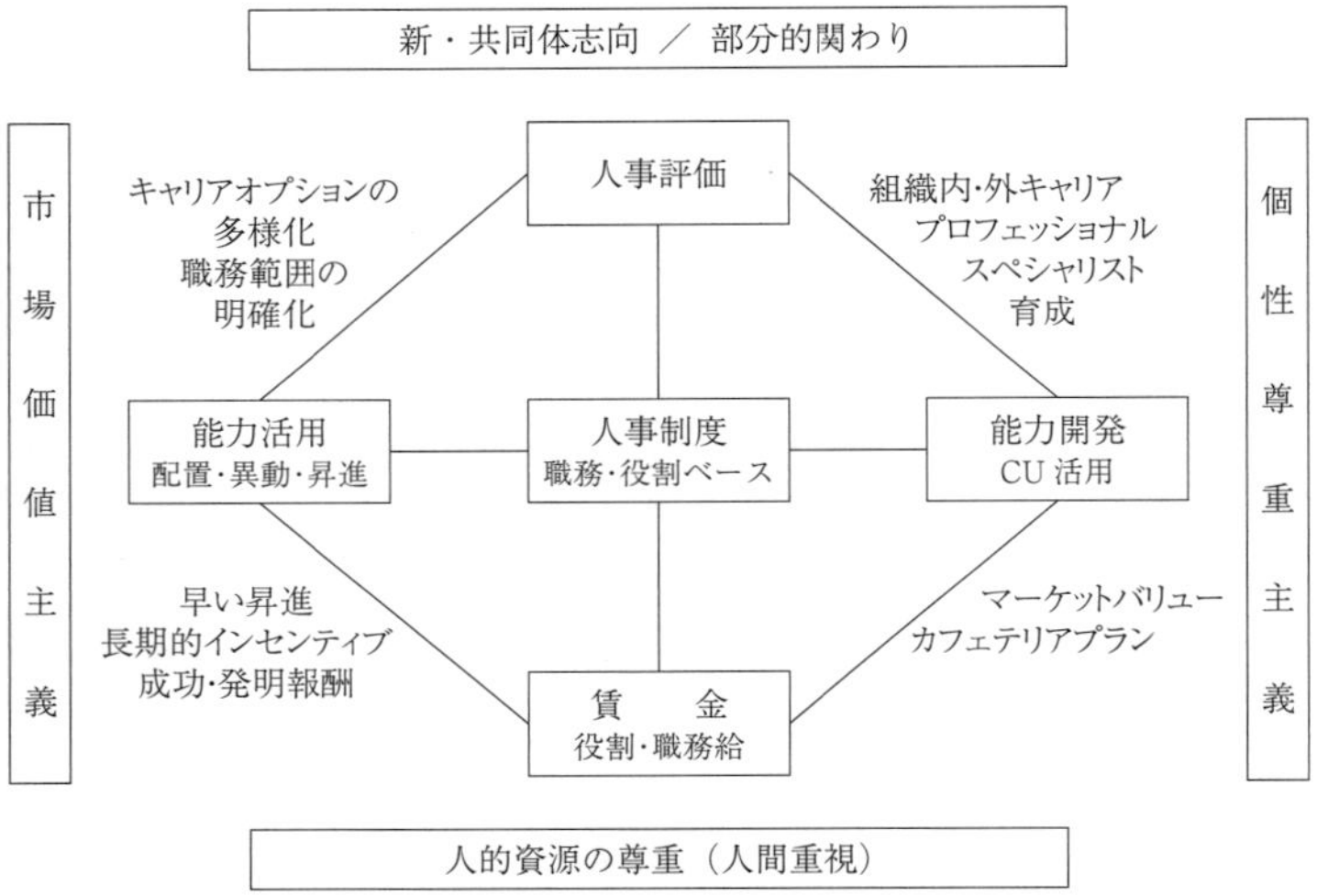

エッショナル・コミットメントの高い人が外部の専門家集団・団体に所属しつつ、自己の専門性や市場価値を高める目的で転職しないよう組織につなぎ止めておくことが求められる。つまり、そうした高い専門性と市場価値を有した人材の組織内での活用やキャリア形成をはかっていかなければならない。そのためには、従来の組織的管理を中心とする人材マネジメントのあり方を見直し、個人の自律的管理を重視した人材マネジメントへ大きく転換していかなければならない。

個人の自律的管理を重視した人材マネジメントのフレームワーク

個人の自律的管理を重視した人材マネジメントのフレームワークを示すと図表3－6のようになる。まず人材マネジメントの方向性としては、図表1‐9における今後のマネジメント・コントロールの方向性に見られるように、個人のセルフマネジメントを優先し、個々人の個性や主体性、創造性が発揮できるようディベロップメント思想に基づくマネジメントが展開される。これは従来の求心力によるマネジメントに対して、遠心力のマネジメントというべきもので、コマのように、組織の内側から外側に向かって組織エネルギーが拡散・増幅されていく。

人材マネジメントの基本的思想ともいうべき理念も、根幹の人的資源の重視は変わらないものの、共同体志向は個人と組織間の関係がwin‐winになる「win‐win志向」へ、平等主義が個人の専門性やマーケット・バリューを重視した「市場価値主義」へ、集団主義は個々人の個性や自律性を重視した「個性尊重主義」へと変化する。

一方、制度的特徴としては、組織的管理を中心とした人材マネジメントと人事制度のコンポーネント（構成要素）は大きく変わらないが、各制度における中心的価値ともいうべき基準が大きく変化する。人材マネジメントの骨格ともいうべき人事制度は、従来の制度が職能をベースとしていたのに対し、新しい人材マネジメントは役割・職務がベースとなる。人材の採用はこれまで通り、新卒採用がベースとなるが、徐々にオン・ディマンド型の採用、すなわち中途・キャリア採用に切り替わっていく。採用後は職務範囲を明確に特定した仕事が与えられるとともに、OJTやOff‐JTを通じて職務に必要な能力や専門性を習得させるとともに、必要に応じて外部へのトレイニー派遣を通して汎用性のある高度な専門性を習得できる機会を与えていく。これまでのようなジョブローテーションによる人材育成は減少し、代わりにプロフェッショナルやスペシャリスト育成に向けたジョブローテーションが実施される。キャリア・パスに関しても、従来のような管理職に向けての単一のキャリア・パスではなく、個人のキャリア・デザインに基づき、キャリア選択が可能となるよう多様なキャリア・オプションが用意されることとなる。

処遇や報酬面では、賃金の外部競争性（external competitiveness）を考慮に入れ、市場性を反映した賃金の導入や、個人の著しい貢献（employee contribution）に応じた成果報酬や発明報酬なども導入していく必要がある。当然昇進に関してもこれまでのような年功（seniority）を重視した遅い昇進ではなく、業績や成果に応じた早い昇進へと切り替えていく必要がある。

こうした個人の自律的管理を重視した人材マネジメントを展開することにより、仕事志向やプロフェッショナル志向の高い若年層やホワイトカラーの組織内でのキャリア形成を可能とし、組織への定着性が高まるものと思われる。そういった意味において、個人の自律的管理を重視した人材マネジメントは彼（彼女）らに対するリテンション策としての機能を果たすことが期待される。

4　変化するミドルの役割

キャリア・アドバイザー・メンターとしてのミドル

ところで、個人の自律的管理を重視した人材マネジメントの展開の実効性を高めていくためには、制度やシステムといったハードの設計だけでは不十分である。人材マネジメントが実際に展開されるラインにおけるミドルのあり方も大きく変わっていかなければならない。従来のミドルは、組織の目標達成に向け、目標管理制度（ＭＢＯ）の徹底と部下に対する指導を行っていればよかった。その際、対象となる部下は、組織に対する帰属意識が強く、上司の指示に従う組織依存型の人材であった。しかも、そうした部下たちは、自らのキャリア・ビジョンを必要とせず、ただ組織が設定したキャリア・パスといったレールの上をたどっていけば自己の成長が可能であった。つまり、人材育成の責任は企業サイドにおかれており、個人の主体的キャリア・デザインは必要とされていなかった。

しかし、今の時代においては、図表１－９に見られるように、個人のセルフコントロールに基づく自律的管理が求められている。したがって当然、キャリア形成においても個人の自律的なキャリア・デザインに基づくキャリア形成が求められる。従来の人材育成の考え方と異なり、今の時代においては人材育成の責任は個人サイドにあり、必要なものを組織がバックアップしていく。とはいえ、環境が激変しており、先行き不透明な現代においては、個人が自らのキャリアをデザインしていくことは極めて難しい。

そこで、必要となるのがミドルの存在である。ミドルはこれまでの自己の経験と組織が必要とする人材像に照らしながら、部下やフォロワーのキャリア形成の指針となるようなアドバイスを、部下のキャリア・ステージのターニングポイント、いわゆるキャリア・トランジッションにおいて行っていく必要がある。そうした意味において今日のミドルの役割は、トップの方針を組織のメンバーに上意下達で伝えるコミュニケーションのパイプ役といったこれまでの役割に加え、キャリア・アドバイザーないしはロールモデルとしてのメンターといった新たな役割を担っていくこととなる。ただ、ここで留意する必要があるのは、対象となる部下がこれまでのようなミドルの指示をうけて行動する受動的な存在ではなく、自己の専門性や主体性でセルフコントロールの原則に基づき、意思決定や業務遂行ができる自律的な存在に転身している点である。従って、これまでのような影響力の行使のあり方と異なる方法が必要となる。つまり、従来のミドルに求められるリーダーシップで論じられてきたようなリーダーが望む方向に部下を引っぱっていくといったリーダシップ・スタイルより、むしろ部下やフォロワーが自分の行きたい方向や自らのキャリア形成の方向に進めるようアドバイスや後押しをしていくといったスタイルが求められる。

コーチングとメンタリングの比較

こうしたアドバイス、後押しといった影響力行使の仕方は、コーチングやメンタリングと類似している。本書では、ビジネスシーンにおけるコーチングを「対話を重視し、部下やフォロワーが目標達成に必要なスキル、知識、思考を身につけ、目標達成に向けて行動することを支援する」ことと定義したい。一方、メンタリングは「より経験を積んだ年長者（メンター：上司）がプロテジェ（部下やフォロワー）に対してロールモデルを演じ、個人の成長とキャリア形成の支援を行う」ことで、「キャリア的機能」と「心理・社会的機能」の二つの機能から成り立っている。[13] キャリア的機能は、主として組織階層の上昇を支援するのに作用し、心理・社会的機能は、組織の内外で自己の価値を築くことによって専門家としての役割やアイデンティティを確立することに作用する。

ところで、コーチング、メンタリングの両者は、部下やフォロワーが有力（実力があり）で、自律した存在と位置づけられている点、さらには部下やフォロワーとの関係においてヨコの関係、すなわち協働的関係であるという点では共通しているが、次のような点において両者には違いが見られる。まず一点目は組織成果との関連であるが、コーチングは組織成果との関連性は強いものの、メンタリングはキャリア支援がメインであるため、その関連は弱い。違いの二点目は、コーチングは支援内容が組織内の個人を中心にしているのに対し、メンタリングはキャリア支援や心理・社会的支援を通して個人から組織、社会への広がりをもっており、両者には違いが見られる。

以上の点から、ミドルはセルフコントロールをベースにした自律的管理により業務遂行を行う部下やフォロワーに対して、メンタリング機能を有効活用することが望まれる。

また、同様に、個人の自律的管理を重視した人材マネジメントを効果的に展開していくためには、マネジメントの現場において、ミドルがコーチング機能を発揮し、自律的存在である部下やフォロワーに対してキャリア・アドバイザーやロールモデルとしてのメンターといった新たな役割を果たしていかなければならない。

注

（1）本節の「組織と個人の関係」については、拙著『働く意味とキャリア形成』（勁草書房、二〇〇七年）第三章「企業意識と職業意識」を参考に記述している。
（2）太田肇（1994）『日本企業と個人』白桃書房、三八―四二頁。
（3）中根千枝（1967）『タテ社会の人間関係』講談社、二六頁。
（4）津田眞澂（1977）『日本的経営の論理』中央経済社、一三九頁。
（5）テンニェスは、人びとの意志関係を持続的な真実の共同生活を意味する「ゲマインシャフト」と機械的な集合体・人工物としての「ゲゼルシャフト」に分類している（詳しくはテンニェス（杉之原寿一訳）『ゲマインシャフトとゲゼルシャフト』理想社、一九五四年を参照のこと）。
（6）荒木博之（1973）『日本人の行動様式』講談社現代新書、二五頁。
（7）組織市民行動（organizational citizenship behavior）とは、役割や職務内容規定として遂行すべき要件でないことは進んで行うことを指しており、役割外行動あるいは自発的行動と呼ばれている（詳しくは田中堅一郎（2004）『従業員が自発的に働く職場をめざすために』ナカニシヤ出版を参照のこと）。
（8）服部泰宏（2011）『日本企業の心理的契約――組織と従業員の見えざる約束』白桃書房、四〇頁。
（9）Milkovich & Newman は、賃金モデルとして internal equity（内部公平性）、external competitiveness（外部競争性）、employee contribution（従業員貢献対応性）、Administration（運営管理）の四つの要素をあげている（詳しくは Milkovich, G. T. & Newman, J. M., (1996) *Compensation*, Irwin, pp. 11-17 を参照のこと）。
（10）関本昌秀、花田光世（1985）「一一社四五三九名の調査分析にもとづく企業帰属意識の研究（上）」『ダイヤモンド・ハーバード・ビジネス』一一月号。、八九―九〇頁。

（11）太田肇（1993）『プロフェッショナルと組織』同文舘出版、五六―五七頁。
（12）太田、前掲書、五七―六二頁。
（13）詳しくはK・E・クラム（渡辺直登・伊藤知子訳 2003）『メンタリング』白桃書房、第二章「メンタリングの機能」を参照のこと。

第四章　自律的管理の実現に向けたインフラ整備とコアとなる制度

1　個人と組織の win - win な関係づくり

組織と個人の win - lose な関係

環境が激変するなか、人材マネジメントのあり方も大きく変化している。これまでの人材マネジメントでは、図表1－9に見られるように、組織の論理を最優先し、組織の目標達成に向け、職制を通じて管理職による組織メンバーを統率するリーダーシップが発揮されていた。組織の構造においても、ピラミッド構造に見られるように、ヒエラルキー（hierarchy：階層性）が重視され、ピラミッドの上層部の経営者やミドル層の管理職に権限が集中していた。したがって、当然、情報も一元的に管理され、経営陣や管理職層に集中しており、組織の末端のメンバーに意思決定に必要な情報は開示されていない。その結果、組織メンバーは上司やリーダーの指示や与えられる情報に基づ

図表4－1　組織と個人の win - lose な関係に基づく人材マネジメント

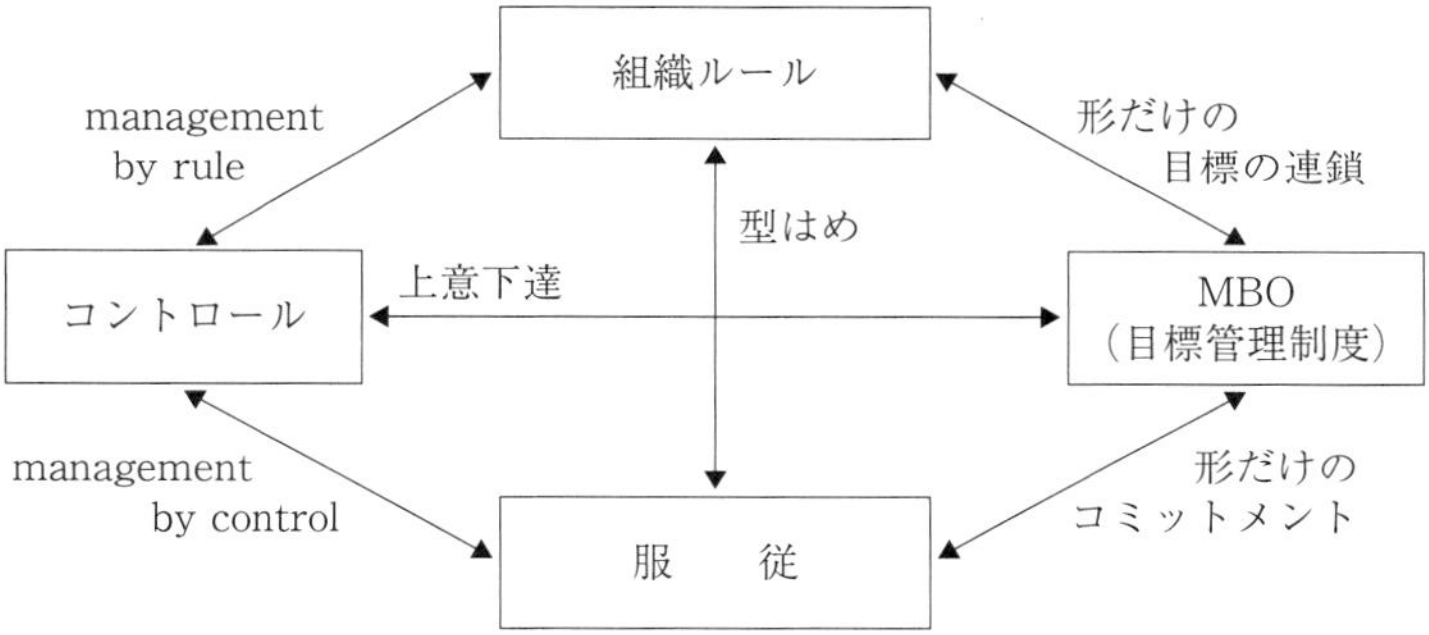

出所：バートレット，C. A. & ゴーシャル，S.（1999）（グロービスマネジメント・インスティテュート訳）『個を活かす企業』ダイヤモンド社、129頁に大幅に加筆修正

き、意思決定や行動をせざるをえない。

このような人材マネジメントが展開される状況下では、組織そのものが静態的になり、時間の経過とともにクローズド・システムに陥り、市場や技術などの変化にうまく適応できなくなってしまう。いわゆる大企業病の発生である。大企業病とは、立石電機（現・オムロン）の創業者の立石一真氏が提唱したものであるが、組織の環境適応力が低下することを意味している。東洋医学に精通していた立石氏は、こうした大企業病を針治療にたとえて「痛感力の減退」と述べているが、まさに的を射た表現である。特に、成功神話が生き続けているような企業や歴史の古い企業などにおいては、おごりや安心感が生まれやすく、ややもすると大企業病に陥ってしまう危険性が高い。

こうした人材マネジメントのもとでは、図表4－1に見られるように、組織メンバーは、上司に目標管理制度（MBO）を通じてコントロールされるとともに、厳しいルール運営のもとで型にはめられ、日々マネジメントされている。その結果、部下（組織メンバー）は上司や組織に服従する存在となり、第三章で述べてきたように、資格や専門性よりも「場」を重視したり、上司や組織に依存する「他律的」存在となってしまう。したがって、組織と個人の関係も win - lose になってしまい、個人の自律性や自発性、さらには創造性までもが阻害されてしまう。

これまで何度も述べているように、ボーダレスな地球規模での競争に打ち勝ってゴーイング・コンサーンとして生き残っていくためには、個人の自律性を高め、創造性を発揮することにより、付加価値の高いサービスや製品を開発していかなければならない。そのためには、組織と個人の関係を win - win にするとともに、セルフマネジメントの原則を中心に職務遂行できるような人材マネジメントにパラダイムシフトしていく必要がある（図表1 - 9参照）。組織イノベーションとは、こうした個人と組織の win - win の関係から生まれる。

なるほど、確かにこれまで組織マネジメントにおいて組織の硬直性を排除したり、階層性からくる意思決定の遅れを克服すべく、いくつかのチャレンジが試みられてきた。組織マネジメントの変革に向けたチャレンジの方向としては、大きく二つに分けられる。一つ目は組織のフラット化である。組織のフラット化とは、文鎮型組織に象徴されるように、組織の階層を減らし意思決定の迅速化をはかるものである。階層が減ることで稟議制度による集団的意思決定の弊害や階層を通じた上意下達による情報伝達はなくなると思われるが、組織メンバーの組織や上司への依存性は残ったままで、個人の自律性や自発性を高めるといった根本的な問題解決には至っていない。組織と個人の関係も win - lose のままである。

二つ目の変革の方向性はプロジェクトチームやタスクフォースに象徴されるように、テーマや課題に応じて組織横断的に組織メンバーが調達・編成され、プロジェクト形式で仕事が展開されるという新たな仕事のやり方の導入である。個人の専門性が活かせる点やチャレンジングなテーマや課題に挑戦できる点などの面においては、一見、個人の自律性や自発性が促されているように見えるが、目標達成に向けたあくまでも暫定的な組織であるがために、成果をあげることが優先されたり、プロジェクトリーダーに大きく依存することとなる。その結果、やはり、組織と個人の関係は win - lose になってしまう。同様に、効率的な組織マネジメントを展開すべく、利益管理を徹底するプロフィットセンター（PC）を設置したり、より優れた事業展開が行えるよう戦略的事業単位（Stategic Business Unit: SBU）を設置するなどの組織の変革が試みられた。しかし、これらも従来の組織マネジメントをより効率的なものへと転換していくことが主たる目的となっており、残念ながら個人の自律性や自発性を促すものとはならず、組織と個人の関係は依然として win - lose のままである。

エンゲージメントの援用

組織と個人の関係を win - lose から win - win に転換していくためには、二つの視点が必要である。

一つは組織と個人の関係に関する表記を個人を先にもってきて「個人と組織」の関係と置き換えることである。従来の表記である組織と個人の関係では，図表1－9に見られるように，求心力のマネジメントが働き，あくまでも組織が優先され，個人は組織に帰属する存在となり，個人の自律性や自発性，主体性といったものは組織の論理や目的重視のなかで，その必要性が認識されなくなる。つまり，組織あっての個人となってしまう。それに対し，個人と組織の関係といった表記においては，個人がマネジメントの前提となっており，図表1－9に見られるように，遠心力のマネジメントが働き，個人のセルフマネジメントを中心に人材マネジメントが展開される。つまり，個人の自律性や自発性に基づき，セルフコントロールの原則で仕事が展開される。組織イノベーションとは，こうした個人の自律性や自発性によって誘発される。

もう一つの視点は「エンゲージメント」の援用である。最近，個人と組織がインタラクティブな関係を構築し，ともに成長していき，その組織に留まりたいと思えるような魅力あるマネジメントの概念としてエンゲージメントが注目されている。エンゲージメントの概念は，一九九〇年頃からアメリカの経営・人事コンサルティング会社を中心に使われはじめ，個人と組織のインタラクティブな関係構築の有効な手段と考えられている。辻下（2007）は，エンゲージメントを「企業の業績に結び付く，組織と個人の強い結びつき」と定義しており，舞田（2009）は「エンゲージメントを社員が幸福で会社に愛着を持ち，成果を上げて貢献しようと思うこと」と定義している(1)。また，コンサルティングファームのHUMAN VALUEは，エンゲージメントを「組織と個人が一体となって、双方の成長に貢献しあう関係」と定義している(2)。

これらの定義に共通する要素や内容を整理してみると、次のようになる。

・企業の成果・業績と関連
・個人と組織の強い結びつき
・個人と組織が一体化
・組織に対する愛着
・個人、組織双方の成長に貢献しあう（インタラクティブ）

以上の共通する要素を踏まえて、本書ではエンゲージメントを「個人が組織に愛着をもち、お互いの信頼関係に基づき個人と組織が一体となって、双方の成長に貢献しあうインタラクティブな関係づくり」と定義しておこう。この定義からも分かるように、エンゲージメントとは、個人は組織に愛着をもち、成果を上げて貢献することを約束し、組織はそうした個人の貢献に報いることを約束するものである。つまり、エンゲージメントとは、図表4－2に見られるように、個人と組織の相互信頼に基づき、個人、組織双方の成長に貢献しあう関係であり、エンゲージメントを理解するキーワードは相互信頼とインタラクティブ性である。

このようなエンゲージメントを導入・浸透させるためには、エンゲージメントを理解するキーワ

図表4－2　エンゲージメントの概念

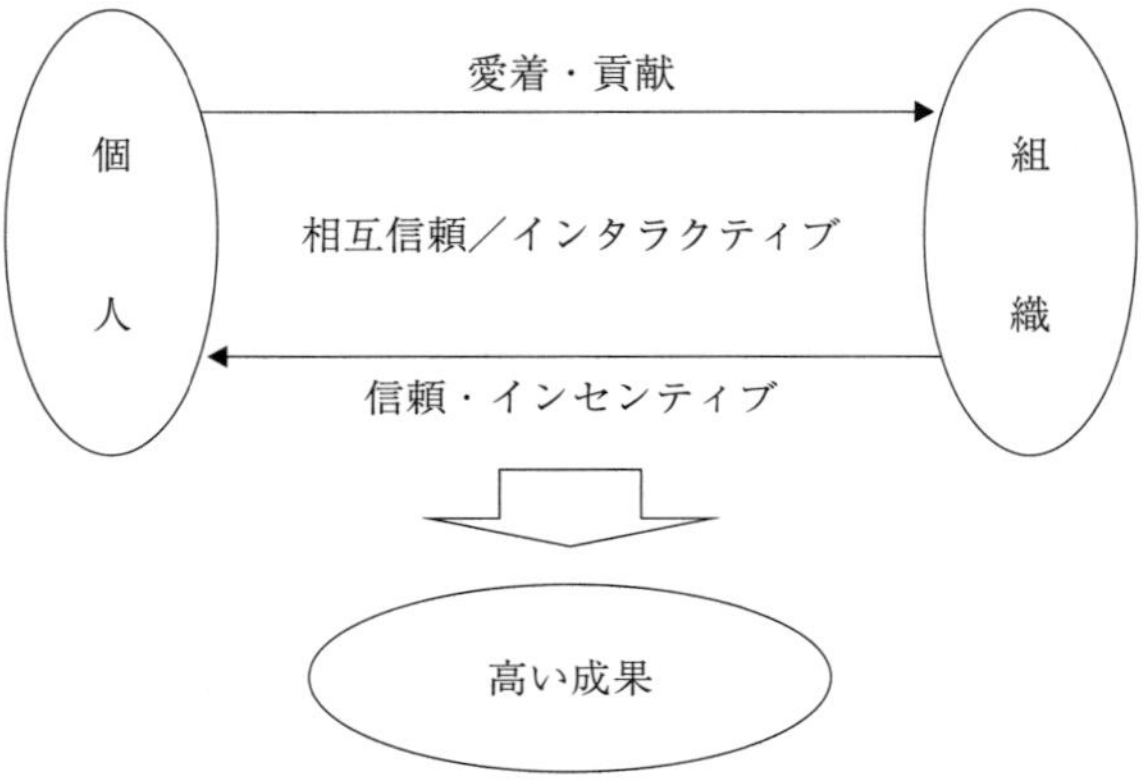

ードである相互信頼とインタラクティブ性といった二つの要素をエンゲージメントの確立に向けた人事施策として構築していく必要がある。リクルートマネジメントソリューション（RMS）は、二〇〇八年に首都圏の二〇代から四〇代のホワイトカラー正社員一五〇〇名を対象に、エンゲージメントに関するインターネット調査を実施した。調査においてエンゲージメントの確立に有効と思える一九の施策を提示し、因子分析の結果から各施策は次のように四つに分類された(3)。

【エンゲージメントの確立に有効と思われる施策】
①安全欲求充足施策
②親和欲求充足施策
③承認欲求充足施策
④自己実現施策・金銭報酬

こうした四つの施策は、マズロー（Maslow, A. H.）の欲求階層説をなぞったものであるが、各施策の概要

図表4－3　エンゲージメントの確立に有効な施策

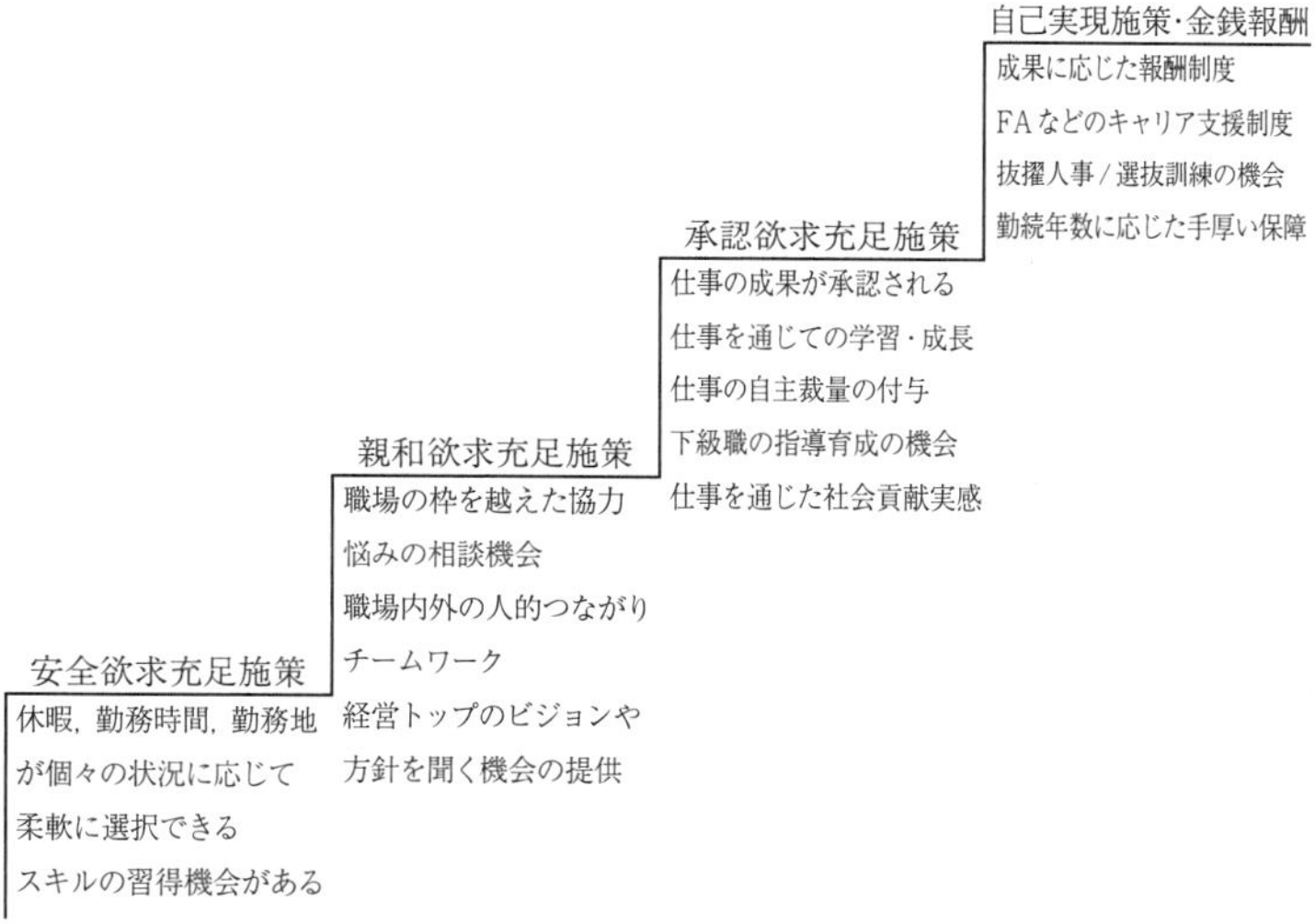

出所：組織行動研究所研究員尾野裕美、小野泉による研究レポート「エンゲージメントを確立するためには」を参考に作成

を示すと図表4－3のようになる。

個人と組織のwin‐winな関係を目指して

マネジメントの焦点を個人にあて、エンゲージメントの概念を援用して個人と組織の関係をwin‐winな関係にしていくためには、これまでの人材マネジメントの枠組みやパラダイムを転換していかなければならない。従来の人材マネジメントでは、図表4－1からも分かるように、マネジメントの前提が組織におかれており、個人はただ組織に隷属する存在とみなされている。したがって当然、個人は組織の論理に基づきコントロールされる対象で、組織と個人の関係はwin‐loseになる。

図表4－4　個人と組織の win - win な関係を志向する人材マネジメント

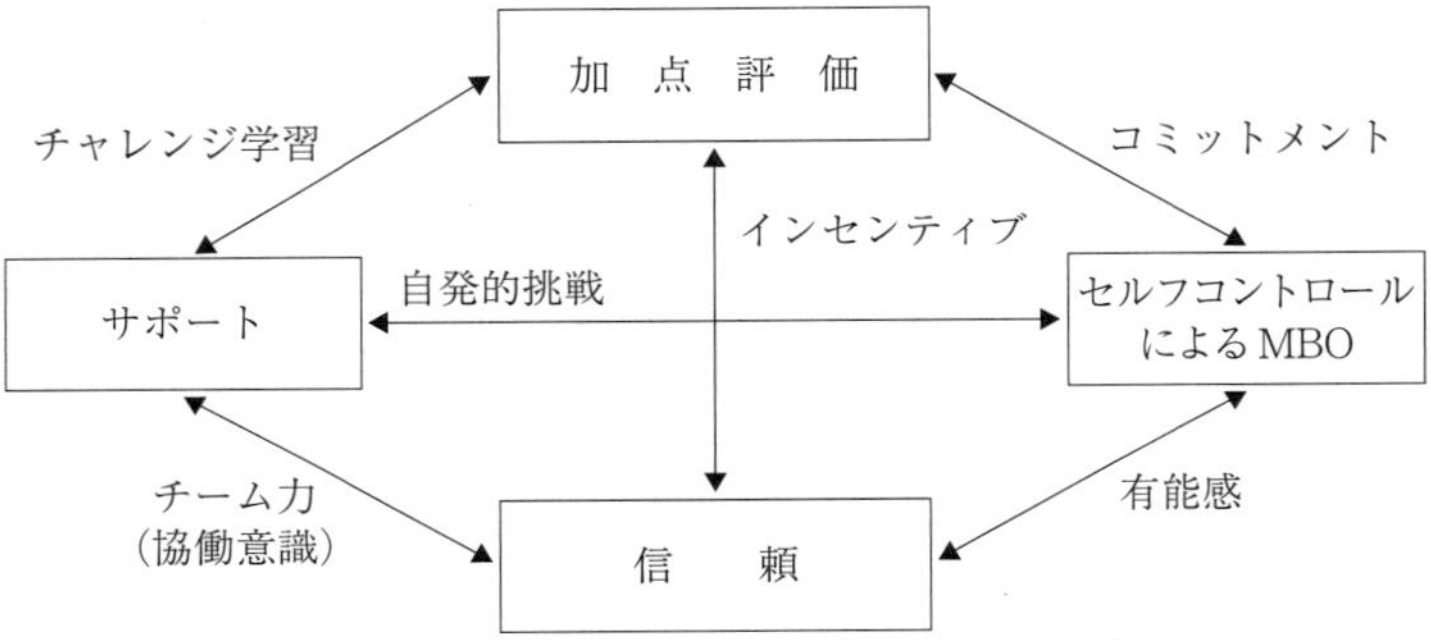

出所：バートレット，C. A. & ゴーシャル，S.（1999）（グロービスマネジメント・インスティテュート訳）『個を活かす企業』ダイヤモンド社、136頁に大幅に加筆修正

組織のイノベーション創発に向け、個人と組織の関係を win - win な関係にしていくには、個人の尊厳を認め信頼するとともに、個人の自律性や自発性を尊重した人材マネジメントを展開していくことが必要となる。

こうした個人の自律性や自発性を尊重した人材マネジメントのフレームワークを示すと図表4－4のようになる。図表4－4からも分かるように、人材マネジメントは個人を信頼し、個人のセルフコントロールによるMBOの展開をサポートしていくことにより、個人のなかに自己効力感（self efficacy）が高まると同時に仕事や目標に対するコミットメントを高め、組織メンバー個々人の自発的挑戦を引き出すことが可能となる。また、こうした自発的挑戦をうまく引き出せるように評価の仕組みを加点評価に切り換えることにより、さらなる個人のイニシアティブを誘発するとともに、個人のチャレンジや学習の促進につながる。さらに、信頼とサポートを組み合わせることで、組織メンバー間に協働意識が芽ばえ、チームワークが醸成される。

図表４‐４に見られるような人材マネジメントの枠組みは、バーチェル（Burchell, M.）とロビン（Robin, J.）の「最高の職場（GPTW：Great Place To Work）」の概念のなかにも論じられている。彼らによれば、最高の職場とは、「信頼」「誇り」「連帯感」といった三つの要素（ディメンション）から構成されている。(4) こうした三つの要素は、本書における個人と組織の win - win な関係を志向する人材マネジメントのフレームワークにおいても明記されており、信頼は信頼そのものと、誇りはコミットメントと、連帯感はチームワークと表記されている（図表４‐４参照）。バーチェルらによれば、信頼はそれが醸成されるバックグランドとして信用、尊敬、公正といった三つの下位概念に分けられ、誇りは自分の仕事、チーム、組織に、連帯感は親しみやすさ、思いやり、仲間意識にそれぞれ分けられている。三つの要素のなかで信頼が最も重視されており、信頼は質の高い協力関係も支援する。細分化されたこのような項目と類似する内容が、図表４‐４の本書の人材マネジメントのフレームワークのなかにも散見される。こうした点から、本書の win - win を志向した人材マネジメントのフレームワークは、バーチェルらの「最高の職場（ＧＰＴＷ）」モデルと相通ずるものがある。

さらに、もう一つ、本書における win - win な関係を志向する人材マネジメントの枠組みに近いことを提唱している団体がある。それは日本能率協会（JMA：Japan Management Association, 以下ＪＭＡと表記）で、近年の研究成果として、『働く人の喜びを生み出す会社』（日本能率協会マネジメントセンター、二〇〇九年）を刊行している。ＪＭＡのモデルにおいては、働く人の喜びは自律性、有能感、達成感・成長、関係性（連帯）の四つから生まれるとされている。(5)四つの要素間の優先順位や関連性は明らかになっていないが、その意味するところは、個人の自律性を重視し、一人ひとりが社会や組織に役立っているという有能感（喜び）をもって、メンバー相互の関係性や連帯を保って仕事を展開すれば、目標を達成することが可能となり、達成感を味わうとともに、個人の成長も可能になるということである。それがその組織で働く人々の喜びにつながり、組織への愛着やさらなる貢献につながる。こうしたＪＭＡモデルの四つの要素の枠組みは、図表４‐４の本書のwin‐winの関係を志向する人材マネジメントのフレームのなかにも一部表記の仕方が異なるものの、しっかりと明示されており、その意味するところに大きな差異はない。

ＪＭＡの働く喜びを規定する四つの要素は、他の研究においても同様のことが指摘されている。シロタら（Sirota, D. et al.）は、ハーズバーグ（Herzberg, F.）が動機づけ、衛生理論で提唱した仕事の充実化により人間は動機づけられるというのは幻想であり、組織メンバーの情熱を引き出すためには、「公平感」「達成感」「連帯感」の三要素が必要で、それを仕事におけるモチベーションの三要素理論として提唱している。(6)これら三要素のうち、達成感と連帯感はＪＭＡの働く喜びを規定する四つの要素の達成感・成長と関係性（連帯）を意味している。もう一つの公平感は、個人の尊厳を重視した接し方や正当な雇用保障や報酬などの提供を組織に期待するもので、組織メンバーの情熱を引き出すには重要な要素となる。こうした公平感を個人が感じることにより、個人の自律性が促進され、有能感も醸成される。つまり、公平感はＪＭＡの働く喜びを規定する四つの要素の自律性や有能感につながっていく。

これまでの考察から分かるように、自律的管理の人材マネジメントを展開していくためには、個人と組織の win - win な関係づくりが可能となる人材マネジメントにパラダイム転換していかなければならない。こうした個人と組織の win - win な関係を希求した人材マネジメントのフレームワークが図表４－４に示されている。その特徴を表すキーワードは、「信頼」「セルフコントロール」「サポート」「加点評価」であり、その根源にある思想・考え方は個人の尊厳を認め、個人と組織が相互に信頼しあうことにある。まさに、それこそ図表４－２に示したように、先述したエンゲージメントの概念に相通ずる考え方である。

2　人事部の役割の変化

人事部の組織的特徴(7)

前節では、自律的管理の人材マネジメントを展開するためには、個人の尊厳を認め、個人と組織の相互信頼をベースにお互いが win - win な関係になるような人材マネジメントが必要であることを述べてきたが、それだけでは不十分である。人材マネジメントの本丸ともいうべき人事部そのものが大きく変わっていかなければならない。

そこでまず、人事部の組織的特徴から見ていきたい。人事部は、経営規模の拡大・複雑化、さらには人材マネジメントに求められる専門的知識の高度化などにより、その組織形態も次のように三段階に変化している。

●第1段階：職能組織（functional organization）の段階

第一段階の職能組織としての人事部は、これまで現場の管理者や監督者によりバラバラに行われていた人材マネジメントを本社や中央でコントロールし、一貫性をもたせる必要性に迫られて誕生したものである。西久保（1997）によれば、近代的人事部、いわゆる職能組織的人事部は、工場のブルーカラーの処遇が個々の生産部門の職長によって恣意的に決められていたことを廃止し、間接部門である人事部に集中させたことが発端とされている。したがって、この段階の人事部では、現場での従業員の採否の決定、直接の作業指導や監督などを除いて、原則として人材マネジメントのほぼ全般を取り扱うこととなる。ただし、この段階の人事部では、トップマネジメントが人事方針を策定し、人事部がこれに即した部門方針を策定するレベルには至っていない。

●第二段階：ライン・アンド・スタッフ組織の段階

第二段階のライン・アンド・スタッフ組織としての人事部は、トップ職能の成熟、経営規模の巨大化・複雑化にともなう職場における人材マネジメントの重要性の増大などを背景に誕生したものである。その特徴は労務方針を策定するトップマネジメント、労務計画・労務組織を立案・策定する人事スタッフ部門、現場で人材マネジメントを展開するライン管理者の三者による効果的な連動体制のもとで運営される点にある。

●第三段階：分権的管理組織の段階

第三段階の分権的管理組織としての人事部は、経営規模の拡大と企業競争の激化にともない、企業経営において意思決定の迅速化が求められることを背景に、従来のような中央集権的組織から分権的組織への転換をはかることで誕生した。人事部の分権化の方向性は大きく二つに区分することができる。一つは大企業を中心に普及している事業部制の導入にともなう分権化で、本社人事部と各事業部の人事部との機能分化をはかる動きである。本社人事部は企業全体の人材マネジメントの基本方針や人事戦略を決定し、それに基づき人材マネジメント活動全般を統括する。一方、各事業部の人事部は全社的な基本ルールや人事戦略に基づき、各事業部における人材マネジメントを展開し、事業展開を側面から支援することとなる。

もう一つの分権化の方向は、人事部組織の担っている機能分化で、人事部、教育部（研修部）などといったように、人事部に求められる機能を分化し、さらに分化した人事組織でそれぞれの機能強化をはかるべく、組織的統合を目指すものである。

ところで、こうした人事部組織の分権化は、それぞれのニーズにあった組織管理を可能にするが、その一方で全社的見地からそれぞれの組織・部門間の利害調整を行う必要がある。大企業を中心に、人事本部や管理本部、マネジメント本部などが設置されたり、常務・専務や副社長が人事担当の役員に就任するのは、こうした組織・部門間の利害を調整することがその主な目的である。

人事部の機能(8)

次に、このような組織的特徴を有した人事部に求められる機能について見ていきたい。人事部は、企業経営において重要な経営資源である人材に関する問題を扱う部門で、企業組織のなかでも主要な部門の一つと考えられている。人事部に求められる機能としては、次のような五つの機能があげられる。

①人的資源確保機能

これは企業経営に必要な要員計画を質と量の両面から策定し、それに基づき内外の労働市場から人材を調達・確保する機能のことを指している。具体的には、要員計画の策定のみならず、配置・異動、出向・転籍といった一連の人事労務管理活動から成り立っている。要員計画の策定にあたっては、正規従業員に限定することなく、非正規従業員、派遣労働者、アウトソーシングなども含めて自社の事業展開に最も効果的でかつ効率的な選択を行っていくことが求められる。

②人的資源育成機能

これは企業経営や事業展開に必要な人材を育成する機能で、従業員の能力向上や質的転換、さらには従業員の意識、行動の転換をはかることがその主な内容となっている。人材育成はＯＪＴを中心に、Off-JT、ＳＤ（Self Development：自己啓発）の三つの体系が効果的に連動するような形で展開される。Off-JTには、人事部が主催する階層別研修と実務・専門的知識の向上をはかる専門（職能）別研修がある。人材育成は、これまでは企業固有の技能（firm specific skill）の修得を中心に展開されてきたが、今後は雇用の流動化や求める人材の高度化・専門化などの視点から、他の企業でも雇用されうるエンプロイアビリティ（employability）の育成も必要となる。

③人的資源活用機能

これは従業員の持つ能力や適性に応じたジョブ・ローテーション（配置・異動）、昇進・昇格を通して従業員の能力が最大限に発揮されるような環境を整備する機能で、自己申告制度やＣＤＰ（Career Development Program）などと連動するような形で展開される。

④人的資源評価・処遇機能

これは従業員の能力や成果、仕事への取組姿勢などを的確かつ公平に評価し、その結果を公正に賃金・賞与、昇格・昇進などの処遇に反映し、従業員のモチベーションを高める機能である。人(能力)―仕事(成果)―処遇といった人材マネジメントの三つの素材の高位均衡化をはかることが重要である。

⑤労使関係の安定・維持機能

これまで述べてきた①〜④の機能は個別的労働関係に関するものであるが、最後のこの機能は従業員により組織化された労働組合と企業（使用者）との集団的労使関係に関するもので、労使関係の安定・維持をはかる機能である。労使関係は従業員にとって行動環境ともいうべきもので、その良し悪しが集団としての勤労意欲、ひいては企業経営の円滑な運営に大きな影響を及ぼす。労使の相互理解と信頼の確立に基づき、良好な労使関係を維持していくことが企業経営において強く求められる。

人事部をめぐる議論

以上、人事部の組織的発展段階（変遷）、人事部に求められる機能について見てきたが、現在、こうした人事部に対してさまざまな議論が展開されている。議論を大きく集約するならば、三つに分類することができる。一番極端な議論は「人事部不要論」である。これを提唱しているのは、元日本経済研究センターの理事長でもあり、経済学者の八代尚宏氏である。八代氏は、その著作である『人事部はもういらない』（講談社、一九九八年）のなかで、人事部は人事権を掌握する中央集権的なエリート集団（独裁者）と化し、従業員の働き方や新しい能力形成のあり方に呼応できず、機能障害に陥っていることを指摘している。

ジャコービィ（Jacoby, S. M.）は、その著作である『日本の人事部・アメリカの人事部』（東洋経済新報社、二〇〇五年）のなかで、日本とアメリカの人事部を比較し分析している。彼によれば、アメリカの人事部は、より市場志向的でラインへの分権化傾向が極めて強く、人事部が権威のある経営職能部門となったことは一度もないと断言している。それに対し、日本の人事部は組織志向的で、人事異動や管理職の選抜などに関して強い権力と影響力を有しており、影の実力者（キングメーカー）とも揶揄されていることを指摘している。(9) こうした組織志向が強く、エリート意識が強い日本の人事部は、どうしても目が組織の内部に向いてしまい、組織内のパワーポリティクスにとらわれ、八代氏が指摘するように、機能障害に陥りやすい。

筆者自身もこれまで上場企業二社での人事部の管理職としての経験があるが、八代氏が指摘するように、人事部は人事異動や人事評価、能力開発などに関して大きな権限を有し、自分たちはエリート集団であると錯覚をしており、官僚的志向や保守的意識がかなり強く、変革を好まないことを実感している。

ここで間違ってはいけないのは、八代氏の主張は、現在のような中央集権的な機能障害に陥っている人事部は必要がないと言っているのであり、決して人事部が不要であると言っているのではないということである。むしろ、人事部は今後、分権的で市場原理を活用することで、つまり、企業の内部に労働市場に類する場を作り、社員の能力形成、評価と昇進、採用や企業福祉などの改革に結びつけていくことを提唱している。(10) そうした点から、八代氏の主張は人事部解体論というよりは人事部改造論と理解した方が良さそうである。

人事部をめぐる議論の二点目は、「人事部業務のアウトソーシング」や「人事部のシェアードサービス化」である。この議論は、人事部のルーチン業務、たとえば給与計算や社会保険業務、福利厚生業務、一部人材能力開発なども入るが、こうしたいわゆる執行業務は外部へアウトソーシングするか、あるいはグループ企業の人事業務を別会社化し、一括管理する（シェアードサービス化）ことで、コストセンターからプロフィットセンターへと転換させる企業が大企業を中心に増加傾向にあることを背景に展開されている。このような議論の中心には、人事部は戦略部門として企画業務に特化すべきである、あるいは経営管理部門に特化した人事部であるべきとの考え方がある。

人事部が企画業務に特化したり、経営管理部門に特化するということは、仮にアウトソーシングやシェアードサービスに至らなくとも、おのずと人事部の機能や権限をラインに委譲することになる。少しデータは古くなるが、社会経済生産性本部（現・日本生産性本部）経営アカデミーのグループ報告書『2001年の日本型人事部』（1997）において、新しい人事部像として「経営管理部門に特化した人事部」と「リーダーシップ型人事部」といった二つのモデルが提示されている。経営管理部門に特化した人事部に関しては、すでに言及した内容とも符号するので、ここではリーダーシップ型人事部について解説をする。リーダーシップ型人事部とは、ライン管理職と距離をおくことなく、意思疎通を緊密にし、ライン管理職をリードしていく人事部を意味している。具体的には、人事部がリーダーシップを発揮し、人事制度の設計やメインテナンスなどのプロジェクトにおいてライン管理職をプロジェクトメンバーとして巻き込み、人事部がプロジェクトリーダーとしてプロジェクトを牽引していくことを意味している。別の表現をするならば、プロジェクトリーダーとしての人事部と表現できよう。

こうした点から、人事部をめぐる二つ目の議論は、採用、配置・異動、人材育成など人事部に求められる機能を重視した従来の機能主義型人事部から、戦略部門として企画業務を重視した戦略型人事部への転換が必要であることを強調する点に大きな特徴があるといえよう。

人事部をめぐる三つ目の議論は、「労働の個別化への対応」である。これまでの人材マネジメントは、集団主義をベースに、全従業員を包摂し、同質的に管理していこうとする極めて包括的な一元的管理の色彩が強かった。当然、労使関係においても、集団的労使関係に基づき、団体交渉が展開されてきた。しかし、一九九〇年代の初頭以降、成果主義が導入され、目標管理制度（MBO）に基づき労働の個別化、すなわち個人と組織（上司）との個別契約の締結、年俸制や成果主義賃金の導入が促進されることとなった。これまでの集団的労使関係に基づく団体交渉は、従業員全体の労働条件や賃金をめぐる交渉が中心であったが、こうした労働の個別化のもとでは、賃金などの労働条件が上司（会社）と部下といった閉じられた関係のなかで決定されることとなる。つまり、従来の集団的労使関係に基づく団体交渉が有効に機能しなくなってしまう。

またその一方で、これまで何度も言及してきたように、若年層を中心に仕事志向やプロフェッショナル志向が高まり、コミットメントの対象が組織から仕事や専門性に移行し、キャリア志向も多様化しつつある。従来のような管理職に向けての単一のキャリアパスや従業員を同質的に管理する一元的な人材マネジメントでは、こうした若年層のキャリア志向に応えることはできない。人事部には、従業員の多様なキャリア志向に応えていく新たな機能が必要不可欠となっている。

図表4－5　競争力のある組織を築く人事部の役割

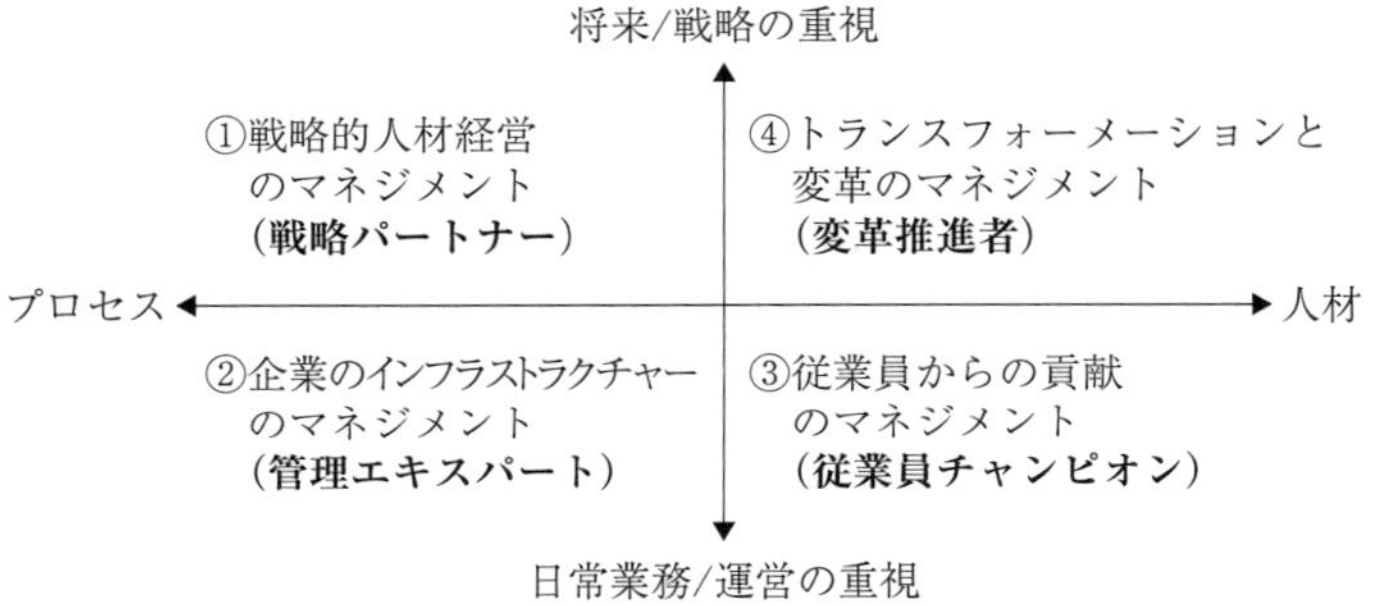

出所：ディビット・ウルリッチ（梅津祐良訳）（1997）『MBA の人材戦略』日本能率協会マネジメントセンター、34 頁に加筆修正

人事部に求められる新たな役割・機能

次に、これまでの議論を踏まえ、人事部に求められる新たな役割・機能について考えていきたい。今後の人事部に求められる役割・機能に関してはウルリッチ（Ulrich, D.）が多くの示唆を与えてくれている。彼によれば、人事部の役割は次のような四つの役割から成り立っている。(11)

①戦略的な人材経営のマネジメント（戦略パートナー）
②企業のインフラストラクチャー（制度や構造）のマネジメント（管理エキスパート）
③従業員からの貢献のマネジメント（従業員チャンピオン）
④トランスフォーメーションと変革のマネジメント（変革推進者）

人事部に求められる四つの役割は、図表4－5のように、戦略重視か運営重視かと、プロセスの管理か人材の管理かという二つの軸により、明確に分類される。②の企業のインフラストラクチャーのマネジメントおよび③の従業員からの貢献のマネジメントは、生産性の高いインフラストラクチャーを築いたり、従業員の能力やコミットメントを向上させるなど、日常業務やオペレーション（運営）を重視しており、先述したこれまでの人事部に求められる五つの機能と同様の役割・機能を担っている。この二つの役割・機能は、プロセスの管理か人材の管理かによる違いはあるものの、ルーチン性が強く、オペレーショナルに重点を置いており、戦略との連動が乏しい点にその特徴がある。

それに対し、残りの二つの役割・機能こそ、これまでの人事部に欠けていたもので、今後の人事部に求められる新たな役割・機能である。まず一つ目は「戦略パートナー」としての役割・機能である。これは戦略実現に向けて、人事部がまさに戦略パートナーとしての役割を果たすことを意味している。つまり、経営戦略と人材マネジメントをリンクし、戦略の達成や事業展開に必要な人材マネジメントを行うことを意味している。もっと具体的に述べるならば、人事部が企業の経営戦略や事業戦略を策定する過程に参画し、戦略と連動した人事戦略を構築するとともに、戦略を実現するのに必要な人材スペックや能力を明確にし、人材供給や人材育成、さらにはインセンティブの面などから望ましい人材マネジメントを展開することを意味している。これこそ従来の機能主義を追求していた人事部が看過していた役割・機能で、まさに人事部が経営と一体となって戦略的人材マネジメントを展開する部門へと脱皮をはかっていくことが強く求められる。人事部の役割は経営の質を高めることといっても決して過言ではない(12)。

もう一つは「変革推進者（change agent）」としての役割・機能である。グループダイナミックスの創始者であるレビン（Lewin, K.）は、われわれ人間の行動（Behavior：B）は人間（Person：P）とその人の置かれた行動環境（Environment：E）との関数（function：f）で決まるとし、それをB＝f（P, E）といった公式で表した。これによれば、人間の行動は個人と個人を取り巻く環境の相互作用によって引き起こされる。人事部が従業員個々人に対し、あるいは階層を対象に人材育成や能力開発を行っても、それだけでは個人の望ましい行動を引き出すことは困難である。個人だけではなく、その行動環境に対してもアプローチしていかなければならない。

こうした行動環境に対するアプローチは、組織開発（Organization Development：OD）と呼ばれており、人材マネジメントにおいてもその重要性が高まっている。

一般に、戦略が明確な会社には組織文化が存在しており、戦略を補完しているといわれている。組織文化は戦略と連動しており、組織メンバーの行動に対する規制力を有する。歴史が長く、成功神話が浸透している企業などにおいては、古い組織文化が根強く存在しており、組織の環境適応力の足かせになったり、組織メンバーの行動転換の阻害要因になったりする。戦略を変えても、こうした古い組織文化が残っていると、思ったような戦略の実行や組織変革が難しくなる。

人事部には、変革のチェンジ・エージェント（変革推進者）として組織メンバーを古い組織文化から脱却させ、戦略に基づく新しい組織文化に適応していくことを支援するＯＤコンサルタントとしての新たな役割を担うことが求められる。経営と一体となって戦略的人材マネジメントを展開することを期待されている人事部だからこそチェンジ・エージェントとしての役割を果たすことが可能となる。

人事部に期待されるさらなる二つの役割・機能

戦略パートナーおよび変革推進者といった新たな二つの役割に、さらに二つの役割が人事部には必要になる。一つは「グループ経営におけるコンサルティング機能」である。多くの先進的企業においては、事業の多角化やM＆Aなどにより経営の多角化が進んでおり、ホールディングカンパニーを設置したグループ経営や事業部制が展開されている。グループ経営を効果的に展開するにあたっての人事部の役割は極めて大きい。これまでのような中央集権的で官僚的な人事部ではグループ経営を牽引することはできない。各事業部や事業会社が市場ニーズに対応した独自の事業展開ができるよう支援することが人事部に求められる。そのためには、人事部が有する権限や機能を事業会社や事業部に委譲する人事機能の分権化が必要となる。事業会社や事業部がそれぞれの事業ニーズに即した経営を展開していくには、一部共通の部分はあるものの、個別の人事制度が必要となる。

人事部は、こうした事業会社における個別の人事制度の設計をサポートするコンサルタントとしての新たな役割を果たしていくことが強く求められる。これは先述した日本生産性本部が提唱する、人事制度設計のプロジェクトを統括する「リーダーシップ型人事部」の概念とも符合する。さらに、人事部をめぐる議論のところですでに言及したように、各社の給与計算や社会保険業務などを請け負うシェアードサービス会社の設置等も視野に入れていく必要がある。このような人事部のグループ経営におけるコンサルティング機能は、別の表現をするならば、「サーバント・リーダーとしての人事部」(13)としてとらえることができよう。

人事部に期待されるさらなる役割・機能は「キャリア形成支援機能」である。すでに述べたように、若年層を中心に組織よりも自己の専門性や仕事へのコミットメントが強く働き、仕事志向やプロフェッショナル志向が高まりつつある。従来、従業員のキャリア形成は、組織人の育成を目指して主として企業の主導で行われてきたが、仕事志向やプロフェッショナル志向に裏打ちされた仕事人のキャリア形成は個人が主体となる。花田（2006）は、こうした個人が主体となるキャリア形成のあり方を「キャリア自律」と呼んでいる。花田によれば、キャリア自律とは、一人ひとりが自己のキャリア開発のオーナーになること、自己責任で自己のキャリア開発をすることと定義されている(14)。しかし、これはキャリア形成をすべて個人の責任のみで行うということを意味しているのではなく、個人の自律的キャリア形成はあくまでも個人が主体であるが、必要なものは組織が側面的に支援することを意味している。

しかも、組織が支援するのは、組織内におけるキャリア形成、いわゆるワークキャリアに狭く拘泥することなく、人生八〇年を想定したライフキャリアを視野に入れていく必要がある。人事部の新たな役割は、個人の自律的キャリア形成の支援と人生八〇年を想定したワークキャリアとライフキャリアの統合を支援するライフキャリアサポートセンターを設置することである。ライフキャリ

図表4－6　自律的管理の実現に求められる人事部の役割・機能

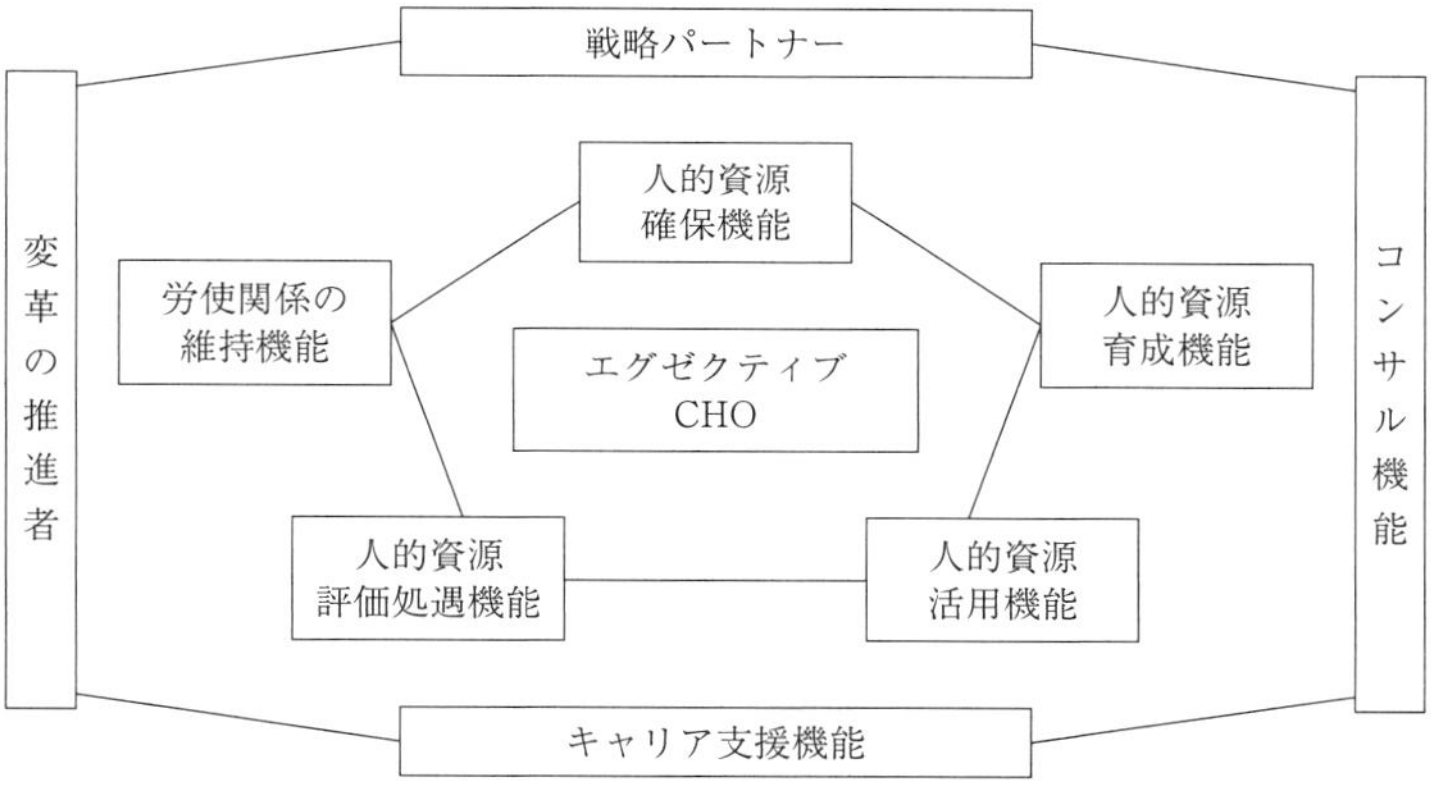

アサポートセンターが提供するサービスには、外資系企業や一部の先進的大企業において導入が進みつつあるＥＡＰ（Employee Assistance Program）に見られるように、キャリアアドバイスやメンタルヘルスに関するアドバイス、ライフプランのアドバイスなどが含まれる。当然、ライフキャリアサポートセンターのスタッフには、キャリアカウンセラーやキャリアコンサルタント、臨床心理士などの資格や、キャリアマネジメント、ストレスマネジメントなどに関する高度な専門性が求められる。

以上、人事部に期待される役割・機能が大きく変化しつつあることを見てきたが、自律的管理の実現に向けたインフラの根幹を果たしていく人事部に求められる役割・機能の全体像を示すと、図表４－６のようになる。

ＣＨＯに対するニーズの高まり

人事部の役割・機能が変化するのにともない、人事担当役員の役割や位置づけも大きく変わらざるをえない。これまでは常務や取締役が人事担当役員に就任するケースが多く、人事部長を兼務していることも多い。つまり、人事部門の執行責任者として部門間の利害調整や人事部としての役割・機能の全責任を負っている。

しかし、今後、人事部の位置づけが「戦略パートナー」や「変革のチェンジエージェント」としての役割を期待されるのにともない、従来のような人事部長を兼務する人事担当役員ではこの役割を果たすことはできない。欧米では、近年、最高経営責任者をＣＥＯ（Chief Executive Officer）と呼ぶのにともない、財務担当のトップをＣＦＯ（Chief Finance Officer）、情報技術担当のトップをＣＩＯ（Chief Information Officer）と呼ぶことが増えている。そうした動きと人事部の役割の変化にともない、人事部門の責任者をＣＨＯ（Chief Human Officer）と呼ぶことが多くなりつつある。

ＣＨＯに求められるのは、単に人事機能の最高責任者としての役割遂行だけではなく、経営の質を高めるべく、戦略策定のプロセスに参加するとともに、戦略実行に向けて事業会社や事業部を支援し、そのニーズに応えていくことである。と同時に、事業の足かせとなっている古い組織文化を打破し、新しい組織文化が定着していくよう変革を推進していかなければならない。したがって、ＣＨＯには、人事全般に関する専門的知識に加えて、経営戦略の知識に基づく戦略構想力や管理会計や財務の知識、さらには組織変革やＯＤの知識なども必要となる。花田（2013）はこうしたＣＨ

Oを従来型の機能責任者としてのＣＨＯと一線を画す観点から、「エグゼクティブＣＨＯ」と呼んでいる。図表４‐６の中心にこのようなエグゼクティブＣＨＯが描かれている。

3　キャリアオプションの多様化と自己選択型ワークシステム

キャリアオプションの多様化と人事制度

若年層を中心に仕事志向やプロフェッショナル志向が高まり、これまでのような組織人としてのキャリア形成や管理職になるための単一のキャリアパスでは彼（彼女）らのキャリアニーズに応えられないばかりでなく、企業にとって望ましい人材を育てることが難しい。仕事志向やプロフェッショナル志向に裏打ちされた若年層は、個人主体の自律的なキャリア形成を望んでいる。

このような自律人材を育てていくには、自らの意思でキャリア選択や仕事選択が可能となる仕組みが必要となる。そこでまず、キャリア選択の仕組みから見ていきたい。管理職への単一のキャリアパスに対し、多くの大企業では複線型人事制度やコース別管理制度が導入されている。こうした二つの制度に加え、最近では勤務地区分を取り入れた勤務地区分コース制度なども流通業などの女性を多く雇用する企業で導入されつつある。

それぞれの制度の特徴を見てみると、コース別管理制度と複線型人事制度に関してはあまりその違いが認識されることなく論じられることが多いが、本書では両者を少し区分して考えてみたい。

コース別管理制度は、男女雇用機会均等法施行後、その導入が増加したが、そのねらいは業務を定型的、非定型的に区分し、従業員の能力レベルや勤務態様（すなわち、転勤の有無）に応じ、人材マネジメントを行うものであるが、実態は男女差別の温床になっている。業務には難易度の低いものから高いものまでそれぞれレベルがあり、われわれはそれらの段階を経験して成熟していく。そうした業務を定型、非定型に区分することは実質的に困難であり、さらにそこに転勤の有無を加味し、コース区分し、賃金格差を設けることは、どう考えても合法的な賃金格差とはいえない。男女差別の隠れみのと批判されても仕方がない。そうした点から、コース別管理制度はキャリアオプションの多様化の仕組みとしては望ましい制度とはいえない。

ＮＴＴデータに見る多様なキャリアパスとしての複線型人事制度

もう一つの複線型人事制度は、別名職群コース制度とも呼ばれており、管理職層においてはライン管理職、専門職に区分し、非管理職層においては業務の種類や性質に応じた職群単位の人材マネジメントを展開する点に大きな特徴がある。ここではＮＴＴデータの事例を取り上げ、職群コースの実態を見ていきたい(15)。

ＮＴＴデータでは、図表４－７に見られるように、一一の専門分野ごとにプロフェッショナル資格を設定し、ＣＤＰに基づいて人材育成を実施している。ＣＤＰは、若手社員を対象としたベーシックＣＤＰとプロフェッショナルＣＤＰから成り立っており、ベーシックＣＤＰ終了後、自分が進みたいプロフェッショナルＣＤＰの分野を選び、入社後三～四年目で面接等を通じて認定審査を受ける。しかも、こうした専門分野は市場における価値評価やＮＴＴデータグループにおける職務状況を加味し、次のように四段階のレベルに分けられて到達目標が明確に設定されている。

①アソシエイト：専門性に基づき単独業務遂行ができ、体系的専門知識を生かして業務を推進する人材

②シニア：高い専門性をもって最適な手法を選択、駆使して、確実な業務遂行・改善、付加価値創出を行う人材（課長クラス相当）

③エグゼクティブ：卓越した専門性をもち、高い視座・広い視野から、先を見据えた本質的な課題への対応ができる人材（部長・統括部長クラス相当）

④プリンシパル：事業を新たなステージへと牽引する人材、各人材を象徴するトップで組織価値を創造する（役員クラス相当）

しかも、ＮＴＴデータの人材育成は「プロがプロを育てる」をモットーに、ＯＪＴといったタテの関係だけではなく、組織横断的な人脈形成やメンターによるメンタリング（ナナメの関係）、さらには組織横断的な相互研鑽およびノウハウの共有の場としてのコミュニティ（ヨコの関係）を通じて、いわゆるタテ、ヨコ、ナナメの関係性のなかで行われる。

図表4－7　NTTデータに見る職群コース制

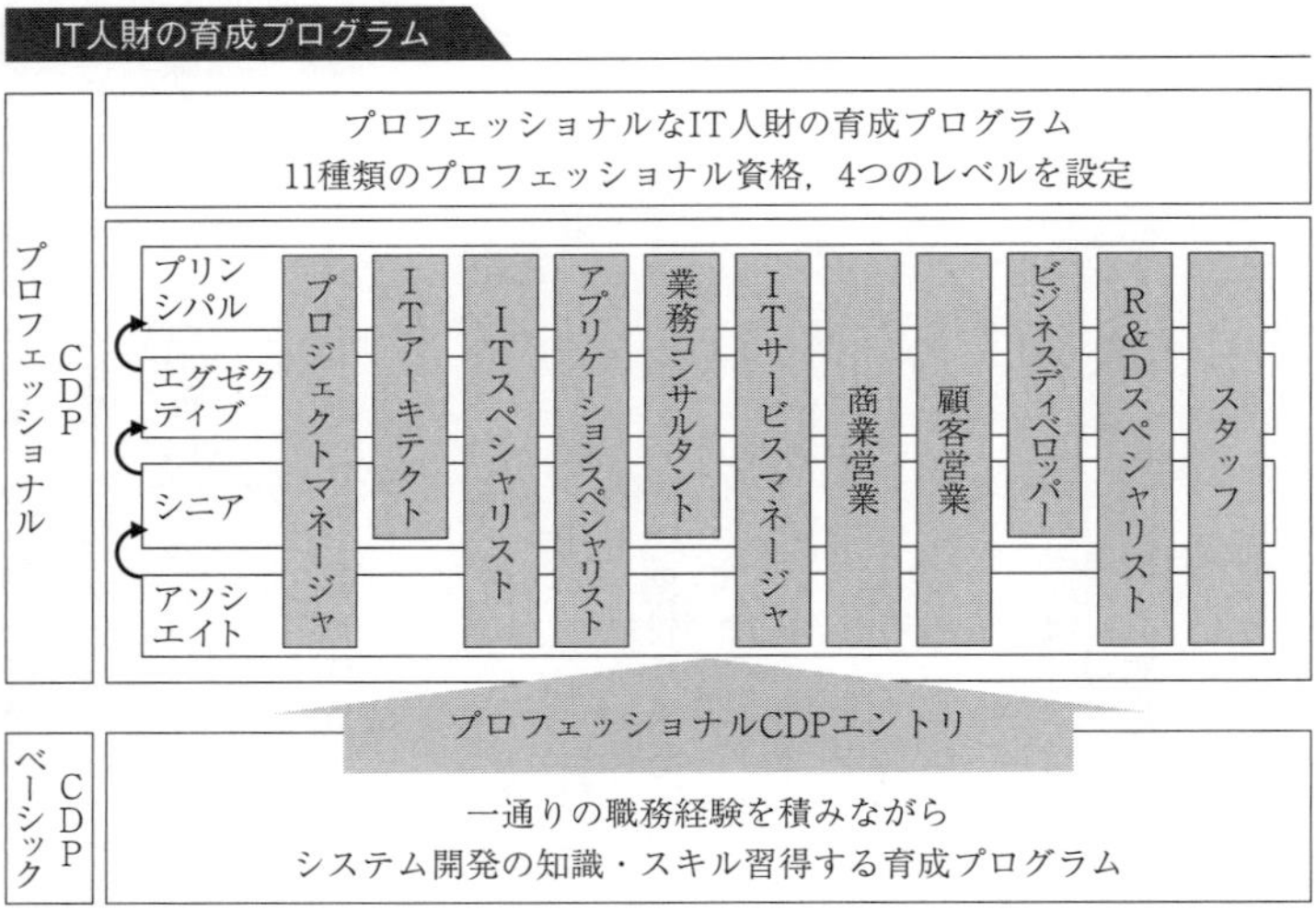

出所：栗島聡「ケース 3　NTT データ」花田光世編（2013）『新ヒューマンキャピタル経営』日経 BP 社、189 頁

NTTデータのこうした一一の専門分野ごとのプロフェッショナル職群を自分が進みたい方向に向け、自律的にキャリア選択できるということは、まさにキャリア自律の実践そのもので、プロフェッショナルという自律人材が育つ極めて優れた複線型人事制度である。NTTデータのこのような複線型人事制度は、若年層の多様なキャリアニーズに応えるとともに、企業の競争優位の源泉を生み出すコアコンピテンスをもった高度専門人材の育成・輩出にもつながるもので、企業の今後の自律的キャリア形成のあり方に多くの示唆を与えている。

複線型人事制度のサブシステム

こうした複線型人事制度を効果的に導入・展開していくためには、それを支えるサブシステムが必要となる。まず必要となるのは、「スキルズ・インベントリー・システム」と「キャリア・カウンセリングシステム」である。スキルズ・インベントリー・システムとは、個人の専門性やスキルを棚卸しするもので、将来のキャリアデザインをする上で、自分の強みや弱み、将来の目指すべき方向性を明らかにするツールである。一般に、スキルズ・インベントリーは製品軸、機能（職能）軸、専門的知識・技能の三つの軸を交差させて行われる。できれば、こうしたスキルズ・インベントリーは全社横断的な人材開発委員会により、部門間の利害や組織内のパワーポリティクスに関係なく客観的に実施されるのが望ましい。別の表現をするならば、全社的人材開発委員会は、個人のキャリアニーズと組織の人材ニーズをマッチングさせるキャリアサポートセンターとして位置づけられる。

もう一つのキャリア・カウンセリングシステムは、個人の自律的なキャリア設計やキャリアデザインをサポートするもので、キャリアのトラジッション（節目）においてスキルズ・インベントリーの結果などを参考に、キャリア・カウンセリングを実施する。キャリア・コンサルタントの資格を有した人事部スタッフを中心に全社的人材開発委員会が加わり、実施することが望ましい。

さらに、複線型人事制度の運用にはもう一つ必要なサブシステムがある。それは「人事情報システム」である。スキルズ・インベントリーの結果やキャリア・カウンセリングの結果は、個人カルテとして人事情報システムによりデータベース化し、コース選択や人事異動、ジョブローテーションに活用していくことが望まれる。

ところで、複線型人事制度に勤務地区分コース制度を取り入れるケースがあるが、これにはやはり疑問が残る。流通業などの地域密着的な事業展開をする企業においては、勤務地区分コース制度を導入し、地域に密着した事業展開を目指しているが、全国転勤組と職務内容が同一なのに、賃金格差や昇進における格差が生まれ、従業員のモチベーションを引き下げてしまう危険性がある。勤務地の選択は、あくまでも異動政策のなかで、自己申告などにより個人の希望を反映させる形で運用することが望ましい。したがって、複線型人事制度の一環として勤務地区分コース制度を導入することは望ましい制度選択とはいえない。

入社前の仕事を選択できる仕組み――職種別採用とドラフト会議

次に、自らの意思で仕事選択が可能となる仕組みについて見ていきたい。自律的なキャリア形成を望む若年層においては、仕事の選択性と納得性がモチベーションの視点から極めて重要となる。そこで、入社前と入社後に区分し、仕事を選択できる仕組みについて考えていく。入社前の仕事を選択できる仕組みとしては、職種別採用が考えられる。これは別名ＯＥＳ（Order Entry System: OES）とも呼ばれており、ソニー、資生堂、富士ゼロックス、リクルート、セゾングループなど先進的な大企業を中心にその導入が進んでいる。これには若年層の仕事志向の高まりに応えると同時に、プロフェッショナルな人材を育成するといった二つのねらいがその背景にある。富士通では、多彩な採用を実施しており、学校推薦採用、自由応募採用、プレゼンにより選考するChallenge & Innovation採用に、二〇一二年より自由応募採用のなかに入社後の職種を約束する「Wishコース」を導入した。(16) Wishコースの職種としては、営業、システムエンジニア、開発、サプライチェーンマネジメント、購買、法務、知的財産、財務・経理が特定されており、採用数は自由応募採用の約三分の一程度となっている。特に、法務、知的財産、財務・経理は大学の専攻からの結びつきが強く、プロフェッショナル志向の強い人材の獲得を目指している。

一方、新入社員の入社後の仕事を選択できる仕組みであるが、二〇〇六年に豊田通商と合併した総合商社トーメンがかつて行なっていた「ドラフト会議」について紹介したい。これは入社内定者と各本部の責任者（二二の営業本部と八つの管理部門）三〇名と人事管掌役員らで、面接をし、「どの部署に行きたいか」「誰をとりたいか」を本人と会社双方の要望を出し合って最初の配属を決めるというものである。(17) 実際の作業は一二月から準備が始まり、一月のドラフト会議を経て、四月の配属が決定される。ドラフト会議の直前の一週間はプレドラフト週間と位置づけられ、内定者が各本部の先輩社員を訪問する期間にあてられ、内定者は情報収集と自己アピールとして活用することができる。ほぼ九割の内定者が第一か第二希望の配属先に決まっている。現在、この制度が運用されているかどうかは定かではないが、仕事志向の若年層が増加しつつあるなか、その導入を検討するに値する仕組みであると思われる。

既存社員の仕事を選択できる仕組み——社内公募制とFA制度

次は、既存社員の仕事を選択できる仕組みであるが、これには大きく分けて二つの仕組みが考えられる。一つは「社内公募制」で、もう一つは「ジョブリクエスト制度」である。まず社内公募制であるが、これは新規事業の立ち上げや特別プロジェクトの立ち上げなどにおいて希望者を募るもので、「求人型」の公募制である。企業によっては、具体的なポストを提示して公募する場合もあるが、これは一般に「ポストチャレンジ制」と呼ばれている。社内公募制のねらいは、全社の活性化にあり、人事制度における個の尊重や自己責任の原則を実現する手段として多くの企業で導入されている。社内公募制に関しては、すでに数多くの企業で実施されており、その成功事例も多く報告されているので、ここではポストチャレンジ制について見ていくこととする。

総合商社の住友商事では、社内公募制の一環でポストチャレンジ制（Post Challenge：以下ＰＣ制と表記）を導入している。(18) 同社のＰＣ制は、具体的なポストに基づく募集であるため、ポストに求められる要件・スペックなどの募集要件は限定されている。ＰＣ制の具体的な流れは、現場から上げられた募集案件を人事部で精査し、取締役以上で構成される重要人事分科会に提出され、その上で審議される。ＰＣ制にふさわしい案件と判断されたのち、全社のイントラネットを通じて社内に公募される。募集要件に合致すれば応募は誰でも可能であるが、直属上司への事前報告が義務づけられている。具体的な選考方法は、募集部署の裁量に任されており、合格者決定後に、人事部経由で本人ならびに直属上司に連絡がなされる。なお、直属上司には拒否権は認められていない。

もう一つはジョブリクエスト制であるが、これはフリーエージェント制（以下ＦＡ制度と表記）と呼ばれることが多い。このＦＡ制度は、社内公募制が提示されたポスト・キャリアに応募するのに対し、自らどの職場に行きたい、どんな仕事をやってみたいかを申し出る仕組みで、いわゆる「求職型」の公募制である。ここではユニークな二社のＦＡ制度を見ていくこととする。一つ目は博報堂の事例である。博報堂では、実務遂行責任者および組織やチームを率いて組織目標を達成するクラスの社員を対象にＦＡ制度が導入されており、職務経験や実績に応じてＦＡ権を付与し、所属長を経由せず、自分の意思で異動希望を人事局に申請できる。(19) 人事局は、ＦＡ権を行使した社員の情報を役員・部門長に公開し、他の部門が受け入れを希望した場合は、その社員の意思によって異動が確定する。

ＦＡ権の付与は、毎年三月末の業績査定の確定後、四月上旬に人事局が条件を満たした社員を絞り込み、ＦＡ権付与対象者を選抜して決定される。ＦＡ権は単年度精算型の権利付与で、ＦＡ権を行使したい社員は、それから約一ヵ月間のＦＡ宣言期間内に、職務経験、ＦＡ宣言理由、ＦＡ後の職務の希望などをＦＡ宣言シートに記入し、ＦＡ宣言を行う。ＦＡ宣言は、期間中人事局に保管され、一定期間経過後、イントラネットで部門長クラス以上に約一ヵ月間公開される。そうした情報を見て興味をもった部門長は、直接本人とコンタクトをとり、面接を実施する。ＦＡ宣言者は、オファーがあった部門から異動先を決定することとなる。当然、現在所属する部門長にはその拒否権がない。

博報堂のこのようなFA制度は、社員が自分のやりたい仕事を自らがリクエストし、異動権限を社員自身の判断に委ねるもので、まさに自律的なキャリア形成の仕組みといえよう。

もう一つのユニークなFA制度は損害保険ジャパン（以下では損保ジャパンと表記）の「ドリームチケット制度」である[20]。損保ジャパンでは、総合職で課長代理以下の者、現所属が営業部門およびサービスセンター（損害調査）部門であること、翌年度の人事異動対象者であることといった三つの条件をすべて満たす者に、ドリームチケットを付与し、社内のすべての部署のなかから希望部署を選定し、異動できるという独自のFA制度を導入している。ドリームチケットが付与されるためには、行動評価および成果評価が抜群のレベルであること、異動希望先に対する明確なビジョンがあることの二つの条件をクリアすると同時に、地区本部を担当する役員の推薦を受け、人事部の最終審査に合格しなければならない。チケット交付対象者には、人事部がカウンセリング面接を実施し、今までのキャリアを踏まえ、今後のキャリア形成についてのアドバイスを行い、配転後のミスマッチを極小化するような工夫が施されている。

このような損保ジャパンのドリームチケット制度は、自律的なキャリア形成を望む従業員にとって、自分の将来のキャリアビジョンの明確化につながるとともに、モチベーション向上策としても極めて有効であると思われる。

以上、自律的キャリア形成に向け、仕事を選択できる仕組みとして社内公募制、FA制度について解説をしてきたが、これ以外に従来より人事異動のツールとして自己申告制度が活用されてきた。

最後に、自己申告制度、社内公募制、ＦＡ制度の三者の異同について整理してみたい。この三者は、人と仕事のマッチングを目指すという点では共通している。しかし、運用主体において違いが見られる。(21)自己申告制度は、社員の希望は聞くものの、異動の決定は人事部が行うという点では、会社寄りの仕組みといえよう。

一方社内公募制は、人を必要としている部署が運営主体であり、社内における疑似労働市場において需要と供給という市場原理に基づき、人的資源の適正配分を行うものである。(22)しかし、その意思決定は人を必要としている部署が行うもので、個人の自由意思はいわば制限されたものとなっている。

それに対しＦＡ制度は、個人の自由意思で異動の決定ができる仕組みで、運営主体はあくまでも個人にある点が二つの仕組みと大きく異なっている。個人の自律的なキャリア形成に向け、仕事を選択できる仕組みを効果的に導入・運用していくには、こうした三つの制度のそれぞれの特徴を十分理解した上で、使い分けていくことが求められる。

注

（1）舞田竜宣『社員が惚れる会社のつくり方――エンゲージメント経営のすすめ』日本実業出版社、二〇〇九年、八五頁。

（2）Human Value は、エンゲージメントを高めることで、個人の働きがいと意欲を高められるとしている（詳しくは http://www.human value co.jp/service/engagement/ を参照のこと）。

（3）詳しくは尾野裕美、小野泉「「エンゲージメント」を確立するために」（組織行動研究所研究レポート）を参照のこと。
（4）M・バーチェル、J・ロビン（伊藤健市・齊藤智文・中村艶子訳）『最高の職場』ミネルヴァ書房、二〇一二年、四─一三頁。
（5）日本能率協会編『働く人の喜びを生み出す会社』日本能率協会マネジメントセンター、二〇〇九年、六七─七〇頁。
（6）デビッド・シロタ、ルイス・A・ミスキンド、マイケル・アーウィン・メルツァー（スカイライトコンサルティング訳）『熱狂する社員』英治出版、二〇〇六年、四三─五二頁。
（7）人事部の組織的特徴については、拙稿「3・4 人事労務管理組織」『人事マネジメントハンドブック』日本労務研究会、二〇〇四年、一三三─一三四頁を参考に記述。
（8）谷内、同上書、一三四─一三六頁。
（9）ジャコービィは、人事部を経営トップ選抜の際の影の実力者（キングメーカー）としてその影響力の大きさを指摘している（ジャコービィ・S・M（鈴木良治・伊藤健市・堀龍二訳）『日本の人事部・アメリカの人事部』東洋経済新報社、二〇〇五年、四三─四四頁。）
（10）八代尚宏『人事部はもういらない』講談社、一九九八年、一─二頁。
（11）ディビッド・ウルリッチ（梅津祐良訳）『MBAの人材戦略』日本能率協会マネジメントセンター、一九九七年、三三─三四頁。
（12）金井壽宏・守島基博編『CHO最高人事責任者が会社を変える』東洋経済新報社、二〇〇四年、二七頁。
（13）金井・守島、同上書、三三─三七頁。
（14）花田光世「自律型人材育成のためのサポート体制」『キャリア開発支援制度事例集』日本経団

連出版、二〇〇六年、一七頁。
(15) NTTデータの事例に関しては、花田光世編『新ヒューマンキャピタル経営』(日経BP社、二〇一三年)における栗島聡「ケース3 NTTデータ」に基づき記述。
(16) 労務行政研究所『労政時報』第三八三〇号(二〇一二・九・二八)の特集「採用活動の新潮流」における「富士通の事例」を参考に記述。
(17) ワイアット人事コンサルティングチーム『若者の力を引き出す人事サブシステムインパクトプログラム』(経営書院、一九九三年)における「事例六 トーメンのドラフト会議」(一一三―一二七頁)を参考に記述。
(18) 日本経団連出版編『社内公募・FA制度事例集』(日本経団連出版、二〇〇四年)の「住友商事の事例」(一三〇―一四八頁)を参考に記述。
(19) 日本経団連、同上書、四七―五八頁の「博報堂ジョブチャレンジ制度」を参考に記述。
(20) 日本経団連、同上書、二六四―二六六頁の「損害保険ジャパンドリームチケット制度の導入」を参考に記述。
(21) 舞田竜宣「社内公募制度・FA制度の設計と運用」日本経団連出版編『社内公募・FA制度事例集』日本経団連出版、二〇〇四年、一四頁。
(22) 舞田、同上書、一六頁。

第五章　個人の自律性を重視したキャリア形成とA&R施策

1　キャリア自律とエンプロイアビリティ

従来の学校教育と組織本位のキャリア形成

わが国においては、一九七〇年代、高校教育における普通科の増設にともない、進学競争、学力競争が激化し、偏差値を尺度とする一元的能力主義が蔓延することとなった。その結果、いい（偏差値の高い）高校→いい大学→いい会社→職業世界での成功→いい人生といった神話ができあがり、よりいっそう受験戦争を過熱化させていった。(1) つまり、一元的能力主義に基づく学校教育と企業社会での成功が強く結びついていた。したがって、こうした流れから外れた学生は、落ちこぼれのレッテルが貼られ、不登校や校内暴力の温床となっていった。教育の重点は、学校や塾などを含め、主に受験戦争を勝ち抜くための教育に置かれており、人はなぜ働くのか、人にとって仕事とは何か、どんな仕事をしたいのかなどのキャリア教育の視点が欠落していた。それがバブル崩壊による不況にともなう就職率の低下とも相まってフリーターやニートといった社会問題に発展し、二〇〇〇年代初頭より文部科学省の学校教育におけるキャリア教育の強化策につながっていった。

しかも、こうした教育のなかで、われわれがおとなになるプロセスは大学教育や高校教育がその役割を担うのではなく、企業がその責任を負っていた。すなわち、終身雇用という仕組みのなかで、企業が自らの責任において、学校を卒業した人びとにＯＪＴや企業内教育を通じて企業固有の技能、いわゆる firm speific skill（企業特殊技能）を習得させてきた。こうした習得する技能の特殊性は、一方で企業に対する定着を促進させるとともに、他方で終身雇用制を側面的に補強する効果を果たしてきた。

以上見てきたように、従来のキャリア形成は、一元的能力主義に基づく学校教育と連動する形で、企業が主体となって、終身雇用制のなかで、企業固有の firm specific skill の習得をはかるべく展開されてきた。これを従業員サイドの視点でとらえると、おとなになるためのキャリア形成は、企業サイドがすべてお膳立てをしてくれ、われわれはその決められたプログラム通りにキャリアを形成するといういわゆる受動的な学習プロセスが中心となっていた。こうした組織本位のキャリア形成をここでは組織キャリアないしはオールドキャリア(2)と呼ぶこととする。

雇用の流動化と自律的キャリア形成

しかし、すでに前章で言及したように、若年層を中心に、組織観・会社観が変化し、コミットメントの対象が組織から自己の専門性や市場価値に移行するにつれ、キャリア形成のあり方にも大きな変化が見られるようになった。定年まで一つの会社に留まろうとする一社主義は影をひそめ、自分の専門性が認められたり、自分の市場価値（market value）が高まるなら、転職をもいとわない若者が増えつつある。実際、若年層の勤続年数はわずかながら短くなっており、雇用の流動化が本格化している。

若年層のこのような動きは、自己の人的資産（human capital）としての価値を高めることがその目的となっており、キャリア形成においても従来の企業主導型のキャリア形成や firm specific skill の習得には興味を示さない。それよりもむしろ、自らの責任で主体的に自己の資産価値を高めることに大きな関心をもっており、その実現に向けキャリア形成においても自律的なキャリア形成を望むとともに、技能の習得においても汎用性の高い技能や高度な専門的知識の習得を強く望んでいる。個人の自律性を重視したキャリア形成については次節で詳しく解説するので、ここでは汎用性の高い技能や高度な専門的知識の習得について解説をする。

エンプロイアビリティの概念とその種類

汎用性の高い技能や高度専門性は、エンプロイアビリティ（employability）と呼ばれている。エンプロイアビリティは、雇用する（employ）と能力（ability）とを合成した用語で、一般に雇用される能力や雇用可能性などと訳されている。エンプロイアビリティは、一九九〇年代に欧米を中心に、失業率の高まりの懸念や内部労働市場を中心とした長期雇用保障の困難性などを背景に登場したものであるが、実証的研究もまだ少ないのが現状である。

わが国でエンプロイアビリティの概念が取り上げられたのは、欧米同様に一九九〇年代になってからで、導入の推進役は日本経営者団体連盟である。日本経営者団体連盟は、バブル経済からの脱却と経済の構造改革をはかるべく、一九九五年に新日本的経営のなかで「雇用ポートフォリオ」の概念を発表するとともに、一九九九年に「日本型エンプロイアビリティ」を提言した。

ところで、エンプロイアビリティとは一体どう定義できるのか。一般に雇用される能力や雇用可能性と訳されていることについてはすでに述べたが、それではエンプロイアビリティの定義としては不十分である。諏訪（2002）によれば、エンプロイアビリティには、内部労働市場（自社）で評価される能力と外部労働市場（他社）で評価される能力の二面性がある。内部労働市場で評価される能力は firm specific skill、外部労働市場で評価される能力は general skill と考えられるので、エンプロイアビリティは両者の要素を兼ね備えた内・外の労働市場で評価される能力といえよう。

日本経営者団体連盟の日本型エンプロイアビリティは、ＮＥＤモデルとも呼ばれており、自助努力により身につけられた能力と企業の支援および仕事を通じて身につけた能力から構成されている。

エンプロイアビリティに関して本格的な実証的研究を展開してきた山本（2014）によれば、エンプロイアビリティには、内的エンプロイアビリティと外的エンプロイアビリティの二種類があるとされている。(3) 内的エンプロイアビリティ（internal employability）は、現在勤務している組織内で継続的に雇用され、当該組織の内部で価値を有する能力で、「企業による支援、および仕事を通じて身につけた能力」に相当する。一方、外的エンプロイアビリティ（external employability）は、他の組織に転職するための能力で、外部に通用する市場価値のある「自助努力により身につけた能力」に相当する。つまり、内的エンプロイアビリティは firmspecific skill、外的エンプロイアビリティは general skill に相当する。

いずれにしても、エンプロイアビリティは、内・外の労働市場で評価される能力と位置づけることができよう。今後は、ボーダレスなグローバル競争の激化、雇用の流動化が本格化するなか、エンプロイアビリティは、より高度な専門性や外部通用性を有する能力である general skill の方向に拡大していくものと思われる。

エンプロイアビリティの習得と新たな教育手法

このような内・外の労働市場で通用する高度な専門能力であるエンプロイアビリティを習得させていくためには、個人の自己啓発を支援するとともに、人材育成においても新たな試みが必要となる。ここでは、外部に通用する高度な部分、すなわち general skill の部分へと拡大するエンプロイアビリティの習得の方法について考えていく。

企業におけるこれまでの人材育成は、OJTを中心に、階層別研修や専門（職能）別研修から成るOff-JT、自己啓発の援助（Self Development: SD）が効果的に連動する形で実施されてきた。企業固有の技能の習得や後継者育成においては、OJTは極めて有効な教育手法であるが、教える側の専門技能や経験に大きく左右され、エンプロイアビリティの習得には有効とはいえない。また、階層別研修に関しては、各階層に求められる能力の習得には適した教育手法であるが、あくまでも階層別研修は全体的底上げに主眼が置かれており、自律的なキャリア形成を望む若年層やエンプロイアビリティの習得を望むプロフェッショナル志向の人材に対する教育手法としてはふさわしいとはいえない。専門（職能）別研修に関しても、階層別研修と同様に、各職能部門に必要な知識や技能の習得に主眼が置かれており、エンプロイアビリティの習得のレベルには至っていない。

CUを通じたエンプロイアビリティの習得

以上見てきたように、従来の企業内教育の手法ではエンプロイアビリティの習得はかなり難しく、新たな教育手法が必要となる。こうした新たな教育手法として注目を浴びているのが、CU（Corporate University）いわゆる企業内大学を通じた人材育成である。グローバル化が進んでいる自動車産業やエレクトロニクス産業の先進的企業において、次世代リーダーやプロフェッショナル人材の育成、グローバル・リーダーの育成などに活用されている。(4) エンプロイアビリティの習得には、こうしたCUを通じた「守・破・離」の原則に基づく体系的な専門教育と経験学習の融合が必要不可欠である。守・破・離とは、千利休が茶道を通して体得したプロフェッショナル論から生まれた言葉である。守とは基礎固めを意味しており、まず基礎となる知識を習得し、型や技を確実に身につける段階、破は応用知識の習得をはかり、これまでのやり方・方法を改善できる段階、最後の離はこれまで習得してきた専門的知識をベースにオリジナリティを発揮し、新たな知識・技術を開発できる段階を意味している。

博報堂のCUの事例⑤

次に、CUを通じてプロフェッショナルの育成を行っている二社の事例を通して、エンプロイアビリティ習得の実際を見ていきたい。まず一つ目は博報堂の事例である。博報堂は、二〇〇五年四月に社長直轄の人材育成機関としてHAKUHODO UNIVERSITY（博報堂大学）を設置し、クリエイティブな同社を支えるプロフェッショナル人材の育成と輩出に取り組み始めた。同社のプロフェッショナル育成に向けた教育プログラムは、全員を一定水準以上のプロに育てることを目指し、大きく二段階に分かれている。第一段階は複数の専門性を併せもった粒違いのプロの育成を目指した「経験と教育」の段階で、入社八年目までの社員を対象に、個人の経験領域の拡大や能力の伸長を見ながら、同一職務三年をめどとして二回の異動を行う「多段階キャリア選択制度」が導入されている。博報堂大学では、プロフェッショナルに必要な構想力の基盤体得を目的に、社員全員が共有すべき価値観・知識・スキルをHAKUHODO Wayとして集大成し、プログラムの多くを必修化している。これは構想を学ぶ「構想BASICS」と呼ばれており、先述した守・破・離でたとえるならば、まさに「守」に相当する。

第二段階は、一定水準に育ったプロをさらに伸ばす「挑戦機会の付与」の段階で、二つのプログラムから構成されている。一つ目は構想に気づく「構想SALON」で、新しい構想のヒントを得るべく、外部知と触れ、気づきを深めるプログラムである。具体的には、世の中の変革や新しい生活像を提唱している社内外の第一人者をゲストスピーカとして招聘する講演会の企画や有志による研究プロジェクトの推進などがプログラム化されている。これは先述の守・破・離でたとえるならば、「破」に相当するものと思われる。もう一つは、構想に挑む「構想LAB」で、これまで培ってきた専門性と自らのクリエイティビティを駆使し、これまでにない社会的な価値の創出や提言を行う機会を与えるプログラムである。実際に、自らのビジネスプランによる実験、研究、調査などを行うラボ（プロジェクト）を組織化し、具体的なアウトプットを出していくことが求められている。まさに、高度プロフェッショナルとしての徹底した挑戦の機会の付与で、守・破・離の「離」そのものである。

また、博報堂大学では、こうした「構想BASICS」「構想SALON」「構想LAB」といった三つの基幹機能と連動する形で三つの関連施策が用意されている。一つ目の施策は「マネジメントスクール」で、部門長経営研究コース、次世代経営コース、新価値創造リーダーコース、ビジネスリーダーゼミ、戦略開発プログラムなど、各層におけるリーダー候補人材を選抜型で育成する教育プログラムが展開されている。二つ目の施策は、「構想ライブラリー」で、社員の構想を支援するさまざまな基礎情報の収集・発信がなされている。最後は「キャリアデザインルーム」で、社員の自律的なキャリア開発を支援する専門機関として設置されている。

このような博報堂のCUを活用したプロフェッショナル人材の育成プログラムは、社員の自律的なキャリア開発を推進するとともに、守・破・離の原則に則り高度なエンプロイアビリティを有したプロフェッショナル人材の育成・輩出を可能ならしめるもので、エンプロイアビリティの習得やプロフェッショナルの育成を目指す企業に多くの示唆を与えるものと思われる。

損保ジャパンのCUの事例(6)

もう一の事例は、損害保険ジャパン（以下損保ジャパンと表記）のケースである。損保ジャパンは、各部門ごとに行われていたプロフェッショナル人材育成の教育体系を全社で統一し、企業内大学である「損保ジャパン・プロフェッショナル大学」を設立した。損保ジャパン・プロフェッショナル大学は、従業員にプロになること、そのためには能力開発努力が必要であることを強いメッセージとして伝えるとともに、社内外から一目おかれるような高度なプロを育てる計画的育成が組まれている点に大きな特徴がある。博報堂と同様に、高度なプロ人材育成に向けた計画的育成は、大きく二段階に分かれており、全員の底上げ、専門化を強化する「基礎課程」とプロフェッショナル人材育成に向けた「専門課程」から成り立っている。

損保ジャパン・プロフェッショナル大学のもう一つの特徴は、社長が学長を務め、人事担当役員が中心となって全体運営をつかさどり、人事部が事務局、大学でいう教務担当を担い、運営されている点にある。二〇〇六年の時点では、リテール営業、コーポレート営業、ＳＣ、監査・法務、ＩＴ、資産運用など、損害保険業界特有の九つの学部で運営されており、各学部はそれぞれの部門の担当役員が学部長に就任するとともに、主任教授として位置づけられている。

また、各学部での偏った教育に陥らないよう、人材開発トータルシステムの一環として社内イントラネットに分かりやすく掲示するとともに、受講資格を他の学部（部門）の従業員にも開放している。集合研修は、オープン研修と指名等オープン以外研修の二つから構成されており、それぞれ五〇前後の多彩な講座が開講されている。こうした集合研修の他に、社内・外の通信教育が合わせて開講されており、自律的なキャリア形成を支援している。

以上ＣＵを通した高度なプロフェッショナル人材の育成に関しての二つの事例を見てきた。博報堂、損保ジャパンの両社に共通するのは、エンプロイアビリティの習得やプロフェッショナル人材の育成は、従来の教育手法としてのＯＪＴや階層別、職能別集合研修ではその育成は難しく、ＣＵを通した守・破・離の原則に基づくベーシック・プログラムとアドバンス・プログラムにより、社内外より一流の専門講師を招聘し、高度専門教育を行っていくことで、初めてその達成が可能になるということである。また、損保ジャパンに見られるように、ＣＵの設置と合わせて自律的なキャリア形成を支援する通信教育や社内イントラネットを通じた e-learning なども必要になってくるものと思われる。

エンプロイアビリティの習得に必要なその他の施策

ところで、これまでは企業内における教育によりエンプロイアビリティの習得をはかることを中心に見てきたが、エンプロイアビリティ習得のさらなる教育効果を高めていくには、教育の場を企業内に狭く留めてはいけない。外部でも通用する市場価値の高い general skill に近い高度なエンプロイアビリティの習得には、教育の場を外部に求めていくことも必要である。まず考えられるのは、公募方式の社外トレーニー研修制度である。トレーニー先としては、競合先への派遣は難しいと思われるので、取引先とか調査研究機関、業界団体、官庁、シンクタンクなどが考えられる。こうした派遣先で新しい専門的知識や市場動向、法規制などに触れることにより、エンプロイアビリティの質的レベルが上がる。明治生命では、経営コンサルタント養成機関、調査研究所、銀行、投資顧問会社等への社外トレーニー研修、いわゆるチャレンジ研修を行っている(7)。

また、このような社外トレーニー研修と併行して、異業種交流の機会や外部プロジェクトへの参加の機会などを付与していけば、エンプロイアビリティの習得に向け、知の拡大につながるとともに、知のネットワーク形成にも大きく貢献する。

さらに、大学院などの高度専門教育機関、たとえばMBA、MOT、ロースクール、会計専門職大学院などに企業派遣することなども必要と思われる。あるいは大学の研究室と共同研究したり、研究室に研究員として派遣することなども有効な手段と考えられる。

以上、エンプロイアビリティの習得に関して詳しく述べてきたが、自律的なキャリア形成を望むプロフェッショナル志向の高い若年層は、自己の専門性や市場価値を高めるエンプロイアビリティの習得に強い関心があり、ＣＵを通じた計画的な高度専門教育、社外トレーニー研修制度や大学院派遣などは、彼らのキャリアニーズに応えるだけでなく、彼らを企業につなぎ止める大きなインセンティブにもなりうる。

2　キャリアストレッチングと越境学習

キャリアをめぐる環境の変化とキャリアストレッチング

これまでのキャリア形成は、一つの企業内における内部労働市場をベースに企業固有の firm specific skill の習得を企業の責任において、ＯＪＴや階層別研修、職能別研修などの Off-JT を通じて行われてきた。こうしたキャリア形成により習得した専門性やスキルは、個別企業内でのみ通用し、外部通用性は低い。firm specific skill、すなわち企業特殊技能といわれる所以がここにある。

しかし、最近ではこうしたキャリア形成のあり方や習得した専門性、スキルを効果的に活用仕切れないような変化が起こりつつある。まず一つ目の変化は、アウトソーシングやアライアンス（業務提携）、さらには若年層を中心とする雇用の流動化などにより、組織や職種の境界が以前ほど明確でなくなりつつある点である。つまり、内部労働市場が徐々に崩れ始め、外部労働市場とゆるくつながったり、あるいは両者の中間市場ともいうべき準内部労働市場が形成されるようになってきた。前節で述べたエンプロイアビリティは、こうしたことを背景にそのニーズが高まっているものと思われる。

二つ目の変化は、組織のフラット化、ネットワーク化により、他部門や他社との連携がこれまで以上に求められている点である。こうした連携は、もちろん組織対組織といった公式的なつながりからも生まれるが、むしろ個人のコミュニケーションスキルや個人の人間力、有している専門性などを介してできあがったソーシャルネットワークから生まれることが多い。したがって、当然、個々人はネットワークがうまく形成されるよう、人的資産としての価値を高めていかなければならない。つまり、外部通用性を有する高度な専門性を身につけておかなければならない。

三つ目の変化は、自分の身は自分で守っていかざるをえない点である。これまでは人材育成の責任は企業にあり、「人を育てる」ことが企業の大きな使命であった。しかし、成果主義が浸透し、終身雇用が崩れつつある現在では、かつてのような温情的な経営家族主義により、従業員を定年まで雇用保障することは困難となりつつある。これからは、われわれ個々人が企業に依存するのではなく、個人の責任において自己の人的資産価値を高め、雇用される能力であるエンプロイアビリティを習得していくことが求められている。花田（2013）は、このように従業員が自らの能力を高め、成長の可能性や機会の拡大に向け、活動を実践することをキャリアの「ストレッチング(8)」と呼んでいる。今後、企業に求められるのは、従業員のキャリアストレッチングを支援し、「人が育つ会社」づくりをいかに実現できるかである。

こうした変化にうまく応えていくためには、キャリア形成のあり方をこれまでの組織キャリアないしはオールドキャリアから新しいキャリア形成に転換していかなければならない。前節や第一章でも述べたように、若年層において仕事志向やプロフェッショナル志向が高まっており、自律的なキャリア形成や外部通用性の高い高度な専門性、スキルの習得に強い関心をもっている。また、企業自身も地球規模でのナレッジ競争を勝ち抜いていくために、プロフェッショナルやナレッジワーカーを必要としている。従業員サイド、企業サイド双方のニーズを満たしていくには、自律的なキャリア形成の支援と企業の枠を越えた新たなキャリア開発が必要となる。

そこでまず、自律的なキャリア形成の支援から見ていきたい。自律的なキャリア形成の支援とは、先述したように、従業員が会社に依存することなく自らの能力を高め、成長の可能性や機会の拡大に向け、活動を実践すること、すなわち個人のキャリアストレッチングを支援することである。このような個人の自己責任による人的資産価値の拡大活動は、コミットメントの対象が組織から自己の専門性や市場価値に移りつつある若年層やプロフェッショナル人材にとって、将来に向けたキャリアデザインに基づき、自らの手でキャリア設計ができるという意味では、彼（彼女）らの志向性に適合したキャリア形成のあり方といえよう。

三つのキャリア自律行動

こうしたキャリア自律行動を具体的に展開していくためには、次のような三つの行動レベルが必要となる(9)。まず一つ目は「ジョブデザイン行動」で、これは自らの価値観やポリシーをもち、積極的に周囲の人びとを巻き込み、自分なりのやり方で創造的な仕事をすることにより自己の満足感を高めるような能動的な行動を意味している。仕事とは与えられるものではなく、自らが主体的に創出するもので、極めて創造的なプロセスである。もちろんキャリア形成に関しては自律性が重要であるが、「仕事が人を育てる」ということも念頭に置いていく必要がある。チャレンジングで刺激的な仕事は、われわれのモチベーションを高めるだけでなく、能力やスキルの向上につながる促進要因にもなる。モチベーションにおける目標設定理論(goal-setting theory)においても、高い目標は低い目標に比べてモチベーションに与える影響が大きく、結果として業績向上につながることが明らかにされている。その理論的根拠は、高い目標を特定することは心理的に内的な刺激要素となると考えられるからである。これはキャリアにおいてもあてはまり、創造的でチャレンジングな仕事は、われわれに内的な刺激要素となり、キャリア自律行動を促進させる。

二つ目は「ネットワーキング行動」で、積極的に自分のネットワークを構築し、必要な情報交換や情報発信を行い、社内外のキーパーソンと問題意識や必要な情報を共有することを意味している。組織のフラット化、ネットワーク化、さらにはアライアンス、M&Aなどにより、組織の境界が崩れつつある現代においては、こうしたネットワーク行動の実践により構築された人的ネットワークは極めて有用なものとなる。われわれが主体的にキャリア形成をはかっていくためには、二つの資源が必要となる。一つは能力的資源で、個人が習得する高度な専門性や技術がその人の人的資産価値を高める。もう一つは関係的資源で、まさに人的ネットワークが自律的なキャリア形成に必要な情報や知識をもたらし、それらが結果として個人の資産価値を高めることにもつながる。こうした人的ネットワークは、キャリア自律にとっては欠かせないものである。

最後は「スキル開発行動」で、今後人的資産価値を高めることにつながるようなスキルや知識、資格取得を含め、どのように開発していくのかについて具体的アクションプランを策定し実践していくことを意味している。これは、先述した主体的キャリア形成に必要な能力的資源の向上をはかる行動で、エンプロイアビリティや general skill の獲得を目指す。

キャリア自律をめぐる誤解

ところで、このような三つの行動レベルから成るキャリア自律行動を従業員に促していくためには、企業としてそれらの行動を支援する施策が必要である。具体的な支援策については事例を踏まえ詳しく解説をするが、その前にキャリア自律に関する誤った認識について触れておきたい。キャリア自律をめぐっては、自律に対する誤った認識が存在しており、キャリア自律とは従業員の自己責任で行うべきものであり、企業が関与すべきものでないといった誤解が一部の企業で生じている。つまり、自分の人的資産価値を高めるようなキャリア形成は自分のお金と時間でやるべきといった誤解である。キャリア自律において大切なのは、従業員個々人が自分らしいキャリアを構築できるよう、必要なものは会社側が支援していくということである。企業に今後求められるのは、従業員のキャリア自律行動を支援し、人を育てる会社から、「人が育つ会社」へとパラダイムシフトしていくことである。

さらに、キャリア自律をめぐってはもう一つの誤解が存在している。それも自律に対する誤った捉え方が原因となっており、一部の企業では、キャリア自律とは自分勝手にキャリア開発をすることと誤って認識されている。キャリア自律といっても、個人の自律的なキャリア形成が大前提であるものの、やはり組織の人材ニーズと効果的に統合するような形で展開されることが望ましいと思われる。自己のキャリアニーズと組織の人材ニーズがマッチングすれば、個人の社外流失を阻止する可能性が高くなる。

サントリーのキャリア自律の支援策の実際(10)

個人のキャリア自律を支援するものとしては、前章で述べたように、社内公募制やＦＡなどのジョブチャレンジ制などがあるが、ここでは先進的な二社の事例を通して、キャリア自律の支援策の実際を見ていきたい。まず一社目はサントリーの事例である。サントリーでは、二〇一三年の人事制度改定にともない、「自分の内なるフロンティアを開拓しよう」というメッセージの下、個々人のキャリア意識の醸成に力を入れることを明言し、図表５－１のようなキャリア支援策を打ち出し

図表5－1　サントリーの人材育成の考え方と体系

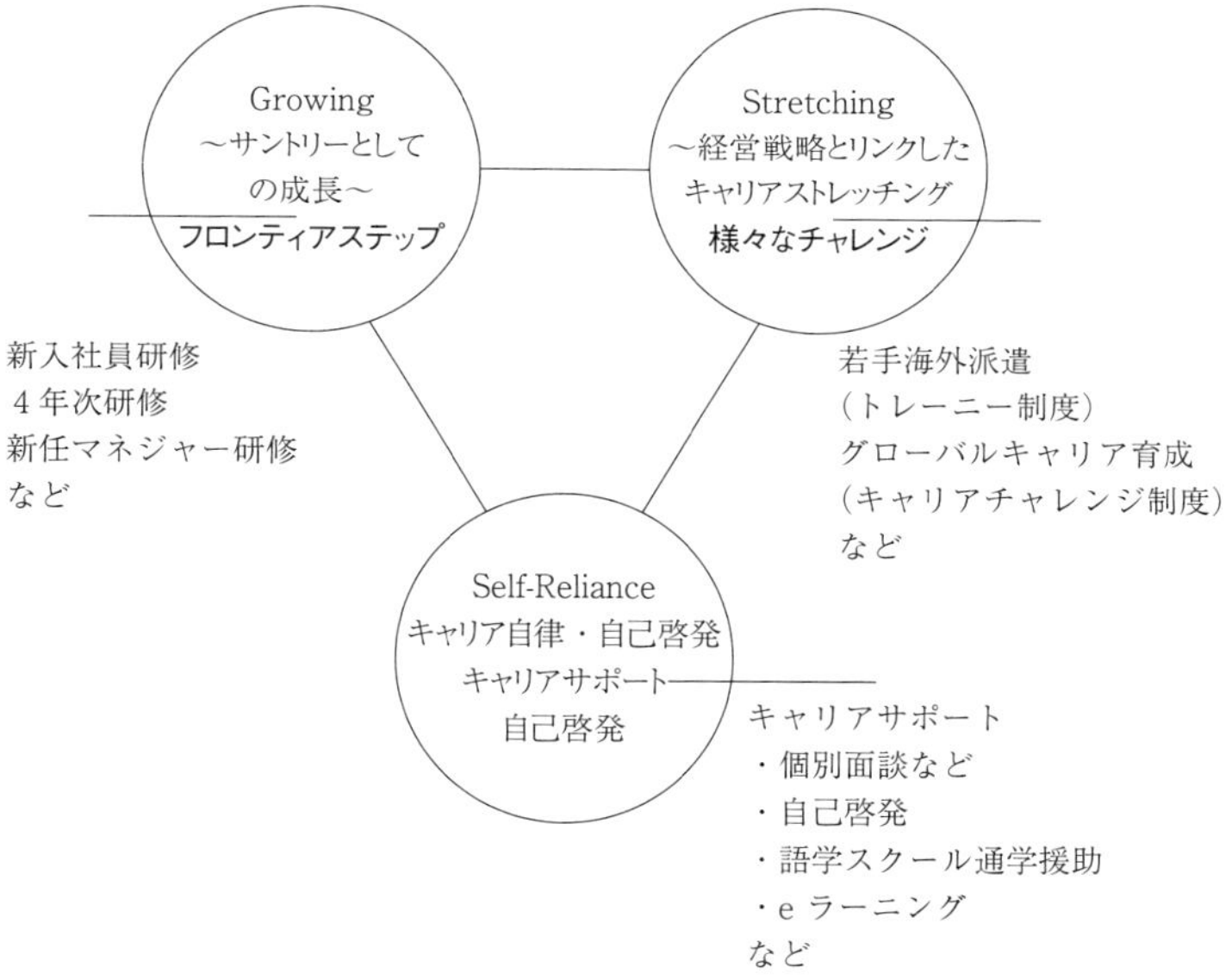

出所：労務行政研究所『労政時報』第3869号（2014.6.27）、27頁

た。このなかで注目したいのは、Self-Reliance ～キャリア自律・自己啓発～で、大きく三つのプログラムより構成されている。一つ目は自己啓発プログラム（Suntory Self-Development Program: SDP）で、多様な従業員ニーズに応えるよう幅広いジャンルをカバーした多彩なプログラムが用意されている。プログラムの選択は、応募型研修、語学研修、eラーニング、通信教育の四つの手段から選び、自己鍛錬することができるようになっている。

二つ目はキャリアビジョン面談で、「なりたい姿（中長期的な将来の異動希望など）」を上司と部下で、年一回話し合う場がもたれている。その際に、キャリアビジョンシートが活用され、一人平均一時間の面談が実施される。キャリアビジョンシートには、長期（サントリーでなりたい姿）と中期（三〜五年後の取り組みたい仕事、取得したい能力・スキル・知識）の将来のキャリア目標が設定され、その記述内容を参考に面談が実施される。

三つ目は、キャリアサポート室の設置とそれを活用した個別相談とワークショップの展開である。キャリアサポート室は、さまざまな現場を経験した社員七名と社外のシニア産業カウンセラー一名の八名から構成されており、個としっかり向き合うことをモットーに個別面談が実施されている。個別面談には、随時型、イベント型、WS（ワークショップ）フォロー型の三種類がある。随時型は、社内イントラにより面談希望日、面談内容を申し込み、個別面談が実施される。イベント型は、中途入社者、育児・介護休業復職者、コース転換者など、大きな環境変化をともなった人事異動が行われた場合に、キャリアサポート室より声をかけて面談が実施される。最後のWSフォロー型は、ワークショップ参加者には必須で、WSの内容の振り返りの機会を与えている。同キャリアサポート室がユニークなのは、組織主導色が強い人事部とは一定の距離を保って運用されており、面談結果は人事部に伝えられることはない。

一方、ワークショップは、キャリアを見つめ直す機会と位置づけられ、サントリー・キャリア・ワークショップ（CWS）が展開されているが、その設計・運営は基本的には自前のスタッフで行われている。キャリアワークショップは、次のように大きく四つのステージに分けて運用されている。

・第一ステージ：入社四年目―エントリー（必須）

第一ステージはエントリーと位置づけられ、全員必須の四年次研修が組み込まれており、キャリアについての考え方を学ぶことに主眼が置かれている。

・第二ステージ：入社一二年目―チャレンジ（必須）

第二ステージは、入社一二年目をチャレンジと位置づけ、一回の参加者を三〇人前後とし、一泊二日の必須のキャリア研修が組まれており、キャリアについてじっくりと考えさせることに主眼が置かれている。

・第三ステージ：四〇代―プロフェッショナル（応募型）

第三ステージは、人生八〇年の折り返し地点として、キャリアを確立するプロフェッショナルと位置づけられ、応募型の二日のキャリア研修が組み込まれており、じっくりと自分のキャリアと向き合うことに主眼が置かれている。

・第四ステージ：五三、五八歳―ワークショップ（必須）

第四ステージは、五三歳を成長の再認識、五八歳をリバイタルと位置づけ、全員必須の成長を意識したキャリア研修が組み込まれている。これは定年を六五歳に延長したことを契機に、多くの企業で実施されているいわゆるライフプラン研修とは性質を異にしており、あくまで

図表5－2　日本HPのキャリア形成の基本的考え方

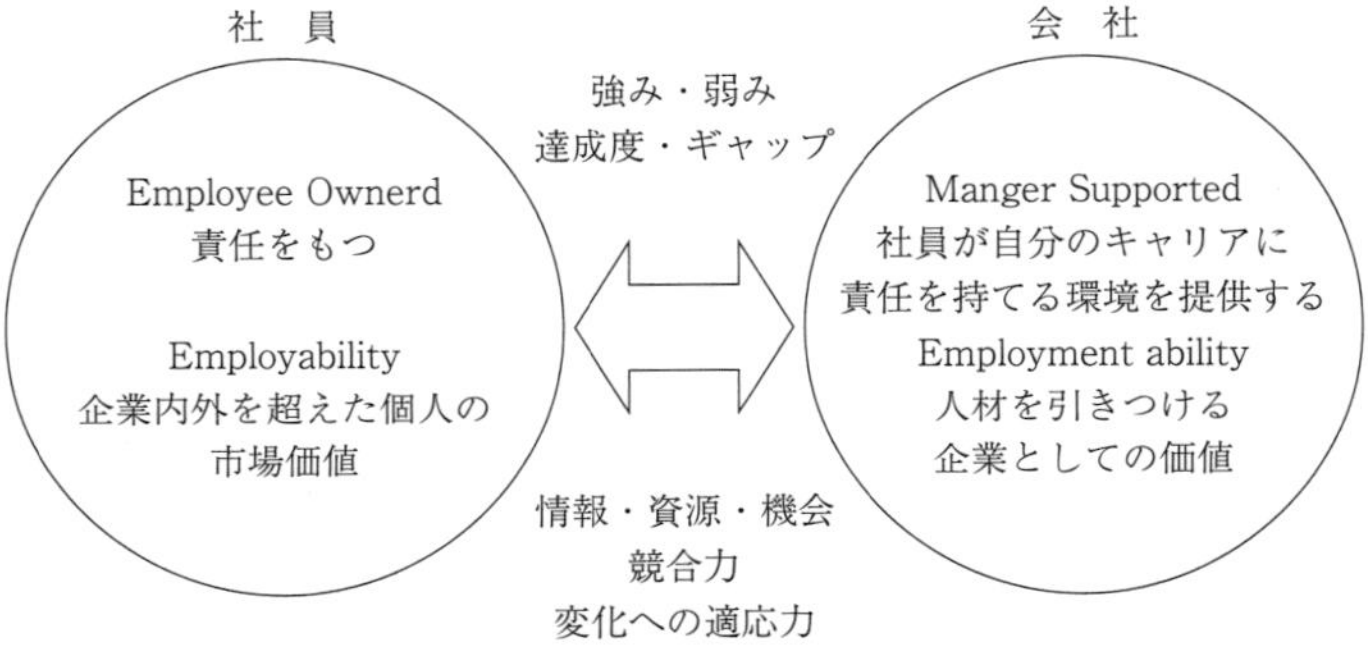

出所：日本経団連出版編『キャリア開発支援制度事例集』日本経団連出版、2006年、155頁

従業員の成長を目指したワークショップになっている点に特徴がある。

日本HPのキャリア自律支援策の実際(11)

もう一つは、日本ヒューレット・パッカード（以下では日本HPと表記）のキャリア自律の支援事例である。日本HPでは、従業員がいきいきと働くための環境や仕組みづくりのひとつとして、従業員個々人のキャリア開発支援を積極的に展開している。日本HPのキャリアに対する考え方は、図表5－2に見られるように、「Employee Ownerd, Manager Supported」を基本としており、従業員がキャリア形成について自ら考え、責任をもち、マネジャーは従業員のキャリア実現を個々のステージに沿って支援するということがキャリア形成の基本的な考え方となっている。

日本HPのキャリア自律の支援は、キャリア相談サポートとキャリア自律支援トレーニングの二つから成り立っている。まず、キャリア相談サポートの仕組みであるが、キャリアに不安を感じたり、行き詰まった場合は、基本的には自分のマネジャーに相談するのが原則となっている。マネジャーに相談できないとか、組織を超えたアドバイスが必要な場合などは、人事部内にある「ダイバーシティ・キャリア推進部」がキャリア相談サポートを行う仕組みとなっている。日本ＨＰでも、サントリーと同様、キャリアアドバイザーを行う部署が設置され、従業員のキャリア形成を支援している。

もう一つのキャリア自律支援トレーニングの方は、ダイバーシティ・キャリア推進部が、サポートプログラムの一つとして二日間の「キャリア自律トレーニング」（キャリア・セルフリアライアンス・トレーニング）を開催している。ここでは従業員個々人が自律的にキャリア開発、キャリア構築に取り組むよう啓発し、その手法をマスターすることに主眼が置かれている。このコースでは、さまざまな手法やツールなどを活用し、これまでのキャリアの棚卸しを行い、キャリ開発のゴールを設定し、その達成に向け具体的なアクションプランを作成していく。コースの学習目標は、自己認識と価値観の確立、生涯学習の実践、未来志向の行動特性、人的ネットワークの積極的開拓と活用、変化への適応性という五つの特性を習得することに置かれている。さらに、日本ＨＰではキャリアデザインの確立に向け、ｅラーニングを導入し、仕事の成果をあげる術や多様な働き方に対応しながらキャリアを確立するために何が必要かについて学習する機会を提供している。

以上先進的な二社のキャリア自律の支援策の実際を見てきたが、両社に共通しているのは、キャリアアドバイスを提供できる専門機関を社内に設置し、それを核に、キャリアワークショップやキャリア相談を実施しているということである。さらに共通するのは、個人の自律的なキャリア形成に向け、自己啓発を支援するeラーニングが導入されている点である。

ところで、もう一つ事例考察から得られた知見がある。それはサントリーが行っているキャリア段階をきちんと踏まえたキャリアワークショップの開催で、キャリア自律を支援していくには、キャリア・トランジション、いわゆるキャリアの節目をきちんと認識し、キャリアワークショップやキャリアデザイン研修を実施していくことが極めて重要である。竹には節があり、節があるから折れることなく大きく成長できる。キャリア形成においても、竹の節と同様に、キャリア・トランジションにおけるキャリア上の課題をクリアして次のステップに進んでいかなければ個人の成長はない。サントリーの事例はその大切さを教えてくれている。

組織を越えたキャリア形成　その1——プロティアン・キャリア

キャリアストレッチングを実効あるものにしていくためには、キャリア自律の支援だけでは不十分で、先述したエンプロイアビリティの習得に見られるように、組織を越えたキャリア形成が必要となる。キャリ自律の支援が会社が個人に行う支援であるのに対し、組織を越えたキャリア形成は個人の意志に負うところが大きい点に留意する必要がある。

組織を越えたキャリア論として、ここでは二つの理論を取り上げたい。一つはプロティアン・キャリアで、ホール（Hall, D. T.）が提唱したものである。ホールによれば、キャリアの主体が組織から個人へと変化するのにともない、専門的コミットメントを重視し、仕事における心理的成功や満足感を目指す自己志向的なキャリアに関心が高まりつつある。そもそも、プロティアンとは、ギリシア神話のプロテウスから名付けられたもので、「変幻自在である」ことを意味している。[12] こうした点から、プロティアン・キャリアを概括的に捉えるならば、キャリアの主体は個人で、個人の成長感や心理的満足感により、キャリアの方向が変幻自在に変わっていくものとなる。

こうしたプロティアン・キャリアには、二つのメガ・コンピテンシーが必要である。[13] 一つはアイデンティティで、どれだけ自分の価値観・興味・能力・計画に気づいているか、過去から将来に至るまで自己概念がどの程度統合されているか、といったものから構成されている。つまり、自分は何がしたいのかといった自己に対する気づきであり、その人の人生の統合状況を反映している。もう一つは、アダプタビリティで、市場価値のある能力やコンピテンシーを有し、変化する課題や役割の要求にうまく応えるとともに、個人の目標と環境のバランスとの調整をはかりながら維持していく適応力を意味している。つまり、仕事関連の柔軟性を指している。

組織を越えたキャリア形成　その2――バウンダリーレス・キャリア

組織を越えたキャリア形成を説明するもう一つの理論は、バウンダリーレス・キャリア論である。これはアーサーとルソー（Arthur and Rousseau, 1996）が提唱するもので、アメリカのシリコンバレーで活躍するＩＴ技術者のキャリア分析から生まれた概念である。バウンダリーレス・キャリアは、まさに字のごとく、組織や産業を越えて形成されるキャリアで、変化や柔軟性が求められる環境の変化を背景に登場してきた。

バウンダリーレス・キャリアでは、市場性のある高度な専門性や能力をもつことが強調されており、組織にキャリア形成を依存するのではなく、自らの責任で人的ネットワークを作って積極的に学習し、キャリア形成をはかるもので、その根底にあるのは個人の意志とネットワークを通した能動的学習である。(14) そうした点から、バウンダリーレス・キャリアにおけるネットワークは極めて重要で、新しい知や最先端の情報に触れる学習の場であるとともに、次の仕事の機会を得る場でもある。それゆえ、バウンダリーレス・キャリアはコミュニティ・ベースド・キャリアとも呼ばれている。(15)

このようなバウンダリーレス・キャリアにおけるキャリア形成は、次のような三つのキャリア・コンピテンシーをベースに蓄積されていく。(16)

① Knowing-Why（個人の動機や価値）

個人のアイデンティティに関わるもので、変化の激しいキャリアにおいて意味を見いだすセンス・メーキング能力につながる。

② Knowing-How（知識やスキル）

仕事上の知識やスキルの獲得に関わるもので、主体的にかつ柔軟に学ぶことが重要とされている。

③ Knowing-Whom（人的なネットワーク）

バウンダリーレス・キャリアにおいては、人的ネットワークは組織の壁を越えて非階層的に、即興的に形成されることが重要とされている。

以上、組織を越えたキャリア形成のあり方を説明する理論として、プロティアン・キャリアとバウンダリーレス・キャリアの二つの理論について概説してきた。両者に共通するのは、変化や柔軟性が求められる現代においては、企業に頼ることなく自らの意志と責任で、人的ネットワークを通じて組織や産業の枠にとらわれない、市場性のある能力やスキルを身につけていく新たなキャリア形成のあり方が求められているという点である。こういう新たなキャリア形成は、前節で述べたエンプロイアビリティの習得や仕事志向、プロフェッショナル志向の高い若年層のキャリア形成とはマッチングしており、今後そのニーズはますます高まるものと思われる。

バウンダリーレス・キャリアに求められる越境学習

ところで、こうした組織を越えたバウンダリーレス・キャリアには、組織内におけるＯＪＴやOff-JTに代わり、最先端の知や情報に触れる新たな学習の場が必要となる。このような新たな学習の場として注目を浴びているのが、実践共同体を活用した越境学習である。実践共同体とは、

「あるテーマに関する関心や問題、熱意などを共有し、その分野の知識や技能、持続的な相互交流を通じて深めていく人々の集団」で、わかりやすく表現するならば「学習のための共同体」である。(17)荒木（2007, 2008, 2009）は、一連の研究から実践共同体を類型化するとともに、職場の外にある実践共同体に越境して学習することが、キャリア形成に有効であることを明らかにした。荒木（2007）によれば、実践共同体は同質型と多様型の二つに大きく区分される。同質型とは、構成メンバーが所属組織や専門領域が同じで、日常的に親密なメンバーに限定される。多様型とは、職場を越えた多様なメンバーから構成され、気楽な情報交換が主たる目的のサロン型とメンバー共同で解を出すことが求められる創発型に区分される。つまり、実践共同体は同質型、多様型サロン、多様型創発型の三つに類型化される。荒木は、創発型がキャリア確立には有効である点から、創発型実践共同体の重要性を強調している。

次に、実践共同体の機能や役割についてもう少し詳しく見ていきたい。松本（2013）は、実践共同体での越境学習について、実践共同体での非規範的視点と所属組織での規範的視点との間の差異を見いだし、それによって学ぶ「複眼的学習」を実践共同体の機能としてあげている。これはアージリスら（Argyris, C. et al.）のこれまでの前提（いわゆる準拠枠）を疑い、変更するというダブル・ループ学習の概念に近い。実践共同体の機能としてもう一つ留意すべき点は、そこでの学習は「二重編みループの学習」であるという点である。(18)その意味するところは、所属（勤務）する組織の一員である従業員が、外部の実践共同体で他の組織の専門家たちと議論・学習したことを所属組織に持ち帰り、実際の業務に適用してみて、新たな知の創造やイノベーションを起こすという一連の学習サイクルである。

職場学習を研究している中原（2012）は、越境学習を「個人が所属する組織の境界を往還しつつ、自分の仕事・業務に関する内容について学習・内省すること」と定義している。中原の定義に従えば、越境学習を理解するキーワードは往還と内省である。したがって、最近流行の単なる外部での勉強会に参加することや異業種交流会に参加することは、内省に欠けており、越境学習と同一に見ることはできない。

こうした点から、実践共同体での越境学習には、往還と内省が包含されており、組織の境界を越えた多様な結びつきと相互作用により、所属する組織内のイノベーションや新しい知の創造につながるという意味で、組織学習の促進や知識創造の機能があるものと思われる(19)。

実践共同体における学習の特徴

長岡（2013）は、ワークス研究所の雑誌『Works』（2013. 02-03, No. 116）のインタビューに対し、実践共同体を通じた学習を図表５‐３に見られるように、「学びのサードプレイス」と位置づけ、これまでのＯＪＴや Off‐JT による学びとの違いを明らかにしている。長岡によれば、職場での学習は垂直学習が中心で、職場での協働的な実践に参加し、実践のなかで修羅場をくぐり抜ける経験を積み、経験について他者との対話を通じて内省し、仕事における熟達化を目指す点に大きな特徴

図表５－３　学びのサードプレイスの位置づけ

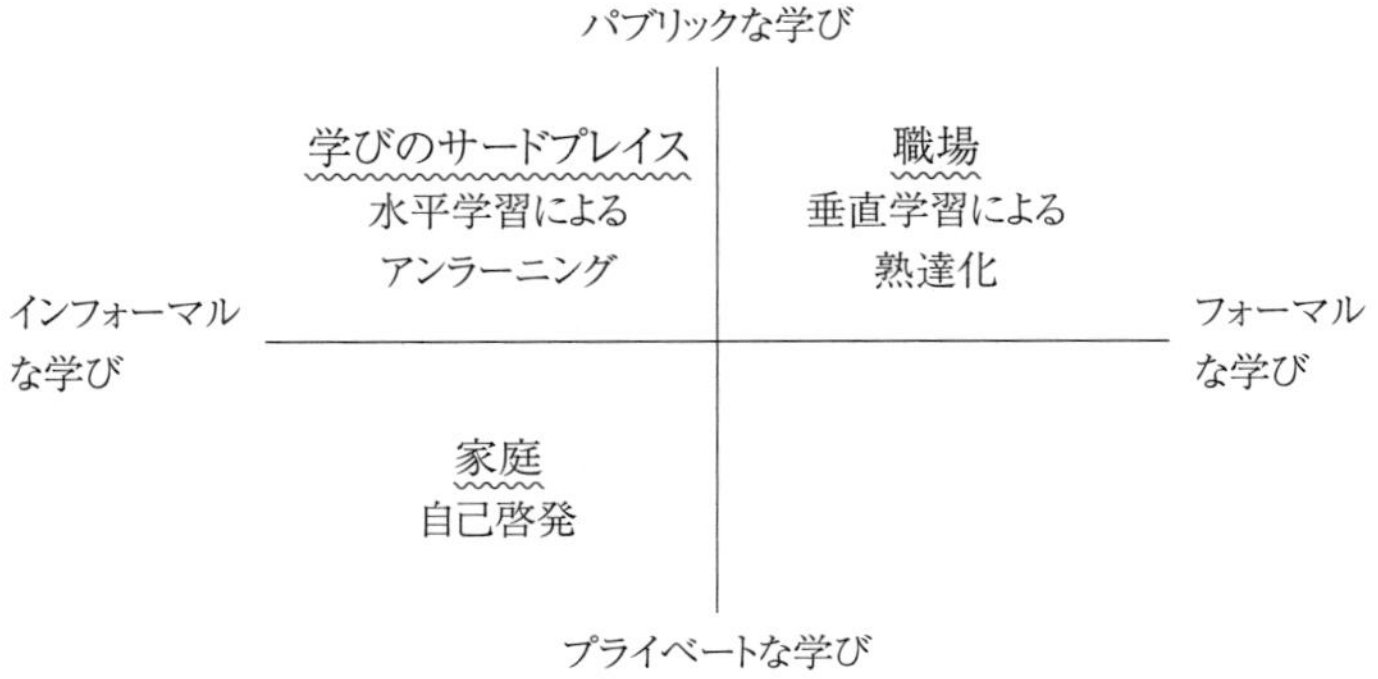

出所：中原淳、長岡健『ダイアローグ 対話する組織』ダイヤモンド社、2009年、204頁に加筆修正

がある。すなわち、職場での垂直学習は実践、修羅場、内省といった三つのステップを経て、専門領域における熟達（プロ）を目指すものである。

したがって、このような垂直学習は、多様な経験や一皮むけた経験[20]により個人の熟達を目指す、いわば自己完結型の学習モデルとしての色彩が強く、残念ながら企業に求められる知識創造やイノベーション創発には至らない。

それに対し、学びのサードプレイスでの学習は、水平学習が中心で、越境して異質な価値観に出会うこと、出会った異質に違和感をもつこと、その違和感を「自らの異化[21]」につなげるといった三つのステップを経て、アンラーニング、すなわち既存の知識や従来の前提を捨て去りゼロベースで考えることを目指す点に大きな特徴がある。知識創造やイノベーションは、既存の枠組みや価値前提をこわすところから生まれるもので、アンラーニングを目指す水平学習が必要不可欠である。

つまり、実践共同体における学習は、所属する組織から越境して、外部知や異質な価値観に触れ、それらを所属する組織内の業務を通じて内省化し、知識創造やイノベーションにつなげる動態的学習であると位置づけることができよう。

組織マターとしての実践共同体の設置

実践共同体を通じた越境学習は、会社側の推奨で実施される場合もあるが、多くの場合、いわば個人の自発性に基づく学習スタイルである。したがって、実践共同体における越境学習を通じて、往還および内省したとしても、その影響の範囲、すなわち学習効果は個人ないしはミニマムレベルにとどまってしまう。越境学習の効果をよりいっそう高めるためには、実践共同体、つまり学習の共同体（場）を外に求めないで、組織内に設置することも検討する必要がある。石山（2013）は、その著書である『組織内専門人材のキャリアと学習』（日本生産本部生産性労働情報センター）のなかで、企業が進める越境学習として二つの企業の事例を紹介している。一つはクライスラーで、車種別のすべてのプラットホームにまたがる専門家、技術者を集めた非公式な共同体として「テック・クラブ」を創設した。同クラブはその評価を高め、クライスラーのエンジニアリング部門には欠かせない存在となった。

もう一つはシェルで、共通の専門分野や関心を持った人びとのネットワークとして「ターボ野郎」を創設した。同共同体は、メキシコ湾に見られる地層の油層開発に関する実践共同体であるが、地質学者、油層工学のエンジニア、地球科学者などの専門家より構成されている。同共同体は、その自発性を担保しつつ、長期間にわたって存続している。

こうした二社の事例からも分かるように、開発型の企業やプロフェッショナル、ナレッジワーカにとっては、顔を合わせ、意見や情報、個人の暗黙知を交換し合う場所が必要である。プロフェッショナルやナレッジワーカーは、ひとりの個人ワークを望んでいると考えられがちであるが、彼らは知識創造やイノベーションの創発に向け、むしろ協働することを強く望んでいる。地球規模でのナレッジ競争が激化するなか、今後は社内学会や学習ラボのような学習する場としての実践共同体が企業内において設置されることがますます求められてこよう。

さらに、産業コンソーシアム型のCUであるIFI[22]（Institute for the Fashion Industries：産業人材育成機構）に見られるように、今後は一企業だけでなく、企業間、さらには産業レベルで新たな技術開発やイノベーション創発、未来の知的資本を生み出す場として、コンソーシアム型の実践共同体を設置していく必要が出てこよう。

兼業禁止の緩和――パラレル・ワークの解禁[23]

ところで、越境学習の導入と並行して考えなければならない問題がある。それは多くの企業で見られる兼業禁止規定の問題である。リクルートワークス研究所は『Works』一三三号（2015.12-2016.1）で、「人事部の、今、あるべき形」という特集の第二特集で「複業（パラレルワーク）」に人事はどう向き合うか?」を取り上げている。そのなかで、リクルートワークス研究所は、パラレル・キャリアで成功している人たちの事例を紹介し、プロフェッショナルの社外鍛錬を企業の競争力に活かす要諦として、副業（パラレルワーク）を奨励、促進の方向でとらえている。確かに、見方を変えれば、パラレル・ワークも越境学習のひとつとしてとらえることができる。

実際、二〇一六年二月二四日のヤフーニュースで、ロート製薬が、国内正社員一五〇〇人に副職ＯＫという見出しの記事が配信された（朝日新聞 DIGITAL）。その記事によれば、ロート製薬では、「社外チャレンジワーク」と名付けられた制度を使い、就業先を届け出れば、平日の終業後や土日祝日に他社で収入を得ることが認められるようになった。越境学習やバウンダリーレス・キャリアを想定するときには、こうした兼業禁止の問題は避けて通れない問題である。

法律上、従業員の兼業や二重就業を禁止する規定は存在しない。しかしながら、兼業や二重就業を就業規則でなんらかの形で制限する企業は多い。制限を解除するかどうかは、労働契約上の「労務提供義務」および「付随義務」の視点から具体的に決めていく必要がある。われわれ労働者は使用者（会社）に対し、労務を提供する義務を負っており、兼業によってその義務の提供ができなくなるような兼業（副業）はやはり、禁止されるべきである。同様に、付随義務として競業避止義務や使用者の名誉や信用を毀損しないという義務を負っており、両義務に抵触するような兼業もやはり、禁止されるべきである。したがって、兼業する会社の事業内容を精査し、競業先であるかどうかを判断していくことが求められる。大切なのは、従業員からの個別の申し出ごとに、労務提供義務が履行可能かどうかを柔軟に判断していくことである。先述のロート製薬の事例は、平日の終業後、土日、祝日に兼業が認められており、労務提供義務に抵触はしていない。

二〇一一年二月一五日朝日新聞朝刊において、自分の仕事の専門性をボランティアで活かす「プロボノ」が紹介されていたが、今後はこうしたプロフェッショナルがボランティアやNPOなどを活用して、社会に貢献していこうとする活動が増えていくものと予想される。企業の人事部は、プロフェッショナル志向の高まりやバウンダリーレス・キャリアの増加などにともない、こうしたパラレル・キャリアやパラレル・ワークにいかに対応していけばいいのかについて答えを用意しておく必要がある。

3　自律した個をつなぎとめるA&R施策

自律的なキャリア形成を望む仕事志向やプロフェッショナル志向の従業員は、組織に対するコミットメントが低く、ベクトルは外の方向に向かっており、その定着性が問題となっている。また、功利主義的帰属意識が強く、自己のキャリア形成における損得、すなわち自己の市場価値（market value）が上がるかどうかを重視する傾向が強い。このような志向性に裏打ちされた自律する個は、自己のキャリア形成の可能性や方向性に満足がえられない場合は、組織を辞めて社外に流出してしまう危険性がある。自律する個の社外への流出を阻止するためには、彼（彼女）らを組織につなぎ

図表５－４　自律する個を繋ぎとめるＡ＆Ｒ施策体系

- 自律する個を繋ぎとめるＡ＆Ｒ施策
  - 経済的インセンティブ
    - ESOP
    - 成功報酬（発明報酬）
    - 早い昇進（fast track）
  - 心理的インセンティブ
    - アワード（award）制度
    - ジュニア・ボード制
    - チャレンジ休暇制度
    - ワークプレイス
  - キャリアインセンティブ
    - 複線型人事制度
    - 社内公募・FA制度
    - 社外トレーニー制度
    - 大学院派遣
    - CUによる専門教育

とめるための魅力ある人事施策が必要となる。このような組織につなぎとめる魅力ある人事施策は、Ａ＆Ｒ（Atraction & Retention）と呼ばれている。図表５－４は、自律する個を組織につなぎとめるためのＡ＆Ｒ施策の全体像を表したものである。図表５－４におけるキャリアインセンティブについては、すでに前章で解説したので、本節では経済的インセンティブと心理的インセンティブについて解説をする。

（1）経済的インセンティブとしてのA&R施策

長期的インセンティブとしてESOPを導入

仕事志向やプロフェッショナル志向の高い自律する個は、自己の市場価値を高めるようなキャリアインセンティブに高い関心を示すが、社外流出阻止の観点から経済的インセンティブにも配慮する必要がある。給与や賞与などの短期的インセンティブについては、すでに多くの議論やアイデアが出尽くしており、重要なのは競合企業と比べて競争力のある給与であるかどうか（つまり、市場相場と連動しているか）、業績連動の部分が適度に大きく反映されているか、などを考慮に入れて給与制度を設計すればよい。

しかし、組織へのコミットメントが低く、長期雇用関係を望まない自律する個に対しては、給与や賞与などの短期的インセンティブよりも長期的インセンティブの提供が組織への定着性を高める観点から重要と思われる。このような長期的インセンティブとして関心が高まりつつあるのがＥＳＯＰ（Emplyee Stock Ownership Program：以下ＥＳＯＰと表記）である。ＥＳＯＰとは、アメリカで誕生したもので、従業員年金を専用の信託（Employee Stock Ownershop Trust）を活用して自社株式を積み立てる確定拠出型年金プランである。分かりやすくいえば、従業員に自社株を給付する退職給付（企業年金）制度の一つである。その目的は、ストックオプション同様、従業員の自社株式化により所有者意識を醸成し、株主と従業員の利害を一致させることにある。

日本では、確定拠出型年金、いわゆる日本版401ｋプランの導入と合わせて、経済界はその導入を提唱したが、思ったほどには関心が高まらなかった。しかし、その後、ＥＳＯＰ導入促進に向け条件整備がなされ、税務上の取り扱いに関する法制度面の環境も整い、二〇一四年では二一四社に導入されている（新日本有限責任監査法人調べ）。日本で初めてＥＳＯＰを導入したのは三洋電機（現在はパナソニックの子会社）である。三洋電機のＥＳＯＰは二〇〇五年に導入されたもので、内容としては既存の退職給付制度に上乗せする制度で、退職時に自社株が給付される。しかし、三洋電機のＥＳＯＰは資産を保有・運用する信託を使ったものではなく、退職時に退職金に株式を付与するもので、本格的なＥＳＯＰとはいえない。

わが国でのＥＳＯＰは日本版ＥＳＯＰと呼ばれており、そのタイプには持株会型と株式給付型がある。持株会型は、企業から独立した信託などを活用し、持株会が定期的に自社株を購入する。通常の従業員持株会はインサイダー取引に抵触しないよう配慮し、計画的に取得する必要があるが、持株会型ＥＳＯＰは信託から定期的に自社株を購入することができる。また、信託は機動的に株式市場から自社株を購入することができ、株が値上がりをした場合は信託期間終了時に従業員に配分される。これにより従業員の株価や業績に対する意識が高まると同時に、従業員の長期的インセンティブの機能をも果たす。日本版ＥＳＯＰ導入企業二一四社のうち、この持株会型が一五三社とその多くを占めている（新日本有限責任監査法人調べ）。

一方、株式給付型は、さらに在職給付型と退職給付型に区分されるが、退職給付型を導入する企業が多い。株式給付型ＥＳＯＰは、一定の条件を満たす従業員に対し、ポイントを付与し、累積した保有ポイントに応じて株式を付与する仕組みである。日本版ＥＳＯＰ導入企業二一四社のうち、株式給付型は六一社であるが、その導入は大きく増加しつつある。

こうした日本型ＥＳＯＰに関して、労務行政研究所は『労政時報』（第三八七〇号、二〇一四・七・一一発行）において、三社の先進的事例を紹介している。そのなかの一社、エン・ジャパンの事例を取り上げてみたい。エン・ジャパンは、求人求職情報サイトの運営および人材紹介など人材ビジネスを展開する企業で、二〇一〇年に株式給付型ＥＳＯＰを導入した。同社では、「今の成果に対しては今の報酬で報いる」という人事政策が一貫してとられている。したがって、賃金の後払いの退職金制度は存在しておらず、時価主義的な報酬制度として株式給付型ＥＳＯＰが導入されている。ＥＳＯＰの導入目的は、従業員の長期勤続インセンティブと企業価値向上への関心を高めることにおかれている。勤続一年以上の正社員（等級制度の一定グレード以上）を対象に、勤続一年につき、一律1ポイント（ただし、導入時は業績評価により2ポイント、1ポイント、0ポイントと差をつけていた）が付与される。1ポイントは一単元株、すなわち一〇〇株で、単元未満株は時価換算で現金で給付される。全部を時価換算で現金給付の選択も可能である。株式給付の要件としては、制度導入から一〇年を経過した後の退職者から給付可能で、退職事由は問われない（詳しくは労務行政研究所『労政時報』第三八七〇号、二〇一四・七・一一発行を参照）。多くの会社が管理職や一定グレード以上の従業員を対象としているのに対し、同社のＥＳＯＰは勤続一年以上を対象としている点が大きな特徴である。同社の株式給付型ＥＳＯＰは、社外流出しやすい自律する個や若年層に対するＡ＆Ｒ施策としては効果的で、長期的インセンティブにもなりうるものと思われる。

成功報酬（発明報酬）の導入

プロフェッショナル志向に裏打ちされた自律する個は、その専門性が高く、会社に対する貢献度も高いと思われる。業務上における成果や業績は人事評価に基づき評価され、賞与等の処遇に反映される。しかし、発明などの著しい企業への貢献は発明報酬などを制定し、その貢献に報いることが重要である。四国の日亜化学と元同社の研究者である中村修二氏との青色発光ダイオードの発明をめぐる訴訟は、こうした発明をめぐる象徴的な事件で、中村氏という優秀な研究者を企業が失うばかりでなく、日本からの頭脳流出にまでいたる結果となった。その他には、オリンパス、日立製作所、味の素、キャノンなどにおいても研究者が自らの発明に対する相当な対価を求めて訴訟を起こしている。平成二七年七月に特許法の一部を改正する法律（改正特許法）が成立し、従業員が会社の仕事で発明した特許を「企業のもの」とすることが可能となった。これまでは一律に「社員のもの」とされてきたが、先述した訴訟などを背景に企業の要望を受け、九〇年ぶりの法改正となった。

今後企業は社内規則等などで社員に通知しておけば、特許は企業に帰属する。一方、発明した従業員は社内規則などで定めた「相当の利益」を受ける権利があり、企業は従業員に発明に相当する利益で報いる仕組みを整えておかなければならない。相当の利益の付与の決定に関しては、特許庁の指針（ガイドライン）に示されているように、対価算定基準案を社内イントラネットや社内報などで説明し、広く意見を求め、協議をした上で、決定した対価算定基準を社内のイントラネットやホームページなどで開示していくことが必要である。さらに、相当の利益の決定に関しては、該当者や従業員から質問や不服等を含め、意見を聴取し、相当の利益の確定を行っていくことが求められる。

遅い昇進モードから早い昇進モード（fast track）への転換

日本的雇用システムは終身雇用をベースに、従業員間に不要な格差を発生させないよう年次管理により遅い昇進モードで昇進管理が展開されてきた。このような遅い昇進モードは、rat race と揶揄されるように、昇進競争に多くの従業員を巻き込み、モチベーションを喚起する機能を有していた。ある意味で遅い昇進モードは、「意図せざる能力主義」といっても決して過言ではない。

自律する個にとっての関心は、図表5－4における自己の市場価値を高めるキャリア・インセンティブにあるが、彼（彼女）らを組織につなぎとめるためには、今後は遅い昇進モードから早い昇進モード、すなわち fast track に転換していくことが必要である。一般に、自律する個はプロフェッショナル志向が強く、自己の市場価値や専門性を高めることに関心が向かい、組織のなかにおける偉くなるはしご（career ladder）を登ることには余り興味を示さないと考えられている。

確かに、彼（彼女）らにはそうした傾向は見られると思うが、だからといってそれがただちに昇進管理に配慮する必要がないということにはならない。ポストに就くということは、その職位を全うするために必要な権限を有し、組織内外におけるネゴシエーション力や組織を牽引するリーダーシップが必要不可欠となる。こうした権限を有し、組織や集団をまとめて期待される組織の成果をあげるためには、自己の視野を広げるとともに、集団のメンバーがついてくるように個人の人間力をも高めていかなければならない。こうした経験は、自律する個にとっても、プロフェッショナルやビジネスパーソンとしても個人を大きく成長させることにつながる。早い昇進モードに転換することにより、彼（彼女）らにこうしたチャンスを与えるということは、組織につなぎとめる有効なＡ＆Ｒ施策になりうるものと思われる。

(2) 心理的インセンティブとしてのA&R施策

アワード（Award）制度の導入

われわれ人間には、どこかで認められたい、評価されたいという承認欲求が存在している。特に、仕事志向やプロフェッショナル志向の強い自律する個にとっては、その傾向が強いように思われる。たとえば、研究者であればフェローと認められ、フェローとしての称号が与えられることにこの上ない喜びを感じる。金銭で報いられるよりもむしろ心理的報酬の方が好ましいとさえ思われる。ソフトレーザーによる質量分析技術の開発でノーベル化学賞を受賞した田中耕一氏に対し、島津製作所はフェロー第一号として称賛し、田中氏の名前を冠した「田中耕一記念質量分析研究所」の設置まで行っている。こうした田中氏の業績を称賛し、表彰するアワード制度は、世界的第一人者の研究者である田中氏を島津製作所につなぎとめることに大きく寄与しているものと推察される。

スリーエム（３Ｍ）では、有力な発明者に金銭ではなく、社内における一種のクラブメンバーになれる名誉が与えられ、アップルではマッキントッシュを発売したときに、初代機のカバーの裏に開発に従事した全社員の名前が刻印された。オリンパスでは、一〇〇〇万もする高額な顕微鏡に作成者の名前が刻印される。また、筆者がコンサルタントとして関わったぴあでは、PIA AWARD

を設け、会社の創立記念日に、新規事業などの提案をした従業員を全社員の前で表彰し、称賛している。スリーエム、アップル、オリンパス、ぴあの事例は、まさに従業員の心をくすぐるもので、心理的インセンティブとして機能し、所属している企業に対する愛着と定着性を高める効果が期待できる。

このように、世の中の先進的企業においては、従業員の功績をたたえ、それを称賛するアワード制度が導入されており、プロフェッショナルや高度専門職などのリテンションに寄与している。

ジュニア・ボード（青年重役会）制の導入(24)

ジュニア・ボード制とは、若手社員を経営の実際問題に取り組ませ、その経営能力を啓発していくもので、青年重役会と呼ばれている。メンバーの選定に関しては、自ら志願、または選出される場合もあり、ジュニア・ボードのねらいと位置づけにより、決定される。以前はベンチャー企業の経営革新の一つとして導入が進んでいたが、現在はそれほど脚光を浴びていない。

しかし、その導入目的を明確にし、効果的な運用をはかっていけば、企業の開発能力を高め、組織を活性化させるとともに、自律した個の意見を経営に反映させる機会を提供することでリテンション策にもつながる。導入目的としてはいろいろ考えられるが、主なものをあげると、経営、事業開発に対する提案、次世代経営者としての育成の場、若手社員の意見を反映した組織の活性化などがあげられる。組織コミットメントが低い自律する個に対しては、このようなジュニア・ボード制は、経営に参加し経営者の考え方に触れることにより、価値の共有化（shared value）がはかられ、その結果として組織との一体化を促し、定着を促進させる効果が期待できる。

ただし、ジュニア・ボードのメンバーの選定に関しては、選ばれた人と選ばれなかった人との間に、勝者、敗者といった軋轢が生じないよう工夫することにも留意する必要がある。

チャレンジ休暇制度の導入

大学教員には、充電のための長期休暇制度であるサバティカル（sabbatical）という制度がある。自律する個は、自分の専門性を高めたり、あるテーマについてじっくり取り組みたいといった欲求が強く、サバティカルのような日常の煩雑さから解放されて没頭できる時間の設定が必要と思われる。

こうしたサバティカルは、なにも大学人の世界にだけ存在するものではなく、一般の企業においても導入されている。たとえば、インテルでは七年勤続ごとに約二ヵ月（八週間）、マクドナルドでは一〇年勤続ごとに三ヵ月の休暇がもらえる(25)。

このように、自律する個やプロフェッショナル志向の人材にとっては、自己投資の時間として研究休暇や長期休暇が必要になる。ただ単に引き留め策としてではなく、休暇中における従業員の活動を通して広がったネットワークやアンテナなどを戦略的な経営資源として活かしていけるよう制度の設計や運用を心がけていかなければならない。

さらに、今後は従業員にボランティ活動なども含め、会社以外のフィールドで活躍してもらうためのチャレンジ休暇も必要となってくる。プロボノに象徴されるように、従業員が自分の専門性を活用し、ボランティア活動やＮＰＯなどで社会活動することは、幅広い意味でのＣＳＲ活動につながるといった視点でこうした活動を支援していくことが求められる。

ワークプレイスの整備

プロフェッショナルやナレッジワーカーのような自律する個は、お互いの暗黙知を交換し合ったり、アイデアを出し合ったりすることが多く、オフィススペースにそうした協働できるスペースやSkypeやテレビ会議などのインフラ整備まで必要となる。

なかでも特に重要と思われるのは、オフィスレイアウトである。従来の職場は、製造業に伝統的に見られる田の字型オフィスが多くの企業で導入されている。田の字型オフィスとは、まさに字のごとく、机の配置が組織の長である課長を中心に、組織メンバーが対面する形で机がレイアウトされるもので、コミュニケーションの活性化が促進されるという効果が期待できる。しかし、残念ながら組織メンバーが個々の職務（範囲）にこだわりすぎて、集団としてのシナジー効果が発揮されず、イノベーションや変革などは生まれにくい。

大切なのは、「個」の連携と「知」を生むオフィスにオフィスレイアウトを変更することである。[26]

そのためには、個々人のデスクは置かないで、自由に気分でワークスペースが確保できるフリーアドレス型レイアウトの導入や職場の中心に自由にプロジェクトミーティングや暗黙知、アイデアの交換ができるラウンドテーブルの設置、いつでも誰かが集まり自由にディスカッションできる部屋の設置などが必要となる。自律する個には、こうした協働する場の設置や知を生み出すオフィスの設計は、彼（彼女）らのリテンションには有効に働くものと思われる。

キャリア・インセンティブとしてのフリーランス契約の導入

ところで、組織に縛られたくない、自律志向の強い若年層は、仕事内容を特定し、自分の専門性を活かすことができるならば、雇用形態にあまりこだわらず、契約社員など自由な働き方にはそれほど抵抗がないものと思われる。ピンク（Pink, D. H.）は、その著書である『フリーエージェント社会の到来』（池村千秋訳、ダイヤモンド社、二〇〇二年）のなかで、組織に縛られることなく、自分の将来を自ら開いていくフリーエージェントがこれまでの労働のあり方を変えていくことを指摘している。ピンクによれば、フリーエージェントの労働の価値観は自由、自分らしさ、責任、自分なりの成功の四つである。(27)

こうしたフリーエージェントの最も一般的な形態はフリーランスで、特定の組織に雇われずにさまざまなプロジェクトを渡り歩いて仕事を展開する。リクルートのプロ第一号は、杉並区の和田中学校で「よのなか」科を作った元校長の藤原和博氏で、リクルートを退社し、フリーランスでリクルートより仕事を請け負っていた。また日産自動車では、いすゞ自動車からデザイナーをフリーランスで雇い、日産のデザインを請け負わせた。
今後は、日本でもこうした組織に縛られず、フリーランスの形で働く人たちも増えてくるものと思われる。プロフェッショナル志向に裏打ちされて自律する個は、特にこの傾向が強いように推察される。企業はこのような労働観をもった人材をリテンションしたり、人を外部から引きつけるために、キャリア・インセンティブとしてフリーランス契約の導入を検討していく必要があるものと思われる。

注

（1）児美川孝一郎『権利としてのキャリア教育』明石書店、二〇〇九年、八四―八七頁。
（2）金井壽宏『働くひとのためのキャリア・デザイン』ＰＨＰ新書、二〇〇二年、五八頁。
（3）山本によれば、単にエンプロイアビリティという場合は、外的エンプロイアビリティを意味することが多く、内的エンプロイアビリティを含む場合は、広義のエンプロイアビリティとなる（詳しくは山本寛『働く人のためのエンプロイアビリティ』創成社、二〇一四年、三七―四〇頁参照）。
（4）詳しくはDIAMOND Harvard Business Review December 2002において、自動車、エレクトロニクス産業の企業内大学を通じた「Ａクラス人材」の育成の事例の特集が組まれていることを参照のこと。
（5）博報堂のＣＵの事例は、日本経団連出版編『キャリア開発支援制度事例集』（日経連出版、二〇〇六年）九五―一一三頁の「博報堂プロを育てるキャリア自律支援体系」を参考に記述。
（6）損保ジャパンのＣＵの事例は、前掲書、二六八―二七一頁の損保ジャパン「プロフェッショナル大学の設立」を参考に記述。
（7）詳しくは、ワイアット人事コンサルティングチーム編『若者の力を引き出す人事システム インパクトプログラム』経営書院、一九九三年、「事例三 明治生命のチャレンジ研修・チャレンジポスト制度」（九二―九三頁）を参照のこと。
（8）花田光世編『新ヒューマンキャピタル経営』日系ＢＰ社、二〇一三年、九〇―九二頁。
（9）花田光世、宮地夕紀子、大木紀子「キャリア自律の展開」『一橋レビュー』五一巻一号、二〇〇三年、一八―一九頁。
（10）サントリーの事例は、労務行政研究所『労政時報』第三八六九号（二〇一四年六月二七日発行）特集「先進的事例に学ぶキャリ開発支援の実際」の「事例1 サントリーホールディングス」を参考に記述。
（11）日本ＨＰの事例は、日本経団連出版編『キャリア開発支援制度事例集』（日本経団連出版、二〇〇六年）の「日本ヒューレットパッカードパフォーマンスマネジメント」（一五三―一六八頁）を参考に記述。
（12）大庭さよ「第七章ダグラス・ホール」渡辺三枝子編『キャリアの心理学』ナカニシヤ出版、二〇〇三年、一一五頁。
（13）大庭、同上書、一一七―一二一頁。
（14）三輪卓己『知識労働者のキャリア発達』中央経済社、二〇一一年、五三頁。
（15）三輪、同上書、五四頁。
（16）これらのキャリア・コンピテンシーは Defillippi & Arthur（1996）によって提唱されたもので、インテリジェントな組織研究から抽出されたものである（詳しくは三輪、同上書、五五―五六頁参照）。

(17) 松本雄一「実践共同体における学習と熟達化」日本労働政策研究・研修機構『日本労働研究雑誌』六三九号、二〇一三年、一七頁。
(18) 石山恒貴『組織内専門人材(ナレッジ・ブローカー)のキャリアと学習』日本生産性本部生産性労働情報センター、二〇一三年、八〇—八七頁。
(19) 松本は、実践共同体の役割として個人学習・熟達化、チーム・組織学習の促進、育成・教育、知識創造の四つの役割をあげている(詳しくは松本、前掲書、二二一—二二三頁)。
(20) 金井は、一皮むけた経験として、入社初期の配属、初めての管理職、プロジェクトチームへの参画、ラインからスタッフ部門・業務への配属、新規事業・新市場開拓などゼロからの立ち上げなどをあげている(詳しくは金井壽宏『仕事で「一皮むける」』光文社新書、二〇〇二年、二七頁)。
(21) 自らの異化とは、違和感に遭遇しても、周囲ではなく、自分がヘンだから感じることができることを指す(詳しくはリクルートワークス研究所『Works』一一六号(2013. 02–03)、一三—一五頁)。
(22) IFIとは、繊維、ファッション業界の主要企業四〇社などの出資により設立された産業コンソーシアム型の産業人材育成機構で、IFIビジネススクールを開講し、業界としてのプロフェッショナル人材の育成に取り組んでいる(詳しくはリクルートワークス研究所『Works』五七号(2002. 09–09)、三一—三二頁参照)。
(23) 兼業禁止の記述に関しては、労務行政研究所『労政時報』第三七三九号(二〇〇八年一二月一二日発行)における相談室Q&A(一三八—一三九頁)を参考に記述。
(24) ジュニア・ボード制に関しては、ワイアット人事コンサルティングチーム編『若者の力を引き出す人事システム インパクトプログラム』経営書院、一九九三年、一六九—一七三頁を参考に記述。

(25) ウイリアム・マーサー社編『Ａ＆Ｒ優秀人材の囲い込み戦略』東洋経済新報社、二〇〇一年、一三〇―一三一頁。
(26) 紺野登「ワークプレイスの将来と知識経営」次世代オフィスシナリオ委員会編『知識創造のワークスタイル』東洋経済新報社、二〇〇四年、三五頁。
(27) ダニエル・ピンク（池村千秋訳）『フリーエージェント社会の到来』ダイヤモンド社、二〇〇二年、九三―九五頁。

第六章　個性尊重主義人事に求められる組織マネジメントとリーダーシップ

1　ミドルの再生と新たな役割・機能(1)

管理職をめぐる混乱

個人のキャリア自律を促進させる個性尊重主義人事を展開していくためには、第四章や第五章で見てきたようなキャリア形成の仕組みや人事システムだけでは不十分で、現場でマネジメントをつかさどるミドルのあり方やリーダーシップをも変えていかなければならない。ところが、管理職をめぐってはそれとは相反するような混乱が生じている。その混乱とは管理職不要論の動きである。背景には、組織のフラット化、プロジェクトやタスクフォースによる業務の遂行、さらにはLANをはじめとする情報ネットワークの普及により、仕事の進め方や指示・命令の出し方が大きく様変わりをし、管理職の存在や必要性に疑問を呈する動きがある。ドラッカー（Drucker, P. F., 1989= 邦訳2004）もその著書である『新しい現実』（新訳、ダイヤモンド社、二〇〇四年）のなかで、これからの情報化組織では組織の階層が減少し（フラット化）、主役は専門家に移り、中間管理職やミドルマネジメントは必要なくなることを主張している。

しかし、こうした管理職をめぐる動きは、管理職の地位や権限に基づき、上意下達により業務遂行や職場運営を行ってきた従来型の管理職像を前提に議論が展開されており、今後求められる新たな管理職像を視野に入れておらず、問題を矮小化させている。最近では、行き過ぎた成果主義により、マネジャーのプレイングマネジャー化が増えており、ＯＪＴの形骸化が進むとともに、成果主義により職場内で個人主義が助長され、職場のチークワークが崩壊しつつある。組織のイノベーションとは、集団のチームワークや協働、グループダイナミックスのなかから生まれるもので、その根源ともいうべき職場が崩壊している。

これまで何度も言及してきているように、経営のグローバル化が進み、グローバルなレベルでのナレッジ競争が激化している。グローバルコンペティティションにおける競争優位の獲得に向け、イノベーションを起こしていくには、ナレッジを生み出す場や職場が必要不可欠である。企業経営において、成果主義で崩壊した職場の建て直しや部下の育成は喫緊の課題である。言い換えるならば、部下の自律性を尊重し、創造性を発揮させ、バラバラになった集団を組織学習を通じてナレッジを生み出せる創造的集団へと転換させていくことが求められている。

こうした創造的集団づくりの核となるのが管理職、いわゆるミドル（以下、ミドルと表記）で、これまで以上にその重要性は高まりつつある。トヨタを含め、昨今の職場マネジメントの強化や課長・係長を復活させる動きは、まさにこうした点を反映しているものと思われる。

ミドルから戦略ミドルへ

従来のミドルは、組織のヒエラルキーの中間に位置づけられており、ミドルとしてトップを補佐しつつ、その考え方や方針を組織メンバー（フォロアー）へ伝搬するとともに、所定の目標を達成するという責任を負ってきた。これはコッター（Kotter, J. P.）が提唱するマネジメントの概念に類似している。(2) コッターによれば、マネジメントは次のような三つのステップから成り立っている。

step 1 ：Planning and Budgeting　プランニング（計画策定）と予算化
step 2 ：Organizing and Staffing　組織化と人材配置
step 3 ：Contolling and Problem solving　コントロールと問題解決

このステップからもわかるように、マネジメントは計画通り予算執行させることに主眼が置かれており、ここからは変革やイノベーションは生まれてこない。別の表現をするならば、ミドルに求められるマネジメント行動は、“doing things right”（物事を正しく行う）であって、効率性の追求や計画内での予算執行が主たる目的となっている。

しかし、先述したように、グローバル競争に打ち勝つためには、固定観念を打破し、組織内にイノベーションを引き起こしていかなければならない。そのためには、ミドル自身も変わっていく必要がある。コッターは、組織内に変革を起こすには、マネジメントではなく、リーダーシップが必要であるとし、その展開ステップとして次のような三つのステップを提示している。(3)

step 1：Establishing direction　将来の方向・ビジョンの確立
step 2：Aligning people　人びとをビジョン達成に向け整列（コミット）させる
step 3：Motivating and Inspiring　モチベーションを高め、ビジョン達成の障害を克服できるよう鼓舞する

コッターは、このようなリーダーシップからマネジメントでは生み出せない大規模な変革を生み出すことができるとしている。(4)

戦略ミドルに求められる新たな役割・機能

組織内にイノベーションを起こしていくミドルには、このようなリーダーシップが必要であると同時に、ミドルの位置づけも戦略ミドルに転換していかなければならない。戦略ミドルは、伝道師としての役割を果たしてきた従来のミドルとは異なり、新たな役割・機能が必要となる。本書では、

戦略ミドルに求められる新たな役割・機能として次のような五つを指摘しておきたい。

①ビジョン策定機能
内外の経営環境、自社の競争力の分析の中から戦略課題を抽出し、その達成に向けたビジョン（ロードマップ）を策定する

②コンダクター（旗振り役）機能
策定されたビジョンや目標の達成に向け、組織メンバーを組織化するとともに、自ら先頭に立ってメンバーを引っぱっていく

③チャネラー機能
組織内外の情報ネットワークを駆使し、コミュニケーションセンターとして組織の情報の中枢機能を果たす

④バッファー機能
ビジョンや目標達成のプロセスで発生する組織間のコンフリクトや、上司と部下の期待する役割のズレなどの調整を行い、組織全体の協働へと導いていく

⑤カタライザー（触媒）機能
ナレッジの創出に向け個人の自律性を促すとともに、集団や個人の間に化学反応を引き起こし、組織の創造性を高める

こうした戦略ミドルに求められる五つの新しい役割・機能は、管理職の階層によりその重要度が異なり、上級管理職になればなるほど、ビジョン策定機能やコンダクター機能が重視される。

これからの戦略ミドルは、このような五つの機能を駆使して、策定したビジョン達成に向け、管理行動を展開していかなければならない。すなわち、情報の中枢機能として的確な情報分析に基づき、ビジョンを策定するとともに、その実現・達成に向け、触媒として組織内に化学反応を引き起こし、部門間の利害調整をしながら組織メンバーを引っぱっていかなければならない。こうした戦略ミドルの管理行動を簡潔に表すならば、"doing the right things"（正しいことを行う）と表現できよう。戦略ミドルに求められる五つの新たな役割・機能は、先述した三つのステップから成るコトラーのリーダーシップの概念そのものである。

野中（1990）は、知の創造においてミドルの果たす役割が重要であることを指摘するとともに、ミドルにはミドル・アップ・ダウンの実践が必要であることを強調している。ミドルの役割は、トップの考えやビジョンを理解し翻訳した上で、その実現に向けてフォロアーにビジョン達成の概念的な枠組みを提供し、創造の方向性を示して支援していかなければならない。これこそがまさに戦略ミドルの役割であり、経営トップの暗黙知を形式知化、いわゆる組織で共有できる組織知に転換する組織学習の推進役を果たすものである。

2 野球型チームからサッカー型チーム、オーケストラ型チームへ

職能別組織とチーム型組織

キャリア自律を促進させる個性尊重主義人事を展開していくためには、ミドルの再生、すなわち戦略ミドルへの転換と同時に、組織マネジメントのあり方も大きく転換させていかなければならない。モノづくり立国のわが国では、これまで伝統的に職能別組織が採られてきた。もちろん大企業においては、事業部制やカンパニー制、マトリックス組織などが導入されているが、多くの企業では未だに職能別組織が採られている。職能別組織は、製造、購買、営業、マーケティング、経理・財務、人事など、組織に必要な職能（function）を集めた組織で、いわゆるスキル別の組織といっても過言ではない。したがって、組織の目標も明快で、スキルワーカーやファンクショナル・スペシャリスト（functional specialist）を育成するのには適した組織である。しかし、残念ながら職能別組織は、自らの職能部門の利害を重視しすぎるため、硬直的な組織に陥りやすく、適応性に乏しい組織となりやすい。また、職能別組織は専門分野別組織であるため、経営全体を見ることができず、経営者の育成が困難な組織でもある。さらに、職能が集積した組織であるがため、他の部門と連動しにくく、組織イノベーションが極めて生まれにくい組織である。そのため、職能別組織は人材育成面から見た場合、一つの企業内で通用する専任職、いわゆるエキスパートを育成するのには極め

て適した組織であるが、外部でも通用するプロフェッショナルやナレッジワーカー、次世代リーダーなどを志向する自律する個の育成には適した組織とはいえない。

ドラッカー（1974＝邦訳 2012）は、このような職能別組織の欠点を補う組織として、チーム型組織が必要であることを指摘している。ドラッカーによれば、チーム型組織とは、さまざまなスキル、知識、背景をもった人たちが、さまざまな分野に属しながらともに働く人たちの集まりである(5)。これはいわばプロジェクト・チームで、ある目的のために意図的に作られた臨時的（一時的）組織で、製品開発や組織改革、病院などの医療組織でも頻繁に活用されている。チーム型組織の特徴は、チームメンバーそれぞれの専門性を活かし、組織学習を通じてアウトプットを出していく動態的組織である。また、職能別組織とは異なり、職能間の縄張り意識がないため、組織としての学習能力が高く、適応性に富んだ組織である。組織のイノベーションは、職能別組織ではなく、チーム型組織から生まれやすい。

しかし、チーム型組織は、組織としての自由度が高いため、メンバーの個々の専門性にこだわりすぎて、チームとしての一体感が阻害され、それぞれに期待される役割が不明瞭になってしまう危険性がある。したがって、チームリーダーの存在は極めて大きく、メンバーにそれぞれの役割と貢献を明確にするとともに、チームとしての成果があがるようリーダーシップを発揮していく必要がある。なお、リーダーシップについては、次節で詳しく解説をする。

また、チーム型組織はチームとしての効率性や柔軟性の面から、規模の面での限界があり、その適用範囲は限定されざるをえない。

以上、見てきたように、チーム型組織は組織としての学習能力が高く、適応性に富んだ動態的組織で、組織イノベーションを生むのには適した組織である。しかし、規模の面での限界から適用範囲が限定されたり、個々の専門性のこだわりから組織としての一体感を醸成しにくいなどの欠点もあり、完璧な組織とはいえない。ドラッカーが指摘しているように、チーム型組織はナレッジを生み出す知識組織としては有効であるが、あくまでも職能別組織の運営の欠点を補完する組織として活用していくべきものと考えられる。[6]

チーム型組織の種類

ドラッカーは、このようなチーム型組織には、野球型チームとサッカー型チーム、テニスのダブルス型チームの三種類があることを指摘している。[7] ここでは自律する個に対する職場マネジメントのあり方を探究する本書の趣旨に照らし、野球型チームとサッカー型チームに焦点をあてて見ていくこととする。

野球型チームは、九人のレギュラーポジションがあるように、個々人の役割と責任は明確に決まっている。一部には複数のポジションをこなすことができる選手（個人）が存在しているが、基本的には個々のポジション、つまり役割や責任は固定されている。したがって、ややもすると役割意識が強くなり、硬直的な組織に陥りやすくなる。また、野球の特徴は監督のサインによりプレーが遂行されており、管理的色彩が強いのも特徴である。同じように、野球型チームも管理職の指示により業務が遂行されるため、柔軟性に欠けた硬直的な組織に陥りやすい。野球型チームは、個人に明確な目標をもたせ、役割や責任を遂行させる点では優れた組織であるが、その裏返しの欠点として硬直的な組織に陥りやすい。このような野球型チームは、ルーチン性の強い業務に適している。先述した職能別組織の欠点を克服する視点から、チーム型組織を活用することは、組織運営の効果性を高めることにつながる。しかし、野球型チームは、役割が狭く限定されてしまうと同時に、管理職の指示で仕事を進める点から、自律する個に対する組織マネジメントとしてはふさわしくない。

一方、サッカーのチームは、一人一人の選手がそれぞれの個人技を活かしながらチームプレーで相手チームのゴールをめざす点に大きな特徴がある。ゲームのプロセスでは、野球のように、監督がいちいちサインをだすことはなく、ゲームの流れに応じて個々人が相手のポジションや状況を的確に判断し、必要な行動を起こす。サッカー型チームもサッカーと同様に、個々人の専門性を中心に、それぞれが柔軟な役割を果たしていく。ある意味で、サッカー型組織は、状況対応力に富んだ柔軟な組織であり、動態的な組織であるため組織イノベーションが生まれやすいという点に大きな特徴がある。サッカー型チームは、職能別組織の欠点を補う点で優れているばかりでなく、キャリア自律に裏打ちされた個や、仕事志向、プロフェッショナル志向に富んだ個に対する組織マネジメントにも適している。

野球型チームからサッカー型チームへ

多くの企業で導入されている職能別組織の欠点を補うべく、チーム型組織が活用されているが、これまで見てきたように、チーム型組織には野球型、サッカー型の二種類のチームが存在しており、それぞれ特徴を有している。キャリア自律を促進させる個性尊重主義人事を展開していくためには、これら二つのチーム型組織の特徴を精査した上で、その選択をしていくことが重要である。

キャリア自律の個は、仕事志向やプロフェッショナル志向が強く、指示されるよりもセルフ・コントロールで仕事を進めることを好む。組織ルールや伝統的慣習にしばられたり、上司に管理されることを嫌う。会社や組織に対するコミットメントが低く、自己の専門性や仕事へのコミットメントが高い。キャリア自律の個に対して組織マネジメントを展開するためには、仕事の面白さや仕事を通じたキャリア・インセンティブを高めると同時に、離転職行動を阻止する観点からチームに対するコミットメントを高めることも必要となる。

個人の仕事志向に応え、セルフ・コントロールで仕事を進めていくためには、コントロール志向の強い野球型チームではその期待に応えることはできない。個人の自律性と個人技（専門性）が活かせるサッカー型チームの方がキャリア自律を志向する人びとには適している。これまでの考察からも明らかなように、個性尊重主義人事の展開に向け、職能別組織の組織運営を補完する目的でチーム型組織を導入する場合は、管理志向の強い野球型チームから自律志向の強いサッカー型チームへと転換をはかっていかなければならない。

オーケストラ型組織の導入

二一世紀は情報化社会で、組織も情報化組織となる。情報化組織はフラットな組織で、情報を核につながっているネットワーク組織でもある。情報を核につながっているということは、情報化組織は専門家集団の組織でもある。こうした専門家集団の組織形態として、オーケストラ型組織が脚光を浴びつつある。ドラッカー（1993= 邦訳 2007）もその著書である『ポスト資本主義社会』（ダイヤモンド社）のなかで、情報化組織の型を①野球や病院チーム、②サッカーやオーケストラ、病院の救急医療チーム、③テニスのダブルス、ジャズバンドの三つに分類している。これまでの著書のなかには、オーケストラに関する記述はある程度なされているものの、この書ほど明確な記述はない。ドラッカーは、情報に基づく組織は交響楽団すなわちシンフォニーを演奏するオーケストラの組織に最も類似していると指摘している(8)。

オーケストラとは、多様なパーツ（楽器）、すなわち専門性を有するプロフェッショナルで構成されており、個人の自律性が確保された組織である。オーケストラにおいては、各楽器を担当するそれぞれの専門家（演奏家）が楽譜と指揮者を手がかりに、各パートを自己管理と自己責任によって演奏しなければならない。オーケストラのミッションは楽譜にあり、各演奏家は指揮者の指示に従いながらも、自律的に他の演奏家たちと調和を保ちながら一つの楽曲を完成させる。そこには個々人の専門家としての自律性が確保されており、規模の大きな楽団であってもフラットな組織である。こうした点から、オーケストラとは、各演奏家の強い自己規律性と組織としてのミッションともいうべき楽譜、さらにはその楽譜を基に最高のシンフォニーを奏でさせる指揮者の三つがうまく相まってはじめてその効果が発揮される組織といえよう。

これを企業におけるオーケストラ型組織にあてはめてみると、オーケストラ型組織とは、多様な専門性を有する自律した個の集団から成り立ち、情報によりゆるく繋がったフラットな組織で、会社や組織のミッション達成に向け人知が結集された組織である。したがって、組織メンバーにとっては、個々人の専門性が発揮しやすいだけではなく、セルフ・コントロールの原則で仕事を遂行することができる。こうした点から、オーケストラ型組織は、キャリア自律を望む人たちにとっては望ましい組織と印象づけられ、組織に対するコミットメントの醸成も副次的効果として期待できる。さらに、このようなオーケストラ型組織は、人知が結集された組織であるため、それぞれの専門性が発揮されやすく、組織イノベーションが生まれやすい。つまり、オーケストラ型組織は個性尊重主義人事の展開や組織イノベーションの創発にとっては望ましい組織といえよう。

オーケストラ型組織からネットワーク型オーケストラ組織へ

しかし、こうしたオーケストラ型組織は、運用面で二つの課題に直面する。一つは指揮者すなわちリーダーの問題で、もう一つはメンバー同士のコミュニケーションすなわち情報ネットワークの問題である。一つ目のリーダーの問題に関しては、次節で詳しく述べるので、ここでは情報ネットワークの問題について見ていきたい。

オーケストラ型組織は、自律的な専門家集団であるため、自分のパートである専門分野に対する強いこだわりがあり、オープンなコミュニケーションチャネルで異分野の専門家の意見や情報提供を受け入れにくい面があると思われる。オーケストラ型組織をより組織イノベーションが生まれやすい組織にしていくには、専門分野の垣根を乗り越え、メンバー間の情報交換や意見交換が活発に行われるネットワーク型組織としていかなければならない。一般に、オーケストラとは、指揮者を中心にハブ状に各パート（演奏家）が配置されており、パート間の連携が示されていない。確かに、オーケストラには指揮者が存在しており、オーケストラのミッションともいうべき楽譜と指揮者のコンダクトにより組織のシナジー効果が生まれ、シンフォニーが奏でられる。まさに、プロ集団のなせる技である。

しかし、オーケストラを企業組織に当てはめたとき、現行のハブ状の組織の状態では相互の連携が難しく、個人が保有する専門性や知を交流させることができず、思ったような組織学習の展開には至らない。その結果、組織としてのシナジー効果は生まれず、組織イノベーションも思ったほどには期待できない。オーケストラ型組織をイノベーティブな集団にしていくためには、専門性を有した異質な個体同士が組織内外にネットワークを張り、それらを通じて新しい知や情報を交流させ、個人の暗黙知を組織知（形式知）へと昇華させていく組織学習が必要不可欠となる。こうした組織学習は、個人のキャリア自律を促進させ、自律した個が集団やメンバーと共振しながら組織としてのシナジー効果を増幅させ、イノベーションや知の創出へと導いていく。このような多様な専門性

図表6－1　ネットワーク型オーケストラ組織のイメージ図

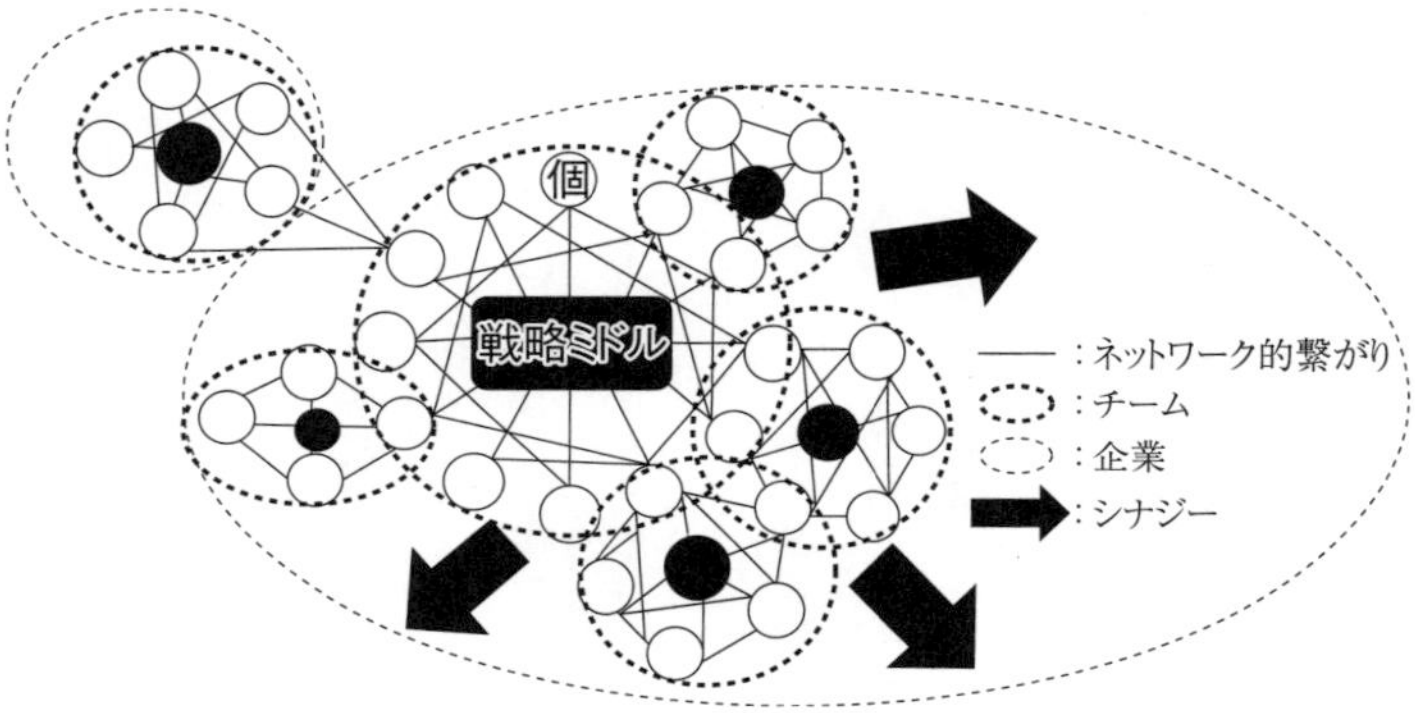

を有したメンバー同士がそれぞれの専門分野を超えて組織内外と繋がったネットワーク型組織を、本書では「ネットワーク型オーケストラ組織」と呼びたい。図表6－1はネットワーク型オーケストラ組織を概念化したものである。これからも分かるように、ネットワーク型オーケストラ組織とは、オーケストラ型組織をより高度なイノベーティブ集団へと進化させた近未来型組織モデルと位置づけることができよう。

3　組織のシナジー効果を高めるリーダーシップ

リーダーシップの理論的進化

こうした近未来型組織ともいうべきネットワーク型オーケストラ組織を効果的に運用していくためには、その中核としてのリーダーが発揮するリーダーシップが極めて重要となる。オーケストラにおいても、演奏の成否は演奏家個々の技能と指揮者の存在にかかっており、指揮者すなわ

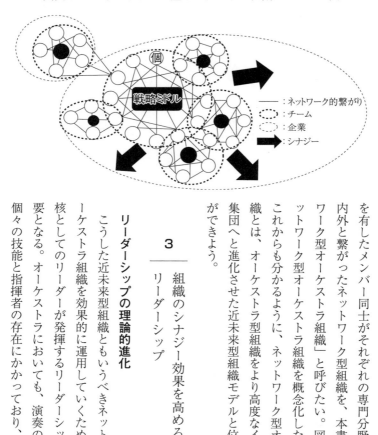

ちリーダーの存在が大きい。そこで、本節ではネットワーク型オーケストラ組織を束ねるリーダーのリーダーシップについて見ていく。

リーダーシップに関しては、さまざまな理論が存在しており、これまで時代的背景とともに、理論的進化を果たしてきている。一般的には、三段階に分け、リーダーシップ論の発展段階を説明するものが多く、通説化している。そこで、以下ではこれまでのリーダーシップ論を三段階に分け、簡単に概説する。

まず第一段階は、「特性理論（traits theory）」である。これは歴史上の優れた人物に焦点をあて、その人たちの性格や資質などを明らかにすることにより、リーダーシップを説明しようとしている点に特徴がある。したがって、別名偉人論（greatman theory）と呼ばれることもある。しかし、優れたリーダーに共通する普遍的な特性を抽出することができず、またリーダーシップの影響過程を解明できないため、次の行動理論にとって代わられる。

第二段階は「行動理論（behavioral theory）」である。これはミシガン研究やオハイオ研究に端を発したもので、リーダーシップを人と仕事（課題）の二次元軸でとらえ、双方に高い関心を向けるリーダーシップスタイルを業績、モラールの両面において最も優れたものとしている点に大きな特徴がある。わが国でも三隅二不二氏のＰＭ理論が有名である。しかし、この行動理論は最適なリーダーシップスタイルが存在するとしている点が理論的欠点となり、次の状況理論にとって代わられる。行動理論はＰＭ理論に象徴されるように、よく知られた理論であるので、ここでは詳しい解説を省く。

フィードラーの条件適合理論

第三段階は「状況理論（contingency thory）」である。この理論の考え方は、次の公式で示されているように、リーダーシップは状況が優先し、状況によって発揮すべきリーダシップスタイルが異なるとする点に特徴がある。

リーダーシップの効果性＝f（L・F・S）

※L＝Leader：リーダーの特性、F＝Follower：フォロアーの成熟度、

S＝Situation：仕事や職場の状況を表している

この理論体系には、代表的理論として経路―目標理論（Path-Goal Theory）、意思決定（規範的）モデル、条件適合理論、SL（Situational Leadership）理論の四つが存在しているが、本書では実際のマネジメントへの適用性が高い条件適合理論とSL理論について解説する。

条件適合理論はフィードラー（Fiedler, F. F., 1967）が提唱した理論である。その特徴は、LPC（Least Preffered Co-woker：最も苦手な仕事仲間）という尺度で測定されたリーダーシップは、リーダーとの関係性（良い〜悪い）、課業構造（構造化〜非構造化）、リーダーの地位パワー（強い〜弱い）といった三つの状況からなる状況好意性（リーダーにとって有利か不利か）によってその効果性は異なるとする点にある。すなわち、リーダーにとって状況的好意性が良いないしは悪い場合には、低

図表6－2　フィードラーのコンティンジェンシーモデル

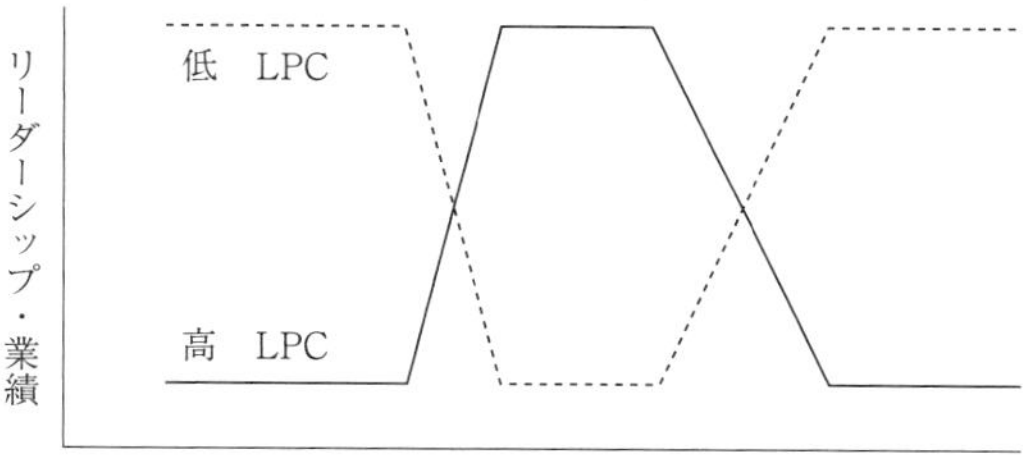

	1	2	3	4	5	6	7	8
リーダー・メンバーの関係	＋	＋	＋	＋	－	－	－	－
課　業　構　造	＋	＋	－	－	＋	＋	－	－
リーダーの地位の勢力	＋	－	＋	－	＋	－	＋	－
	有利な状況（高統制）			中程度に有利な状況			不利な状況（低統制）	

出所：関本昌秀監修（1984）『組織と人間行動（第二版）』泉文堂、211頁

LPCつまり仕事指向的リーダーシップが、状況好意性が中程度の場合には高LPCつまり人間指向的リーダーシップが効果的であるとされている（図表6－2参照）。この理論の結論は、リーダーの特性は変わりにくいので、リーダーの特性にあった状況を整えることが重要であることを強調しており、別名リーダーシップのリエンジニアリング理論ないしはリーダー・マッチ理論とも呼ばれている。ただ、この理論はリーダーシップスタイルを測定するLPC尺度をめぐって批判があったり、リーダーの特性が変わりにくいとしている点に問題があり、やや実用性に難がある。

ハーシーとブランチャードのSL理論

もう一つのSL理論はハーシーとブランチャード（Hersey, P. & Blanchard, K. H.）が提唱した理論で、診断ツールがしっかりしており、リーダーシップト

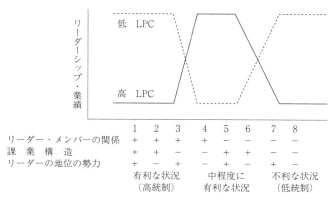

図表６－３　SL 理論

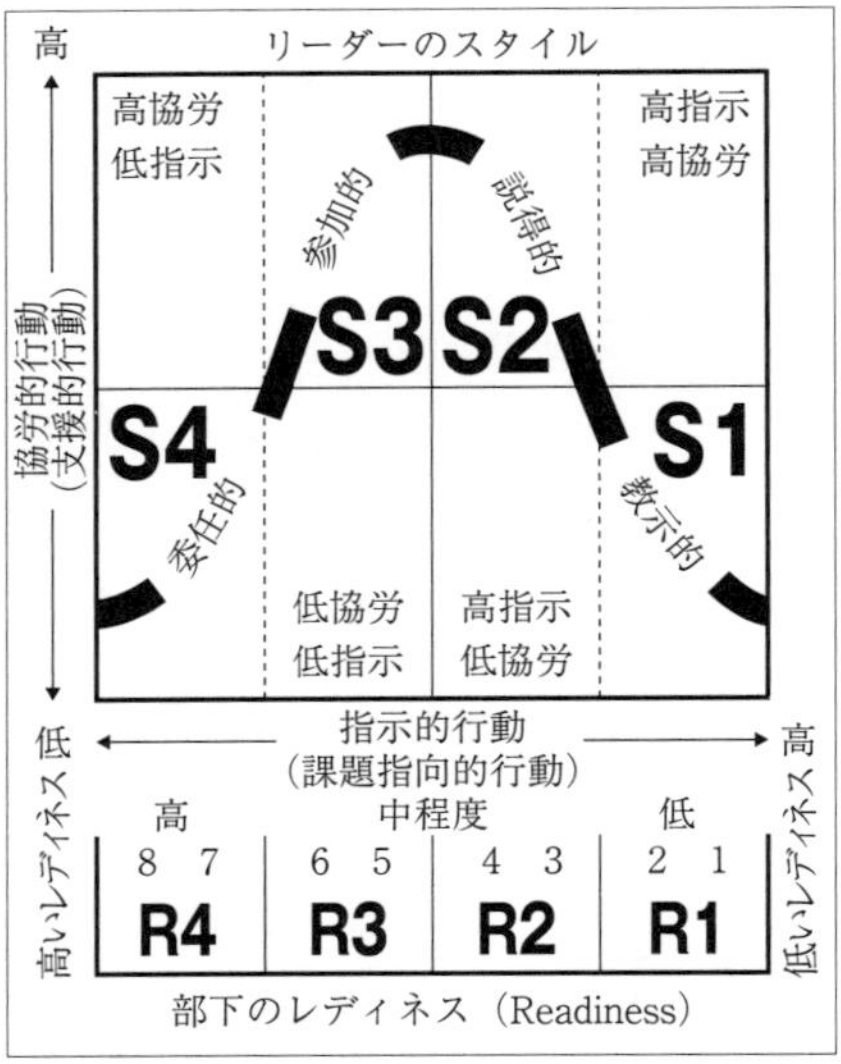

出所：C. L. S. ジャパン社『レディネス・スケール』
４頁より作成

レーニングに適用しやすく、状況理論を代表する理論といっても決して過言ではない。ＳＬ理論は、従来の人と仕事（課題）への関心といった二次元軸に、部下のレディネス（readiness）を加えた三次元軸から成るリーダーシップ論である。部下のレディネスは職務レディネス、つまり能力と、心理レディネス、つまりやる気の二つの指標で測定され、四段階に分けられている。ＳＬ理論においては、図表６－３に見られるように、こうした部下の成熟度を表すレディネスに応じて発揮すべきリーダーシップスタイルが教示的（telling）→説得的（selling）→参加的（participating）→委任的（delegating）へと力動的に変化するとされている。そうした点から別名リーダーシップのライフサイクル理論と呼ばれることもある。ＳＬ理論は、レディネスやリーダーシップスタイル、さらにはリーダーシップの効果性を測定する診断ツールがきちんと整備されており、その信頼性も高く、多くの企業におけるリーダーシップトレーニングに活用されている。

これまでのリーダーシップ論に対する評価

ところで、これまで見てきたように、三段階の進化を遂げているリーダーシップ論であるが、果たしてネットワーク型オーケストラ組織に有効なリーダーシップ理論はあるのであろうか。これまでのリーダーシップ論は、全体的に見てフォロアーつまり部下を受動的存在として見ており、有力なリーダーが無力な部下を引っぱっていくことが前提に理論構築されている。つまり、リーダーとフォロアーの間には、支配―従属（win-lose）といった階層性が組み込まれており、リーダーに盲目的に追従するフォロアーがリーダシップの前提となっている。したがって、リーダーシップの焦点は、フォロアーよりもリーダーの資質や特性、リーダーシップスタイルにあてられる傾向が強い。これでは、キャリア自律を志向する個から成るネットワーク型オーケストラ組織や組織イノベーションを生み出すプロフェッショナルな集団にとっては望ましいリーダーシップとは到底いえない。

一部、SL理論においては、部下のレディネスが考慮されており、部下は成熟する存在として扱われている。最も成熟した状態のR４の部下に対しては、委任的（delegating）リーダシップスタイルが有効とされており、部下に全面的に権限を委譲して仕事を展開していくことが望ましいとされている。つまり、リーダーは部下をリードするというよりは部下に大きく権限委譲して仕事の推移を見守っていくというリーダーシップスタイルをとっていくことが望ましいという訳である。フォロアーに権限を委譲して自主裁量で仕事をすすめるという意味においては、一見、本書が提唱する個性尊重主義人事や自律する個から成るネットワーク型オーケストラ組織には適合しているように見えるが、以下の理由から積極的に支持できない。その理由の一つ目は、ＳＬ理論はリーダーとフォロアーの一対一の関係を前提としており、リーダーはフォロアーの個々の仕事のレディネスに応じたリーダーシップを発揮することが理論的支柱となっており、チームや集団のシナジー効果を高めるようなリーダシップに関する視点が欠落しているからである。組織内のイノベーションとは、ネットワーク型オーケストラ組織に見られるように、専門性を有した自律する個が、積極的にアイデアや意見の交換を通じて、混沌とした状況（カオス）を作り出し、そこから新たな知を創造していくことで生まれる。組織イノベーションの創発に向け、ネットワーク型オーケストラ組織をイノベーティブな組織にしていくためには、チーム内にコラボレーションが生まれるようなリーダーシップが求められる。ＳＬ理論ではそれが期待できない。

支持できない理由の二つ目は、レディネスが高いフォロアーに対する委任的リーダーシップスタイルは、フォロアーから見ると、権限を委譲されて初めて自主裁量で仕事が展開できる訳であり、決してフォロアーの自主性や個性、創造性といったものが尊重されているとはいえないからである。ＳＬ理論の考え方は、ただ単に人と仕事（課題）に対する関心を下げることが結果としてフォロアーの自律を高めているだけで、積極的にフォロアーの自律性を尊重したリーダーシップ理論に至っていない。これではキャリア自律を志向し、専門性を有した個から成るネットワーク型オーケストラ組織にふさわしいリーダーシップとはいえない。

サーバント・リーダーシップの適合性

以上見てきたように、これまでのリーダーシップ論では、ネットワーク型オーケストラ組織に適合したものがなく、新たなリーダーシップ論を探究しなければならない。もちろん、リーダーシップ論はその後も進化を続けており、カリスマ的リーダーシップや変革型リーダーシップ、管理者行動論、サーバント・リーダーシップなど、新しいリーダーシップ論が誕生している[9]。また、日本においても、日本生産性本部経営アカデミーが一九八〇年代初頭に発表した「触媒型リーダーシップ」が誕生している。

ところで、本節の目的は、新しい知の創造や組織イノベーションを生み出すための近未来型組織ともいうべきネットワーク型オーケストラ組織にとって、望ましいリーダーシップを探究することにある。新しいリーダーシップ論のなかで、こうした本書の目的に適合しそうな理論がある。それはサーバント・リーダーシップと触媒型リーダーシップである。そこで、まずサーバント・リーダーシップから見ていきたい。

サーバント・リーダーシップは、グリーンリーフ（Greenleaf, R. K., 1977）によって提唱されたものであるが、その考え方は「リーダーの側が自分たちに奉仕する、尽くしてくれると思うときに、フォロアーは自然についてきてくれる」という点に象徴的に現れている[10]。サーバント・リーダーシップでは、ただ単にフォロアーに奉仕するだけではなく、将来の予測に基づき、ビジョナリーな概念を提示することも重要とされている。さらに、フォロアーの話に耳を傾け（傾聴）、コーチングのようにコミュニケーションを重視するとともに、フォロアーの成長に深くコミットし、一つのコミュニティにつながていくことが探求されている。したがって、サーバント・リーダーシップにおいては、リーダーとフォロアーの関係は従来がwin-loseであったのに対し、win-winの関係になる。

キャリア自律に裏打ちされ、専門性を有した個から成るネットワーク型オーケストラ組織は、それぞれの専門性を核にゆるく繋がったネットワーク組織であると同時に、階層性が否定されたフラットな組織でもあり、コントロールされることを嫌う点に特徴がある。そうした点においては、リーダーとフォロアーがwin-winな関係にあるサーバント・リーダーシップは有効で、適合していると思われる。ただ、やはり気になるのは、奉仕の概念で、傾聴や共感は重視するものの、どうしても組織イノベーションの創出に向けた集団としてのグループダイナミックスが弱く見えてしまう点である。なるほど確かに、サーバント・リーダーシップは個人の成長を支援し、コミュニティづくりを探求するとされているが、イノベーティブな集団づくりに向けリーダーシップを発揮していくという点ではやはり不十分といわざるをえない。つまり、フォロアーの個々の自主性は高まるものの、集団としてのコラボレーションや相互作用を高めるまでに至らない。

触媒型リーダーシップの適合性

次に、触媒型リーダーシップであるが、これは従来の業績達成機能（P）、支持・援助機能（S）

に、職場に面白さを醸し出して、フォロアーをエキサイトさせることにより、チーム全体を質的により高い次元へと転化させる「活力形成機能」を加えた三次元のリーダーシップ理論である。この理論は、企業のスタッフ部門の優秀な課長の行動について、その部下に対するアンケート調査から実証的に導き出されたものである。こうした優秀な課長を〝E〟課長と呼ぶことから、別名「E型リーダーシップ」とも呼ばれている。

触媒型リーダーシップの最大の特徴は、活力形成機能により、職場に「面白さ」を醸し出す点にあり、この面白さはExcitement, Enjoyment, Entertainment, Energyなど、〝E〟の要素を含んでいる。Eの要素から分かるように、面白さとは知的興奮を身体に感じ物事に没頭している状態で、次のような五つの要素から成り立っている(11)。

①フレアー（Flare：めらめらと燃えあがる状態、のめり込んでいる状態）
②脱日常性（意外性に富む職場）
③創造・挑戦（敢えて挑戦し新しいものを創り上げていく）
④連帯感（仲間とともにいる意識）
⑤水平・平等（流れのなかで秩序を保っているめだかの学校的な集団）

こうした職場に面白さを醸し出し、知的興奮集団を作り出す触媒型リーダーシップの全体像を示

図表6－4　触媒型（E型）リーダーシップの枠組み

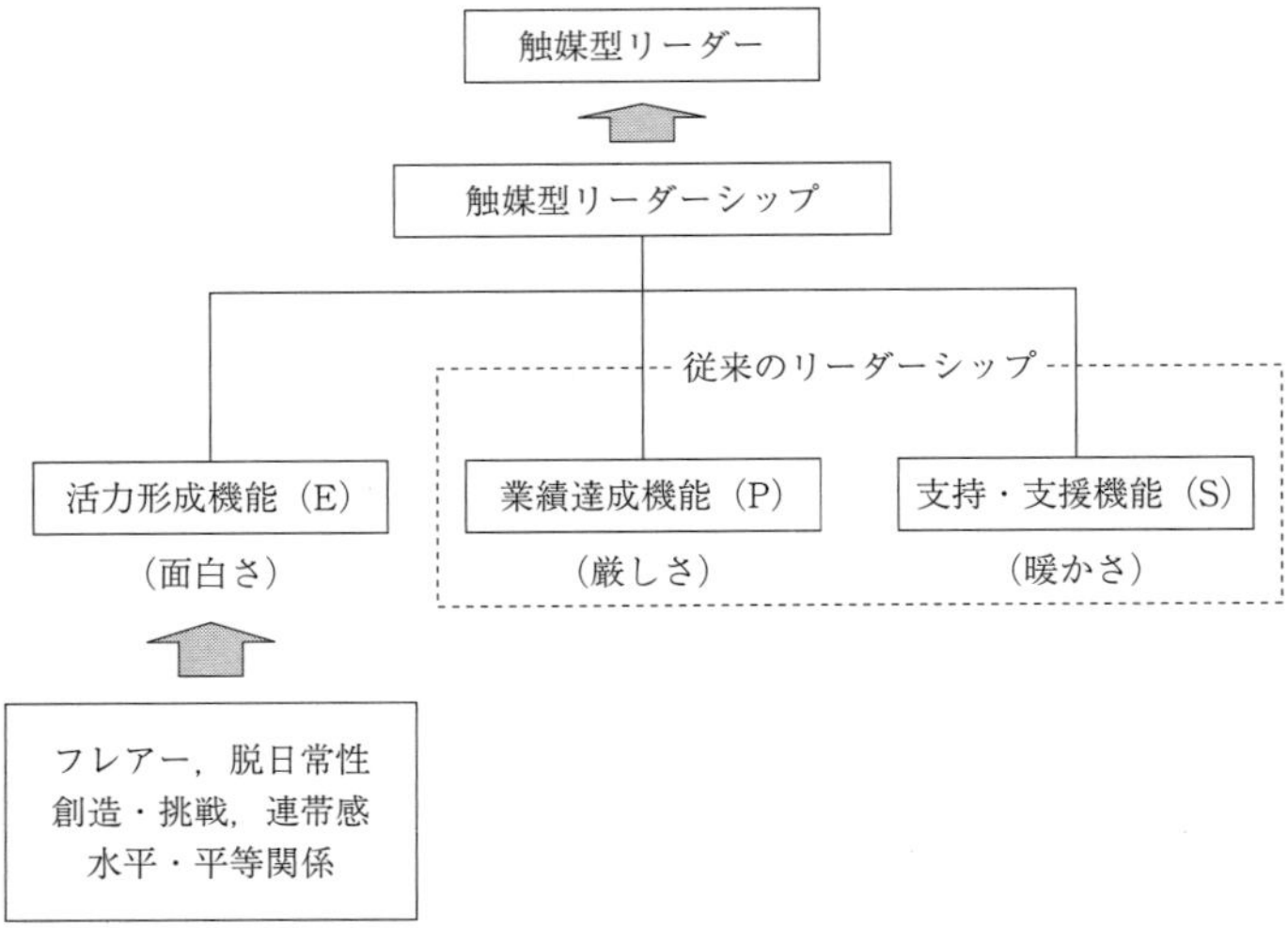

出所：近代的労使関係研究協会（1983）『近代労研』（vol. 6）40頁より作成

すと、図表6－4のようになる。

触媒型リーダーシップの理論的支柱ともいうべき活力形成機能を管理行動レベルに具現化すると次のようになる。[12]

▼目標設定：角度を変えた示唆を与え、目標に夢やロマンを加える

▼指導育成：個性やタイミングに応じて適切に指導する

▼意思疎通：心の通い合う本音のコミュニケーションをはかる

▼葛藤処理：正面から取り組み、これを乗り越える

▼改革改善：改革の促進をはかる

▼活力形成：自らも燃え、部下が熱中できる職場づくりをする

以上からも分かるように、触媒型リーダーシップは、自らも燃え、面白さの仕掛人としてメンバー同士をお互いに反応（燃焼）させながら、メンバーの自律性や自主性を尊重しつつ、集団の流れを変革していくリーダーシップで、この点でサーバント・リーダーシップと大きく異なっている。つまり、触媒型リーダーシップの方がより集団というものを意識しており、そこにおける協働やコラボレーションを重視している。小川（1982）もその著書である『知的興奮集団のつくり方』（日本経済新聞社）において、触媒型リーダーシップと同様に、職場に面白さを感じさせるのは、リーダーの状況形成力であると指摘している。小川は、面白さを醸し出す状況形成力には六つの機能・能力が必要であるとしている(13)。そのなかでも、ロマンを生み出すことができる「ロマン展開力」、場づくりの能力ともいうべき「舞台設定力」、仕事の波にのせる集団のリズムを調整する「集団リズム調整力」の三つが特に重要と思われる。これら三つの状況形成力は触媒型リーダーシップに相通ずる。組織イノベーションや新しい知の創造は、このような触媒型リーダーシップにより醸成された知的興奮集団から生まれる。

これまでの解説からも明らかなように、触媒型リーダーシップは組織イノベーションを生み出すネットワーク型オーケストラ組織に極めて適合したリーダーシップといえよう。まさに、近未来型組織に必要不可欠なリーダーシップ論だといっても決して過言ではない。この理論が世の中に広く流布しなかったのは、理論が提唱された時代が早すぎたせいであろうと思われる。

変革型リーダーシップの必要性

個性尊重主義人事の展開に必要なネットワーク型オーケストラ組織には、触媒型リーダーシップだけでは十分とはいえない。なぜならば、企業を取り巻く環境は技術革新の進展が激しく、人びとの価値観も多様化し、多義的で混沌としており、職場やチームに対する日々のマネジメントに固執していては、どうしても視野狭窄に陥りやすく、環境に適応できないからである。管理職やリーダーには、環境変化や組織をめぐるさまざまな事象を読みとり、時代を先取りする新たな価値を創造していくリーダーシップが求められる。このような組織としての新しい価値を創造したり、意味形成をするリーダーシップは「変革型リーダーシップ」と呼ばれている。

この理論を提唱するバーンズ（Burns, J. M.）によれば、変革型リーダーシップには、リーダーが何かを提供し、その見返りにフォロアーに貢献してもらうという交換的（transactional）リーダーシップと、組織の現在の秩序や価値あるいは組織文化を変革する変革的（transformational）リーダーシップに分けられる。[14] 個性尊重主義人事やネットワーク型オーケストラ組織に必要なのは、現状打破、突破革新志向の変革的リーダーシップである。こうした現状変革型のトランスフォーメーショナル・リーダーシップを提唱しているのが、GEのジャック・ウェルチのブレーンを務めたティシー（Tichy, N. M.）である。ティシーとディバナ（Devanna, M. A.）は、こうしたリーダシップを変革型リーダーシップと呼んでおり、このリーダーシップを活用した三段階に分けた組織変革のあり方を提示している。[15]

まず第一段階は「改革の必要性を認識させること」で、ぬるま湯につかりきったこれまでの組織的体質を煮えたぎったお湯の状態にし、危機意識を醸成することがリーダーに求められる。いわゆる〝ゆでカエル現象〟の克服が課題となる。変革を起こそうとすると、必ずそれに反対する抵抗が生まれる。また、組織には慣性（inertia）の法則が働き、元に戻ったり、惰性で動いたりしてしまう点がある。これらすべてを断ち切るための意識改革をはかることが第一段階である。

第二段階は「新しいビジョンの創造」である。前段階でいたずらに危機意識だけを醸成しても、組織メンバーは不安になるとともに、組織へのコミットメントまでもが低下してしまう。そこで、これらの危険性を防ぐために、組織メンバーが納得し、望ましい変化と受け入れられるようなビジョンを提示することがリーダーに求められる。次いで、そのビジョンの達成に向け、組織メンバーのベクトルを合わせ、鼓舞させることが必要となる。

第三段階は「改革の制度化」である。先述したように、改革には抵抗と慣性の法則が作用し、現実的には変革がなかなか定着しない。新しいビジョンが現実化し、それに基づく組織メンバーの行動や習慣が定着化するよう改革を制度化することがリーダーに求められる。具体的には、マネジメントシステムや評価システム、さらには報酬制度などを変え、組織メンバーを改革に向け行動転化させることが必要となる。

創造的リーダーシップの導入に向けて

このように、個性尊重主義人事の展開やそれに必要となるネットワーク型オーケストラ組織には、職場やチームに面白さを醸し出し、知的興奮集団を創り出す「触媒型リーダーシップ」と、職場やチームに新しいビジョンを構築し、その達成に向け、組織メンバーを鼓舞する「変革型リーダーシップ」が必要不可欠である。こうした二つのリーダーシップから成るリーダーシップを本書では「創造的リーダーシップ」と呼びたい。

創造的リーダーシップの二面性
- 変革型リーダーシップ
- ⇦
- 触媒型リーダーシップ

創造的リーダーシップとは、環境変化に応じて組織の存在意義を問い直したり、組織としての新たな価値を創造するリーダーシップである。その展開ステップは、まず組織イノベーションをつかさどる戦略ミドルが変革型リーダシップを発揮し、創造的破壊により危機意識を醸成するとともに、組織メンバーのベクトルを合わせる新しいビジョンを策定し、組織の方向性を定める。次いで、そのビジョン達成のプロセスにおいて触媒型リーダーシップを発揮することで、ビジョン達成に向け、戦略ミドルとしてオーケストラ型組織における指揮者のごとく振る舞い、個人の自律性を尊重しつつ、集団内に化学反応を引き起こして組織の活力を高める。組織イノベーションや新しい知の創造といったものは、こうした個人が生き生きした活力ある集団から生まれる[16]。

4　組織トップマネジメントの役割

求心力となる経営ビジョン

前節では個人の自律性を尊重し、組織イノベーションを生む出すチームマネジメント（ネットワーク型オーケストラ組織）に求められるリーダーシップについて言及してきたが、それだけではチームがそれぞれ独自の活動を展開してしまい、組織全体としてのまとまりやエネルギーが拡散してしまう危険性がある。特に、キャリア自律に裏打ちされた専門家から成るネットワーク型オーケストラ組織やプロフェッショナル組織は、それぞれ独自の活動をしてしまう傾向が強い。さらに、自律する個は何度も述べているように、組織に対するコミットメントが低く、自己の専門性や仕事、さらには市場価値といったものに対するコミットメントが高いため、組織を離れ外部へと流出してしまうことが危惧される。こうした自律する個を組織に繋ぎ止めるためには、前章で述べたA＆R施策が必要かつ有効であると思われるが、A＆R施策はあくまで制度であり、その必要性を認識した個人にとってのみその効果が期待できる。したがって、経済的価値にインセンティブを求める人たちにとってはA＆R施策は魅力的であるが、キャリア向上を考えている人たちにとってはやや魅力に欠けてしまう。

このような自律する個を組織に繋ぎ止め、集団やチーム活動のベクトルを合わせ、組織エネルギーの拡散を防いでいくためには、オーケストラにおけるミッションともいうべき楽譜、すなわち経営ビジョンが必要不可欠となる。経営ビジョンは経営トップの専権事項で、その構築には経営トップのリーダーシップが必要不可欠である。ドラッカーも、ポスト資本主義社会におけるプロフェッショナル組織には、諸処の独立した伝統を、共有の価値への献身、卓越性の追求、相互の尊重へとまとめ上げる求心力となる経営トップの役割が重要であることを指摘している[17]。ドラッカーが指摘しているプロフェッショナル組織の共通の価値こそがまさに経営ビジョンで、組織の求心力となるものである。

ビジョンの定義と内容

ところで、組織の求心力となるビジョンとは一体どういったもので、どう定義できるのであろうか。リーダーシップ論におけるＳＬ理論の提唱者であるブランチャード（Blanchard, K.）によれば、ビジョンとは「自分の存在意義を示すもので、会社や組織の目的や使命を表し、進むべき方向を示すもの」で、次のような三つの要素から成り立っている[18]。

①有意義な目的＝what（why）

組織の存在意義や使命を明らかにしたもので、組織メンバーの意欲をかき立て、やる気を起こさせるような有意義な目的にすることが重要

目的：何を、なぜ、を表している

②明確な価値観＝how

目的を達成する過程で、どう行動していくべきかを示すガイドラインで、いわば行動規範となるもの（信念・思想）

価値観：いかに、を表している

③未来のイメージ

はっきりとした最終結果のイメージ

なくしたいものでなく、つくりだしたいものに焦点をあてる

ブランチャードらは、こうしたビジョンは絵に描いた餅にしないで、実現していくものであることを強調しており、次のように述べている。(19)

「看板を掲げるだけでは、ビジョンにならない。ほんもののビジョンとは、額にいれて飾っておくものではなく、現実のなかで体験されていくものである」

さらに、ブランチャードらは、ビジョンを現実に移しかえていくためのポイントとして次のような三つのプロセスを明らかにしている。(20)

①ビジョンを創造するプロセス
ビジョンとは、経営トップの夢であり、会社の方向性を示すもの
大切なのは、その夢は組織メンバーに受け入れられることが重要
※経営トップ：夢の語りべ
②ビジョンを伝えるプロセス
ビジョンは現在進行形のプロセスで、たえずそれについて語り合っていくことが重要
※ビジョン：our vision 化、共通の価値（shared value）
③ビジョンを実践するプロセス
ビジョンの実践に向けた習慣化や行動転化が重要
ビジョンから目をそらさず、一身を投げ出す勇気をもつ
※経営トップの夢（ビジョン）に日付を入れる

経営トップの資質と能力

ところで、このようなビジョンを策定するためには、経営トップに図表6－5のような資質や能力が求められる。まず経営トップとして求められる個人の資質から見ていきたい。経営ビジョンは、組織として進むべき方向性が示されており、経営者の強い意志がはたらいた夢（strong view）でもある。したがって、ビジョン策定には、経営者の経営や目標達成に対する強い意志がまず求められ

図表６－５　経営トップに求められる資質と能力

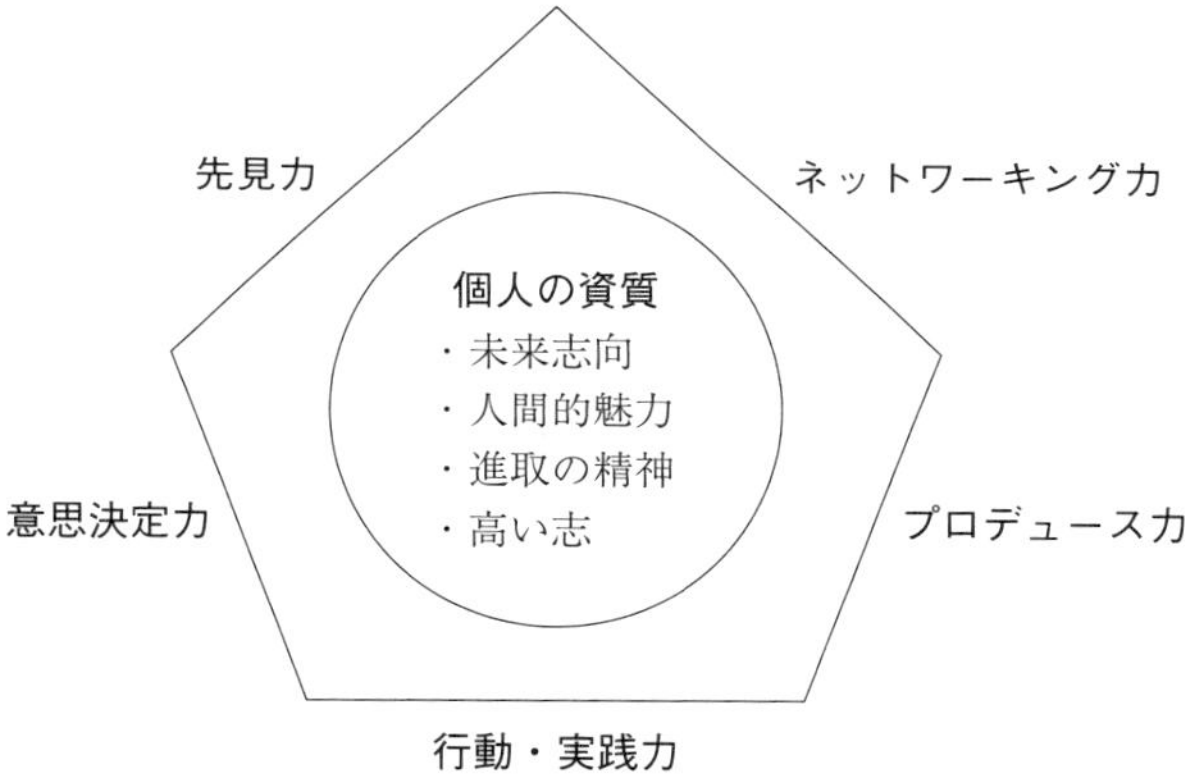

る。強い意志は、ただ単に「わたしは」ではなく、目標・ビジョン達成に向け「われわれは」につながっていくものでなければならない。つまり、ビジョンは「我」を超えるもの（＝超我）に昇華しなければならない。もちろん、ビジョンに対する結果責任は経営トップが負うが、「われわれは」につながるよう「our vision」化することが求められる。と同時に、ビジョンの内容だけでは組織メンバーを引っぱっていくことができないので、経営トップとしての「人間的魅力」も必要となる。パワー論でたとえるならば、referent power、すなわち〝あの人のためなら人肌脱ぎたい、あの人について行きたい〟といった人間的魅力である。経営トップの夢を形にした魅力あるビジョンと経営トップの人間的魅力で組織メンバーは自発的についてくるようになる。

と同時に、時代の一歩先を見越したビジョンを掲げ、組織全体を牽引していくためには、経営トップは「未来志向」で、夢とロマンを持ち続け、組織内に知的興奮を与え、組織の活力を維持していくという強い信念が必要となる。このような強い信念といったものは、「高い志」から生まれる。高い志とは、時代を先取りした製品やサービスで社会に大きく貢献したいという使命感に裏打ちされたもので、いわばエッジの効いた「進取の精神」である。組織メンバーが自発的についてくるような魅力あるビジョンは、こうした高い志なくしては策定が困難である。

さて、最後は経営トップに求められる能力であるが、本書では図表6－5からも分かるように、五つの能力から構成されている。まず一つ目の能力は、「先見力」である。これは時代を読む力と言い換えても全く問題がない。会社の新たな方向性を示すビジョンを策定するためには、経営トップとして時代を先取りし、新たなビジネスチャンスを嗅ぎ取り、それを形にできる先見力が極めて重要となる。過去のデータに依拠するのではなく、経営者の五感を研ぎ澄まして時代を先取りしたチャンスをものにすることが魅力あるビジョンづくりにつながる。

二つ目の能力は、「ネットワーキング力」である。経営トップとして時代を先取りした製品やサービスで社会に貢献していくためには、社内外にネットワークを編み目のように張り巡らし、地球規模で散在する先進的なナレッジや情報を収集し、自社の製品開発やサービス開発の根源にしていかなければならない。先見力すなわち時代を読む力も、実はこうしたネットワークを通して集められたナレッジや情報をビジネスチャンスとして嗅ぎ取ることができるかどうかで大きく左右される。

経営トップに求められる三つ目の能力は、「意思決定力」である。ネットワークを駆使して集めたナレッジや情報を分析し、〝今、自分の会社にとって正しいことは何か、今なにをしなければならないのか〟を自問自答し、そのなかから優先課題を絞らなければならない。意思決定において大切なことは、過去の慣習や成功体験から離れ、今なにをしなければならないのか、それは正しいことなのかを自問することである。つまり、unlearning（学習棄却）が重要である。成功している企業ほど、過去の成功やビジネス展開の仕方に固執し、正しい意思決定ができにくくなってしまう。経営とは、データで行うものではなく、自分の〝感〟に基づくアートである。

経営トップに求められる四つ目の能力は、「プロデュース力」である。意思決定により優先順位がつけられた課題を達成していくためには、きちんとアクション・プランを策定するとともに、プロセスで生じるさまざまな障壁をうまく乗り越えることができるようプロデュースしていかなければならない。経営トップとはビジョン作成のプランナーであると同時に、ビジョン実現に向けたプロデューサーでもある。

経営トップに求められる最後の能力は、「行動・実践力」である。先述したように、ビジョンとは額に入れて飾っておくものではなく、現実のなかで体験されていくものである。経営トップとは、ビジョン実現に向けたまさに実践者であり、その姿を見て組織メンバーたちもビジョン達成に向けた第一歩を踏み出す。経営トップのこうしたビジョン実現に向けた行動が、ビジョンを〝われわれのビジョン〟すなわち〝our vision〟へと導いていく。

このように、組織の方向性を示すビジョンというものは、経営トップの高い志と人間的魅力を核に、経営トップにより五つの能力が駆使されることで、その実現が可能となる。

注

（1）ミドルの再生については、労務行政研究所『労政時報』第三九〇二号（2016.1.8/22）における特集「管理職のマネジメントを鍛える」の拙稿「管理職に求められる新たな役割・機能と効果的な育成方法」に基づき記述。

（2）Kotter, J. P., (1990) *“A Force for Change”*, The Free Press, p. 6.

（3）ibid., p. 6.

（4）ibid., p. 6.

（5）P・F・ドラッカー（上田惇生訳）『経営の真髄(下)』ダイヤモンド社、二〇一二年、二九三頁。

（6）ドラッカー、同上書、二九六頁。

（7）ドラッカーによれば、テニスのダブルス型チームとは、少人数で編成するいわばジャズバンドのような組織で、個々人が柔軟な役割を果たしていく訓練されたチームである。これは大企業のトップマネジメントによく見られるもので、イノベーションを生み出すには適した組織であるが、職場マネジメントに適用していくことはかなり難しい（詳しくはドラッカー、同上書、三〇一―三〇二頁参照のこと）。

（8）山岸淳子『ドラッカーとオーケストラ組織論』PHP新書、二〇一三年、三九頁。

（9）カリスマ的リーダーシップは、第一段階の特性理論を再評価したもので、フォロアーの認知を得やすいリーダーの特性があるとする理論で、主に経営層を対象とした理論と思われるので、今回は考察から外す。一方、管理者行動論は、従来のリーダーシップの領域とは異なり、実際の優秀な管理職は対外的な部分や戦略革新部分まで踏み込んで管理行動を展開していることを実態調査を踏まえて明らかにしたものである。これもリーダーシップ研究では新しい理論であるが、ネットワーク型オーケストラ組織に適合したリーダーシップとは考えにくいので、本節の考察から除外する。

(10) 金井壽宏『リーダーシップ入門』日本経済新聞社、二〇〇五年、二五七頁。
(11) 日本生産性本部経営アカデミー「〝E〟課長を求めて——触媒型リーダーシップのすすめ」近代的労使関係研究協会『近代労研（1983-6）』三〇—三一頁。
(12) 同上書、四一頁。
(13) 小川は状況形成力に必要な能力として、六つの機能・能力をあげており、本書で解説した三つ以外に、問題設定力、情報流通力、キャスティング（配役）力の三つをあげている（詳しくは小川俊一『知的興奮集団のつくり方』日本経済新聞社、一九八六年、一〇一—一〇五頁参照）。
(14) 狩俣正雄『組織リーダーシップ』中央経済社、一九八九年、二一七頁。
(15) N・M・ティシー、M・A・ディバナ（小林薫訳）『現状変革型リーダーシップ』ダイヤモンド社、一九八八年、四〇—四六頁。
(16) 拙稿「管理職に求められる新たな役割・機能と効果的な育成方法」労務行政研究所『労政時報』第三九〇二号、六二—六三頁。
(17) P・F・ドラッカー（上田淳生編訳）『プロフェッショナルの条件』ダイヤモンド社、二〇〇〇年、二一九頁。
(18) ケン・ブランチャード&ジェシー・マトナー（田辺希久子訳）『ザ・ビジョン』ダイヤモンド社、二〇〇四年、三七—一〇九頁を参考に記述。
(19) 同上書、一五二頁。
(20) 同上書、一五一—一八五頁を参考に記述。

終章　個性尊重主義人事の今後の展望と課題

序章でも述べたように、国際競争の激化、ナレッジ社会の本格化、働く人びとのキャリア志向の多様化など、日本の企業を取り巻く環境は大きく変化しており、これまでの集団主義を核に、従業員を一元的に管理する人材マネジメントでは対応することは極めて困難である。

環境変化に順応するとともに、環境変化を先取りしてグローバル競争に打ち勝っていくためには、企業変革の一環として人事革新を断行することが必要である。本書では、こうした企業に求められている人事革新を近未来型人事革新と位置づけ、向こう一〇年間に必要と思われる人事革新のシナリオを鳥瞰してきた。

本書で提示してきた人事革新のシナリオを概括するならば、まず人材マネジメントの思想を従来の組織の論理を重視するコントロール思想から、個人の自律性や創造性を重視するディベロップメント思想に転換し、次いでこうした個人の自律性を尊重し、個人と組織が win - win な関係になるような複線型人事制度や、自律したキャリア志向に基づき自己選択が可能となるワークシステム、キャリア形成の仕組みを導入していくべきであることを先進的な事例を踏まえて述べてきた。

さらに、そうした個人のキャリア自律を促進させる個性尊重の人材マネジメントの展開に向け、ミドルのリーダーシップスタイルを変革型リーダーシップと触媒型（E型）リーダーシップから成る創造的リーダーシップへと転換するとともに、組織のあり方もネットワーク型オーケストラ組織に転換していくべきであることを主張してきた。

加えて、かような個性尊重主義人事の展開の推進役を担う人事部に関しても、従来のような中央集権的な人事部から企業戦略の推進を担う戦略人事部へと脱皮をはかるとともに、その戦略人事の司令塔としてCHOを設置すべきであることを強調してきた。つまり、機能主義的人事から戦略人事へのパラダイムチェンジをはかっていくには、全社の戦略会議の重要なメンバーを担っていくCHOが必要であることを強調してきた。

本書で述べてきたこのような人事革新のシナリオは、これまでの事例紹介からも分かるように、まだ一部の先進的企業において導入されているのが現状である。しかし、より一層のグローバル化の進展、グローバルレベルでのナレッジ競争の激化、縮小する国内市場での競争優位の確立などから、組織イノベーションやナレッジの創出が企業経営の喫緊の経営課題となっており、イノベーション創出に向けたインフラ整備として個人の自律性や創造性を重視する個性尊重主義人事が必要不可欠となりつつある。こうした点から、本書で提唱する人事革新も、間違いなく今後ますます増えていくものと思われる。今後の一〇年間で本書で提唱する人事革新のシナリオがどの程度普及していくのかを筆者自ら注視していきたい。

ところで、本書で提唱する個性尊重主義人事を展開するにあたり、いくつかの課題が残されているので、最後にそれらについて言及し、本書のまとめとしたい。

まず課題の一つ目はグローバル化との関係である。すでに第一章で述べたように、グローバル化がより進展したメタナショナル経営においては、グローバル人事の展開が必要となる。グローバル人事には、自社の経営理念をグローバル企業文化へと昇華させる規範的統合とグローバルスタンダード（世界統一基準）による世界統一の人事制度を導入・展開する制度的統合が強く求められる。

今後、日本の企業が世界三極体制ないしは四極体制でグローバル経営を展開するに際して、本書が提唱する人事革新のシナリオを制度的統合の一環で日本と同様な形でそれぞれの経営拠点で展開できるかについては、十分な検討が必要である。グローバルスタンダードな人事制度として、評価制度や職務給を中心とした賃金制度などは、制度の設計が中心となるため、その導入にはそれほど大きな困難は生じないと思われるが、キャリア形成やワークシステム、さらにはミドルの位置づけやそのリーダーシップスタイル、組織運営モデル、人事部の位置づけなど、日本企業独自の組織文化や組織運営を反映した部分も含まれており、世界三極ないしは四極のそれぞれの本社で同時に人事革新のシナリオを展開することには多くの困難が予想される。それぞれの極の組織の成熟度や要員構成、能力構造、さらには三極ないしは四極体制におけるそれぞれの会社の戦略的位置づけなどを十分精査し、それぞれの極に応じた人事革新のシナリオが必要となってこよう。

課題の二つ目はグループ経営との関係である。近年の企業経営においては、M&Aやアライアンス、資本参加、持株会社の普及などにより、グループ経営が増加している。銀行、損保やメーカーなどにおいてこれまで数多くの企業合併が行われてきたが、それぞれの企業文化が統合されて新たな企業文化として定着するまでには多くの時間を要している。仮に、人事制度や賃金制度を買収した側の企業のものに合わせたとしても、それらが定着して活きた制度になっていくには、それぞれの企業の文化や人事の思想が異なっているために相当の時間がかかってしまう。こうした点から、グループ一様に本書が提唱する人事革新のシナリオを導入するのではなく、基本の人事理念や人事思想はグループ企業で統一するにしても、具体的なシナリオの展開はグループ企業各社の事業特性や要員構造、さらにはスキルズ・インベントリー（能力・技能の棚卸し）などを通して、個別に対応していくことが望ましい。その上で、時間をかけて制度運用の成熟度を見ながら、段階的にグループ企業統一の人事革新につなげていくことが望ましい。

最後の課題は適用範囲の問題である。本書が提唱する人事革新のシナリオは、すべての産業や企業、従業員に当てはまるかといえば、その答えは否である。本書が提唱する人事革新が当てはまる企業は、やはり、グローバルコンペティションにさらされている企業やナレッジの創造に奔走している企業などであるため、企業規模はどうしても主にある一定レベル以上の企業に特定されてしまう。また、産業レベルにおいても、ベンチャー企業や開発型企業を標榜している企業などが集積している産業には、このような人事革新のシナリオは適用しやすいものの、ムダ・ムラ・ムリ、いわゆるダラリを追求している効率性を重視しているような生産・組立・加工産業などにおいては、一部その導入は難しいものと予想される。それと最大のネックは、本書が提唱する人事革新は、個人のキャリア自律を促進する人材マネジメントを展開することに主眼がおかれているため、主に若年層を対象としており、組織への忠誠心やコミットメントが高い中高年層にはその適用が難しい点である。したがって、年齢構成が高い高齢化企業などにおいてもその適用は難しいと思われる。今後は、若年層のキャリア自律を支援する仕組みと中高年層のキャリア形成との橋渡し（ブリッジング）をどのように行っていくのかが、本書に残された大きな課題であることを指摘しておきたい。

人名索引

ア行

カ行

サ行

タ行

ナ行

ハ行

マ行

ヤ行

ラ行

ワ行

事項索引

ア行

カ行

サ行

参考文献

〈日本語文献〉
アーサーアンダーセンビジネスコンサルティング（1999）『シェアードサービス』東洋経済新報社.
浅川和宏（2003）『グローバル経営入門』日本経済新聞社.
アーディ，D.／伊豆原弓訳（2014）『現場力を引き出すリーダーの条件』日経BP社.
アンゾフ，H. I.／中村元一訳（1980）『戦略経営論』産業能率大学出版部.
荒木博之（1973）『日本人の行動様式』講談社現代新書.
荒木淳子（2007）「企業で働く個人の『キャリアの確立』を促す学習環境に関する研究――実践共同体への参加に着目して」『日本教育工学会論文誌』Vol. 31. No. 2, 15–27.
荒木淳子（2008）「職場を越境する社会人学習のための理論的基盤の検討――ワークプレイスラーニング研究の類型化と再考」『経営行動科学』Vol. 21, No. 2, 119–128.
荒木淳子（2009）「企業で働く個人のキャリアの確立を促す実践共同体のあり方に関する質的研究」『日本教育工学会論文誌』Vol. 33, No. 2, 131–142.
石田英夫編（1992）『ケースブック国際経営の人間問題』慶応通信.
石田光男（1991）『賃金の社会科学――日本とイギリス』中央経済社.
石山恒貴（2013）『組織内専門人材（ナレッジ・ブローカー）のキャリアと学習』日本生産性本部生産性労働情報センター.
市村真一編（1988）『アジアに根づく日本的経営』東洋経済新報社.
今野浩一郎（1996）『人事管理入門』日本経済新聞社.
今野浩一郎（1998）『勝ちぬく賃金改革』日本経済新聞社.
伊丹敬之（1987）『人本主義企業』筑摩書房.

伊丹敬之（1999）『場のマネジメント』NTT 出版.
ウイリアム・マーサー社（2001）『A&R 優秀人材の囲い込み戦略』東洋経済新報社.
碓井慎一＆ダイヤモンド・ハーバード・ビジネス編集部編（1991）『21 世紀型企業の創造』ダイヤモンド社.
ウルリッチ，D.／梅津祐良訳（1997）『MBA の人材戦略』日本能率協会マネジメントセンター.
小川俊一（1982）『知的興奮集団のつくり方』日本経済新聞社.
岡本英嗣（2010）『組織的管理から自律的管理へ』白桃書房.
小山田英一・服部治・梶原豊（1997）『経営人材形成史』中央経済社.
太田肇（1993）『プロフェッショナルと組織』同文舘出版.
太田肇（1994）『日本企業と個人』白桃書房.
太田肇（2000）『「個力」を活かせる組織』日本経済新聞社.
太田肇（2006）『「外向きサラリーマン」のすすめ』朝日新聞社.
太田隆次（1999）『アメリカを救った人事革命コンピテンシー』経営書院.
大前研一（1987）『大前研一の日本企業生き残り戦略』プレジデント社.
小野善生（2013）『最強のリーダーシップ理論集中講義』日本実業出版社.
金井壽宏（1991）『変革型ミドルの探求』白桃書房.
金井壽宏・守島基博・高橋潔（2002）『会社の元気は人事がつくる』日本経団連出版.
金井壽宏（2002）『仕事で「一皮むける」』光文社新書.
金井壽宏（2002）『働くひとのためのキャリア・デザイン』PHP 新書.
金井壽宏・守島基博編著／原井新介・出馬幹也・須東朋広（2004）『CHO　最高人事責任者が会社を変える』東洋経済新報社.
金井壽宏（2005）『リーダーシップ入門』日本経済新聞社.
金井壽宏（2006）『働くみんなのモティベーション論』NTT 出版.
狩俣正雄（1989）『組織のリーダーシップ』中央経済社.
コーン，A.／田中英史訳（2001）『報酬主義をこえて』法政大学出版局.
菅野寛（2005）『経営者になる経営者を育てる』ダイヤモンド社.

キウーラ，J.／中島愛訳（2003）『仕事の裏切り』翔泳出版.
木谷宏（2013）『社会的人事論』労働調査会.
クラム，K. E.／渡辺直登・伊藤知子訳（2003）『メンタリング』白桃書房.
グリーンリーフ，R. K.／金井真弓訳（金井壽宏監訳）（2008）『サーバントリーダーシップ』英治出版.
熊沢誠（1997）『能力主義と企業社会』岩波新書.
小林信一（2007）「グローバルな視点でリーダーシップを発揮できる人材を育成」『企業と人材』産業総合研究所，第 40 号，17-21.
斎藤毅憲編（1995）『革新する経営学』同文舘出版.
斎藤毅憲・野村千佳子・合谷美江・藤崎晴彦・宇田理（2002）『個を尊重するマネジメント』中央経済社.
次世代オフィスシナリオ委員会編（2004）『知識創造のワークスタイル』東洋経済新報社.
ジャコービィ，S. M.／鈴木良始・伊藤健市・堀龍二訳（2005）『日本の人事部・アメリカの人事部』東洋経済新報社.
シロタ，D., ミスキンド，L. A., メルツァー，M. I.／スカイライトコンサルティング訳（2006）『熱狂する社員』英治出版.
申美花（2002）「ホワイトカラーの二重コミットメントに関する研究」『三田商学研究』第 44 巻第 6 号，117-143.
鈴木竜太（2002）『組織と個人』白桃書房.
鈴木竜太（2013）『関わりあう職場のマネジメント』有斐閣.
諏訪康雄（2002）「エンプロイアビリティは何を意味するのか？」『季刊労働法』労働開発研究会，No. 199, pp. 81-95.
関本昌秀・花田光世（1985）「11 社 4539 名の調査分析に基づく企業帰属意識の研究(上)」『ダイヤモンド・ハーバード・ビジネス』11 月号，84-96.
関本昌秀・花田光世（1986）「11 社 4539 名の調査分析に基づく企業帰属意識の研究(下)」『ダイヤモンド・ハーバード・ビジネス』1 月号，53-62.
DIAMOND ハーバード・ビジネス・レビュー（2002）『Harvard

Business Review』December 2002.
田尾雅夫編（1997）『「会社人間」の研究――組織コミットメントの理論と実際』京都大学学術出版会.
高橋俊介（2001）『組織改革』東洋経済新報社.
高橋俊介（2012）『21 世紀のキャリア論』東洋経済新報社.
ダベンポート，T. H.／藤堂圭太訳（2006）『ナレッジワーカー』ランダムハウス講談社.
蔡芢錫（2002）「心理的契約違反と人的資源管理システムの変革戦略」『組織科学』Vol. 35 No. 3, 73-82.
津田眞澂（1977）『日本的経営の論理』中央経済社.
ティシー，N. M. &ディバナ，M. A.／小林薫訳（1988）『現状変革型リーダーシップ』ダイヤモンド社.
寺澤朝子（2008）『個人と組織変化』文眞堂.
富永健一・宮本光晴編（1998）『モビリティ社会への展望』慶應義塾大学出版会.
ドラッカー，P. F.／上田惇生編訳（2000）『プロフェッショナルの条件』ダイヤモンド社.
ドラッカー，P. F.／上田惇生訳（2004）『「新訳」新しい現実』ダイヤモンド社.
ドラッカー，P. F.／上田惇生編訳（2004）『実践する経営者』ダイヤモンド社.
ドラッカー，P. F.／上田惇生訳（2007）『ポスト資本主義社会』ダイヤモンド社.
ドラッカー，P. F.／上田惇生訳（2012）『経営の真髄(下)』ダイヤモンド社.
ドラッカー，P. F.／上田惇生訳（2006）『経営者の条件』ダイヤモンド社.
中根千枝（1967）『タテ社会の人間関係』講談社現代新書.
中根千枝（1978）『タテ社会の力学』講談社現代新書.
中原淳・長岡健（2009）『ダイアローグ対話する組織』ダイヤモンド社.
中原淳（2012）『経営学習論――人材育成を科学する』東京大学出版

会.
西久保浩二（1997）『転換期を迎える日本型福利厚生の課題』全国勤労者福祉振興協会.
根本孝・プゥート，G. G.（1992）『カンパニー資本主義』中央経済社.
根本孝（1998）『ラーニング・シフト』同文舘出版.
日本経営者団体連盟（1995）『新時代の「日本的経営」』日経連広報部.
日経連能力主義管理研究会編（2001）『能力主義管理――その理論と実践（復刻版）』日経連出版部.
日本経団連出版編（2004）『社内公募・FA 制度事例集』日本経団連出版.
日本経団連出版編（2006）『キャリア開発支援制度事例集』日本経団連出版.
日本経団連出版編（2008）『働きがいのある職場づくり事例集』日本経団連出版.
日本生産性本部経営アカデミー（1983）「“E”課長を求めて――触媒型リーダーシップのすすめ」『近代労研 1983-6』28-41.
日本能率協会編（2009）『働く人の喜びを生み出す会社』日本能率協会マネジメントセンター.
野口吉昭（2013）『「夢とビジョン」を語る技術』かんき出版.
野中郁次郎（1990）『知識創造の経営』日本経済新聞社.
間宏（1996）『経済大国を作り上げた思想』文眞堂.
服部泰宏（2011）『日本企業の心理的契約』白桃書房.
バッカー，A. B. & ライター，M. P.／井上彰臣・大塚泰正・島津明人・種市康多郎監訳（2014）『ワーク・エンゲイジメント』星和書店.
バーチェル，M. & ロビン，J.／伊藤健市・斎藤智文・中村艶子訳（2012）『最高の職場』ミネルヴァ書房.
バートレット，C. A. & ゴシャール，S.／グロービス・マネジメント・インスティテュート訳（1999）『個を活かす企業』ダイヤモンド社.
花田光世・宮地夕紀子・大木紀子（2003）「キャリア自律の展開」『一橋ビジネスレビュー』第 51 巻第 1 号，6-23.

花田光世（2006）「個の自律と人材開発戦略の変化」『日本労働研究雑誌』No.557, 53-65.
花田光世編（2013）『新ヒューマンキャピタル経営』日経 BP 社 .
馬場杉夫（2005）『個の主体性尊重のマネジメント』白桃書房.
ピータース，T. J. & オースティン，N. K.／大前研一訳（1985）『エクセレント・リーダー』講談社.
平野光俊（2006）『日本型人事管理』中央経済社.
ピンク，D. H.／池村千秋訳（2002）『フリーエージェント社会の到来』ダイヤモンド社.
ブランチャード，K. & ストーナー , J.／田辺希久子訳（2014）『ザ・ビジョン』ダイヤモンド社.
古沢昌之（2008）『グローバル人的資源管理』白桃書房.
舞田竜宣（2009）『社員が惚れる会社のつくり方　エンゲージメント経営のすすめ』日本実業出版社.
松尾睦（2011）『職場が生きる人が育つ「経験学習」入門』ダイヤモンド社.
松本雄一（2013）「実践共同体における学習と熟達化」『日本労働研究雑誌』No. 639, 15-26.
松山一紀（2014）『日本人労働者の帰属意識』ミネルヴァ書房.
宮下清（2001）『組織内プロフェッショナル』同友館.
三輪卓己（2011）『知識労働者のキャリア発達』中央経済社.
本寺大志（2000）『コンピテンシー・マネジメント』日経連出版.
守島基博編（2002）『21 世紀の“戦略型”人事部』日本労働研究機構.
八代尚宏（1998）『人事部はもういらない』講談社.
保田健治（1997）「コンピテンシー・マネジメントによる競争力の向上」『Xchange』No. 73.
谷内篤博（1994）「価値観の多様化と人事管理」文京女子大学経営学部『経営論集』第 4 巻第 1 号，169-184.
谷内篤博（2001）「新しい能力主義としてのコンピテンシーモデルの妥当性と信頼性」文京学院大学総合研究所『経営論集』第 11 巻第 1 号，49-62.
谷内篤博（2002）「企業内教育の現状と今後の展望」文京学院大学総

合研究所『経営論集』第12巻第1号，61-76.
谷内篤博（2007）『働く意味とキャリア形成』勁草書房.
谷内篤博（2008a）『日本的雇用システムの特質と変容』泉文堂.
谷内篤博（2008b）「プロフェッショナル志向の高まりとキャリア形成」日本経営教育学会『経営教育研究』Vol. 11, No. 11, 29-44.
谷内篤博（2013）「変革期における人材育成の在り方」労務行政研究所『労政時報』第3846号，28-37.
谷内篤博（2016）「管理職に求められる新たな役割・機能と効果的な育成方法」労務行政研究所『労政時報』第3902号，58-65.
山岸淳子（2013）『ドラッカーとオーケストラの組織論』PHP新書.
山本寛（2014）『働く人のためのエンプロイアビリティ』創成社.
リクルートワークス研究所（2003）『Works57: コンピテンシーとは、何だったのか』.
リクルートワークス研究所（2005）『Works 73：人事部とは何か』.
リクルートワークス研究所（2013）『Works116：社員の放浪、歓迎』.
リクルートワークス研究所（2015）『Works133：人事部の、今、あるべき形』.
リクルートワークス研究所（2005）『プロフェッショナル時代の到来』2005.3.
労務行政研究所編（2008）『労政時報』第3739号，労務行政.
労務行政研究所編（2011）『組織を変える！人材育成事例25』労務行政.
労務行政研究所編（2012）『強い企業の人事戦略』労務行政.
労務行政研究所（2014）『労政時報企業事例先進3社に学ぶ“キャリア開発支援”の実際』第3869号，労務行政.
労務行政研究所（2014）『労務時報』第3870号，労務行政.
ロイヤル，M. &アグニュー，T.／市川幹人訳（2012）『エンゲージメント革命』生産性出版.
ロビンス，S. P.／高木晴夫監訳（2009）『組織行動のマネジメント』ダイヤモンド社.
ワイアット人事コンサルティングチーム（1993）『若者の力を引きだす人事サブシステム　インパクトプログラム』経営書院.

若林満（1995）『創造的組織人』ストアーズ社.
渡辺三枝子編（2003）『キャリアの心理学』ナカニシヤ出版.

〈英語文献〉

Allen, N. J., and Meyer, J. P.（1990）"The measurement and antecedents of affective, continuance, and normative commitment to the organizaton", *Journal of Occupational Psychology*, Vol. 63, pp. 1–18.

Arthur, M. B. & Rousseau, D. M.（1996）*The Boundarlyless Career*, Oxford University Press.

Burns, J. M.（1978）*Leadership*, New Yoker: Harper & Raw.

Cappelli, P.（1999a）*The new deal at work: Managing the market driven workforce*, Boston: Haevard Business School Press.

Deci, E, L., & Ryan, R. M.（1985）*Intrinsic motivation and self-determination in human behavior*, New York: Plenum.

Defillippi, R. J. and Arthur, M. B.（1996）"Boundaryless Contexts and Careers: A Competency-Based Perspective" in Arthur, M. B. and Rousseau, D. H.（eds）, *The Boundaryless Career: A New Empolyment Principle for a new Organizational Era*. Oxford University Press, pp. 116–131.

Doz, Y.（1986）*Strategic Management in Multinational Companies*. Oxford: Pergramon.

Doz, Y., Santos, and P. Williamson（2001）*From Global to Metanational*, Boston: Harvard Business School Press.

Fiedler, F. E.（1967）*A Theory of Leadership Effectiveness*, New York: McGraw-Hill.

Gouldner, A. W.（1957）"Cosmopolitan and locals: Toward an analysis of latent social roles I", *Administrative Sciece Quarterly*, 2, 281–306.

Greenleaf, R. K.（1977）*Servant leadership*, Paulist Press.

Hall, D. T.（1976）*Managing Careers in Organizations*, Glenview, IL.: Scott, Foresman and Company.

Hall, D. T. (2002) *Career in and out of organization*, Sage Publication. Inc.

Hall, R. H. (1968) Proffesionalization and bureaucratization, *American Sociological Review*, 33: pp. 92–104.

Heenan, D. and Perlmutter, H. (1979) *Multinational Oganization Development: A Social Architecture Perspective*, Reading, MA: Addison-Wesley.

Hersey, P. and Blanchard, K. H., (1993) *Management of Oraganizational Behavior, & 6th,ed.*, PrenticeHall.

Kotter, J. P. (1990) *A Force for Change*, The Free Press.

Lave, J. & Wenger, E. (1991) *Situated learning: Legitimate peripheral participation*, Cambridge: Cambridge University Press.

McClellande, D. C. (1987) *Human Motivation*, Cambridge University Press.

Meister, J. C. (1998) *Corporate University*, McGraw-Hill.

Milkovich, G. T., and Newman, J. M. (1984) *Compensation*, IRWIN.

Porter, M. (1990) *Competition in Global Industries* (ed.), Boston, MA: Harvard Business School Press.

Robinson, S. L. (1996) "Trust and Breach of the Psychological Contracta", *Administrative Science Quaterly*, Vol. 41, No. 4, pp. 574–599.

Rousseau, D. M. (1989) "Psychological and Implied Contracts in Organization", *Employee Respnsibilities and Rights Journal*, Vol. 2, No. 2, pp. 121–139.

Rousseau, D. M. (1995) *Psychological Contracts in Organizations: Understanding Written and Unwritten Agreements*, SAGE Publications.

Spencer, L. M., and Spencer, S. M. (1993) *Competence at work*, John Wiley & Sons.

Sullivan, S. E. & Arthur, M. B. (2006) "The evolution of the boundaryless career concept: Examining physical and psychological mobility", *Journal of Vocational Behavior*, Vol. 69, No. 1, pp.

19-29.
Tonnies, F. (1935) *Gemeinshaft and Gesellshaft-Grundbegriffer der reinen Soziologie*. (杉之原寿一訳 (1954)『ゲマインシャフトとゲゼルシャフト』理想社).

著者略歴

1978年　早稲田大学法学部卒業

1992年　筑波大学大学院教育研究科修士課程（カウンセリング専攻）修了。一部上場企業 2 社の人事部、住友ビジネスコンサルティング（現、日本総合研究所）、三和総合研究所（現、三菱 UFJ リサーチ＆コンサルティング）、文京学院大学（経営学部、人間学部）教授を経て、

現　在　実践女子大学人間社会学部教授（専門分野：人的資源管理）

主　著　『人的資源管理要論』（共編著、晃洋書房、2000 年）、『大学生の職業意識とキャリア教育』（勁草書房、2005 年）、『働く意味とキャリア形成』（勁草書房、2007 年）、『日本的雇用システムの特質と変容』（泉文堂、2008 年）、『インドネシアとベトナムにおける人材育成の研究』（共編著、八千代出版、2010 年）、『社会福祉施設の展望』（共編著、文化書房博文社、2011 年）など

個性を活かす人材マネジメント

近未来型人事革新のシナリオ

2016年 9 月25日　第 1 版第 1 刷発行

著　者　谷《や》　内《ち》　篤《あつ》　博《ひろ》

発行者　井　村　寿　人

発行所　株式会社　勁《けい》　草《そう》　書　房

112-0005 東京都文京区水道2-1-1　振替　00150-2-175253

（編集）電話 03-3815-5277／FAX 03-3814-6968

（営業）電話 03-3814-6861／FAX 03-3814-6854

本文組版 プログレス・三秀舎・松岳社

ISBN978-4-326-55075-3　Printed in Japan